江苏省
长期护理保险事业
发展报告

———

（2024）

曹信邦 顾忠贤 田勇 ◎ 著

中国财经出版传媒集团
经济科学出版社
Economic Science Press
·北 京·

图书在版编目（CIP）数据

江苏省长期护理保险事业发展报告.2024 / 曹信邦，顾忠贤，田勇著. -- 北京：经济科学出版社，2025.8.
ISBN 978 – 7 – 5218 – 6984 – 2

Ⅰ．F842.625

中国国家版本馆 CIP 数据核字第 2025XJ3078 号

责任编辑：周国强
责任校对：李　建
责任印制：张佳裕

江苏省长期护理保险事业发展报告（2024）

JIANGSUSHENG CHANGQI HULI BAOXIAN SHIYE FAZHAN BAOGAO (2024)

曹信邦　顾忠贤　田　勇　著

经济科学出版社出版、发行　新华书店经销
社址：北京市海淀区阜成路甲 28 号　邮编：100142
总编部电话：010 – 88191217　发行部电话：010 – 88191522
网址：www.esp.com.cn
电子邮箱：esp@esp.com.cn
天猫网店：经济科学出版社旗舰店
网址：http://jjkxcbs.tmall.com
北京季蜂印刷有限公司印装
787×1092　16 开　15 印张　320000 字
2025 年 8 月第 1 版　2025 年 8 月第 1 次印刷
ISBN 978 – 7 – 5218 – 6984 – 2　定价：98.00 元
（图书出现印装问题，本社负责调换。电话：010 – 88191545）
（版权所有　侵权必究　打击盗版　举报热线：010 – 88191661
QQ：2242791300　营销中心电话：010 – 88191537
电子邮箱：dbts@esp.com.cn）

目 录

第一章　江苏省长期护理保险事业发展总报告 ··· 1
 第一节　江苏省长期护理保险试点背景 ··· 2
 第二节　江苏省长期护理保险制度建设的历史进程 ······························ 4
 第三节　江苏省长期护理保险制度建设的基本评价 ······························ 6
 第四节　江苏省试点地区长期护理保险制度建设面临的问题 ·················· 9
 第五节　走向成熟定型的江苏长期护理保险制度 ································ 13

第二章　主要国家长期护理保险制度的国际比较 ···································· 17
 第一节　德国长期护理保险制度 ·· 17
 第二节　日本介护保险制度 ·· 21
 第三节　美国长期护理保险的财务规划 ··· 24
 第四节　经验与启示 ··· 28

第三章　江苏省长期护理保险失能评估标准 ·· 31
 第一节　失能评估标准的研究背景与意义 ·· 31
 第二节　失能评估标准的概念和理论基础 ·· 33
 第三节　国外失能评估标准现状 ·· 38
 第四节　国内失能评估标准的现状 ··· 47
 第五节　江苏省长期护理保险失能评定标准 ···································· 56

第四章　江苏省失能人口预测 ··· 62
 第一节　江苏省老年人口变化趋势 ··· 62
 第二节　2025～2050 年江苏省人口预测 ··· 64

第三节　人口失能率预测及失能人口规模预测 …………………………… 71

第五章　江苏省长期护理保险待遇给付分析 ……………………………………… 82
　　第一节　国内其他城市长期护理保险待遇给付现状 ……………………… 82
　　第二节　江苏省长期护理保险待遇给付现状 ……………………………… 87
　　第三节　江苏省未来长期护理保险待遇支出规模测算 …………………… 105
　　第四节　江苏省目前长期护理保险制度待遇给付所存在的问题
　　　　　　及改进建议 ………………………………………………………… 114

第六章　江苏省长期护理保险筹资研究 …………………………………………… 119
　　第一节　长期护理保险筹资的机理分析 …………………………………… 119
　　第二节　典型国家长期护理保险筹资模式比较 …………………………… 123
　　第三节　中国试点城市长期护理保险筹资现状研究 ……………………… 126
　　第四节　江苏省长期护理保险筹资现状 …………………………………… 130
　　第五节　江苏省长期护理保险筹资预测 …………………………………… 136
　　第六节　江苏省长期护理保险收支预测 …………………………………… 143
　　第七节　江苏省长期护理保险财政负担研究 ……………………………… 146
　　第八节　江苏省长期护理保险筹资政策建议 ……………………………… 148

第七章　江苏省长期护理保险经办管理分析 ……………………………………… 151
　　第一节　长期护理保险经办管理：一个理论分析框架 …………………… 151
　　第二节　江苏省长期护理保险经办管理的现状 …………………………… 167
　　第三节　江苏省长期护理保险经办管理存在的问题及改进建议 ………… 178

第八章　江苏省长期护理保险发展对养老护理产业的影响 ……………………… 186
　　第一节　长期护理保险对养老护理产业的促进作用 ……………………… 187
　　第二节　江苏省长期护理保险试点对养老护理行业的影响分析 ………… 189
　　第三节　江苏省长期护理保险与养老护理行业协同发展问题 …………… 201
　　第四节　江苏省长期护理保险与养老护理行业协同发展策略 …………… 204

附录 ……………………………………………………………………………………… 207
参考文献 ……………………………………………………………………………… 229
后记 …………………………………………………………………………………… 236

第一章　江苏省长期护理保险事业发展总报告

伴随着人口老龄化进程的加速，失能老人的数量越来越多，失能的持续时间越来越长，长期护理的风险已经由家庭风险演变为社会风险。为了应对长期失能的社会风险，党的十八届五中全会审议通过的《中共中央关于制定国民经济和社会发展第十三个五年规划的建议》提出要"探索建立长期护理保险制度"，作为积极应对人口老龄化的重要政策工具。2016年6月，人力资源社会保障部颁布了《关于开展长期护理保险制度试点的指导意见》，决定在全国15个城市开展长期护理保险制度试点工作，2020年9月，国家医疗保障局、财政部颁布了《关于扩大长期护理保险制度试点的指导意见》，在14个城市扩大试点，以社会保险"大众参与、小众受益"的机制化解失能老人长期护理财务风险，使老年人面临的养老风险、疾病风险和失能风险都有相应的制度给予保障。试点以来，长期护理保险制度覆盖人群在不断扩大，政策框架基本形成，保障水平达到了预期，减轻了失能者的家庭负担，社会经济效应初步显现。然而，随着试点面不断扩大，不同试点地区的长期护理保险制度"一地一策"，制度建设"多样化"特征明显，不利于提升制度的公信力，也为统一制度设置了无法回避的障碍。因而，党的十九届五中全会审议通过的《中共中央关于制定国民经济和社会发展第十四个五年规划和二〇三五年远景目标的建议》中提出要"稳步建立长期护理保险制度"，明确了长期护理保险制度的建设目标就是制度架构逐步成熟定型。2024年7月18日，中国共产党第二十届中央委员会第三次全体会议通过的《中共中央关于进一步全面深化改革、推进中国式现代化的决定》中更加明确提出要"加快建立长期护理保险制度"，长期护理保险制度将从不断试点阶段走向全面建设阶段。

第一节　江苏省长期护理保险试点背景

一、江苏省老龄化程度高且失能风险已成为老年人的后顾之忧

江苏省是一个老龄化程度较高省份之一。2023年，全国60岁及以上老年人口2.49亿人，失能老人在4400万人左右[①]，其中江苏省60岁及以上人口2042.99万人，占全国60岁及以上老年人口总量的8.20%，江苏省失能人口预计200万人左右，占全国失能老人的4.55%[②]，并且随着高龄化社会的到来，失能老人的数量会不断增加（见图1.1）。老年人失能具有持续时间长、护理服务成本高、需求大的特点，失能不但影响老年人生活质量和生存成本，也影响年轻人，"一人失能，全家失衡"问题较为严重，巨大的护理费用已成为家庭沉重的经济负担和精神负担。

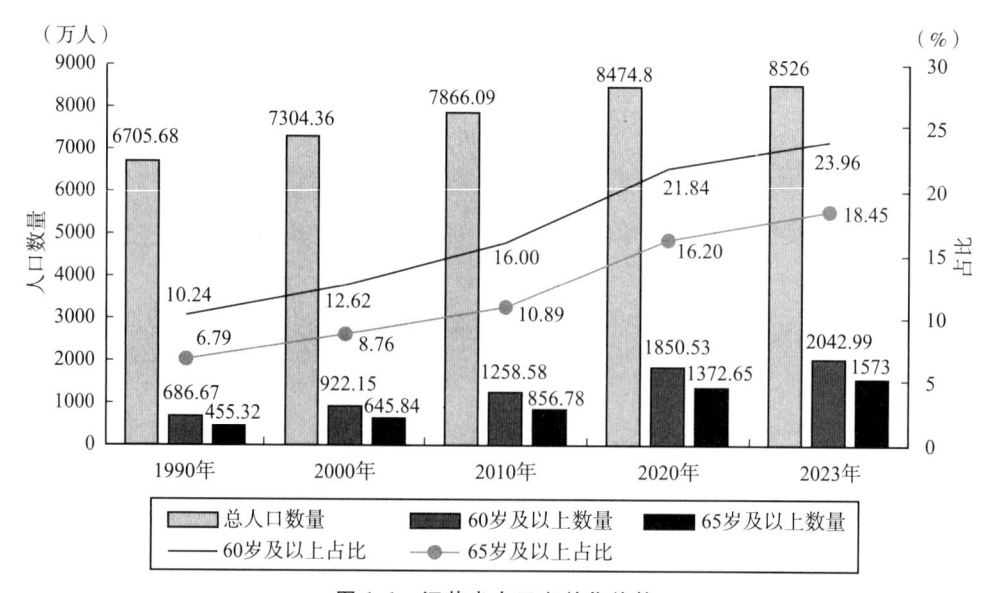

图1.1　江苏省人口老龄化趋势

资料来源：《江苏统计年鉴》（1991年、2001年、2011年、2021年、2024年）。

[①] 党俊武，王莉莉．中国老龄产业发展报告（2021～2022）[M]．北京：社会科学文献出版社，2023．
[②] 《江苏统计年鉴（2024）》并推算得出失能率和失能人口。

生活风险、疾病风险和失能风险是老年人面临的主要风险。我国已经建立了制度健全、覆盖面广、待遇水平适度的养老保险制度和医疗保险制度，为老年人基本生活和疾病医疗提供了保障，在很大程度上满足了老年人养老和疾病的需要。但是老年人失能的后顾之忧还没有得到解决，老年人的生活品质难以得到保证，急需政府通过制度化方式化解老龄化背景下失能老人的长期护理压力。

二、"第六险"是应对老年失能风险的制度选择

受到人口老龄化、失能人口增加、政府财政压力加大的影响，发达国家相继建立了强制性的长期护理保险制度来应对失能老人的护理风险。例如，1994年5月德国国会通过《长期护理保险法》，2000年4月日本实施了《介护保险法》，2007年4月韩国国会通过《老年长期护理保险法》，开始强制推行政府主导的长期护理保险制度。发达国家通过社会保险"大众参与、小众受益"的风险分担机制化解失能老人的经济风险，为中国提供了思路和经验，中国亟须建立长期护理保险制度应对失能风险，让护理保险成为继养老保险、医疗保险、失业保险、工伤保险和生育保险之后的"第六险"，作为社会稳定的减压阀发挥作用。

三、长期护理保险为打破养老产业发展困局提供新思路

以养老服务业为核心的养老产业具有前期资金投入大、资本回收期长、风险高的行业特征，制约着社会力量的进入，其发展缺少原动力。在行业特征和中国传统养老观念的双重影响因素下，民众的养老需求只是潜在需求，无法转化成有效的社会需求，市场供需矛盾冲突。为了鼓励社会组织进入养老产业，政府财政向社会组织提供财政补贴和配套政策，但政策实施始终面临"财政资金投给谁、投多少、在哪一阶段投"的难题。另外，政府财政介入存在扭曲市场资源配置的系统风险，大部分进入养老产业的社会组织依靠政府财政补贴生存，并不具备独立经营、自负盈亏的能力，养老产业陷入发展困局。

鉴于国际经验，长期护理保险能利用制度优势，对长期护理进行政策倾斜，满足民众长期护理的需求，将潜在的养老服务需求显性化，逐步引导社会组织参与长期护理服务供给，为急需长期护理服务的老年人建立最基本的护理保障，建立和完善长期护理服务市场供给机制，刺激养老服务产业的发展，为打破养老产业发展困局提供了新思路。

第二节　江苏省长期护理保险制度建设的历史进程

江苏省长期护理保险制度建设的历史进程可以划分为三个阶段。

一、国家试点阶段（2016年6月~2018年12月）

2016年6月，人力资源社会保障部颁布《关于开展长期护理保险制度试点的指导意见》，根据试点建议，江苏省南通市、苏州市被列入全国15个试点城市之列。

2016年末，全国60岁及以上老年人口占户籍人口16.7%[1]，而江苏省60岁及以上老年人口占户籍人口的22.1%，比全国高出5.4个百分点[2]，居全国各省、自治区（不含直辖市）之首。其中，南通市是江苏省老龄化程度最高的市，老年人口比例为28.35%，比全国高出11.65百分点。[3] 南通市政府深刻体会到人口老龄化所带来的风险和危机，为了应对人口老龄化而引发的失能人口增加、长期护理经济负担加重的风险，2015年10月，南通市率先颁布了《关于建立基本照护保险制度的意见（试点）》，这是国内首个以独立社会保险险种探索建立长期护理保险制度的城市，从2016年1月1日起开始探索实践，2016年6月南通市被列入国家长期照护保险制度试点城市之一。

2015年底，苏州市60岁及以上老年人达到165.66万人，占全市户籍人口24.8%[4]，而2015年全国60岁及以上老年人占户籍人口16.1%[5]，苏州市高出全国8.7个百分点。2016年6月，苏州市被列入国家长期照护保险制度试点城市之一。2017年6月苏州市正式颁布《关于开展长期护理保险试点的实施意见》，实施长期护理保险制度试点工作。

在此期间，徐州市虽然没有被列入国家长期护理保险试点城市，但徐州市政府充分认识到长期护理保险制度的重要性，积极主动申请要求参加首批试点并获江苏

---

[1] 《中国统计年鉴（2017）》。
[2] 《江苏统计年鉴（2017）》并推算得出。
[3] 江苏省2016年老年人口信息和老龄事业发展状况报告[R]．江苏省民政厅，2017．
[4] 江苏省2015年老年人口信息和老龄事业发展状况报告[R]．江苏省民政厅，2016．
[5] 《中国统计年鉴（2016）》。

省政府批准，2017年2月徐州市颁布了《关于建立徐州市市区基本照护保险制度的实施意见（试行）》，加入地方性试点城市。由此，在江苏省内的苏南、苏中、苏北分别有一个长期护理保险制度的试点城市。

二、省级试点扩大阶段（2019年1月~2022年12月）

随着试点工作的开展，长期护理保险制度的运行为失能老人提供了经济支持和护理服务，解决了家庭后顾之忧。制度的优势逐步凸显出来，老百姓需要长期护理保险制度，希望参加长期护理保险的呼声越来越强烈，各地纷纷要求扩大长期护理保险试点。2019年无锡市、泰州市和扬州市，2021年南京市，2022年常州市和盐城市先后颁布了长期护理保险地方试点文件。2019年6月21日，无锡市与7家商业保险公司签约，正式确定首批长期护理保险经办单位，574.91万人全部参加了长期护理保险，实现城乡长期护理保险制度参保全覆盖。

三、省级试点全面推行阶段（2023年1月至今）

2022年9月，由江苏省政府负责医疗保险工作的副省长牵头，在江苏省政府召开了全省长期护理保险制度全面推进的小型座谈会，省医疗保障局、省卫生健康委员会、省民政厅等部门领导，以及来自南京大学、东南大学、南京信息工程大学等高校的专家学者以及连云港市、淮安市、宿迁市、镇江市四市医疗保障局局长参加了会议。参会人员一致认为在江苏省全面推进长期护理保险制度试点工作既有必要性也有可行性。没有开展长期护理保险制度试点的连云港市、淮安市、宿迁市、镇江市四市参会人员也表示，要克服财政收支压力大、农业人口占比较高的困难，尽快推进长期护理保险制度在当地落地生根。2023年7~10月，连云港市、淮安市、宿迁市、镇江市四市相继开展长期护理保险制度试点工作，自此，长期护理保险制度在江苏省进入全面推行阶段，全省13个省辖市全部开展了长期护理保险制度试点工作。根据江苏省医疗保障局统计数据反映，截至2023年底，全省长期护理保险参保人数6324万人，累计享受待遇人数49.2万人，基金支出28.8亿元。①

---

① 江苏省医保局《2023年江苏省医疗保障事业发展统计快报》。

第三节　江苏省长期护理保险制度建设的基本评价

自2016年长期护理保险制度试点以来，长期护理保险制度取得了巨大的成绩，长期护理保险制度从无到有，制度架构初步形成，为应对老龄化社会失能老人长期护理的财务风险提供了制度保障。为了实现建立长期护理保险制度以消除失能人群长期护理风险的目标，必须以客观总结、科学评估江苏长期护理保险制度建设的现状为起点。

一、风险共担理念已经深入制度建设之中

每个老年人都有发生失能的概率，失能的风险还会伴随着人口老龄化的加剧而增加，为了应对失能老人长期护理的风险，在人口老龄化、高龄化的社会，人类必须寻求相应的制度化方式来化解失能老人长期护理的风险。失能风险可以通过对失能老人财政补贴的方式减轻失能者经济负担，也可以通过高龄补贴即对所有高龄老人普惠型财政补贴方式给予经济支持，但是这两种制度化方式都会因人口老龄化程度的加剧而使得政府财政不堪重负。

失能的风险无法回避，但也不能由个人或家庭自留风险，否则个人或家庭风险负担就会加重，甚至影响失能老人生活品质。1994年5月德国国会通过《长期护理保险法》，2000年4月日本实施了《介护保险法》，2007年4月韩国国会通过《老年长期护理保险法》，开始强制推行政府主导的长期护理保险制度。发达国家相继建立了强制性的长期护理保险制度来应对失能老人的护理风险，为中国提供了思路和经验。由于失能风险的发生具有一定的概率，因而可以由数量众多的个体组成一个集合体，共同分担失能老人长期护理的经济损失，通过保险的风险共担机制化解长期护理风险的理念已经被社会所接受。2016年试点的长期护理保险制度，是继养老保险、医疗保险、失业保险、工伤保险和生育保险之后的"第六险"，作为社会稳定的减压阀发挥作用，正是秉持了风险共担的理念。改变了中国社会传统的以血缘关系为纽带的失能风险家庭互助方式，适应家庭小型化、核心化而互助保障功能弱化的现实，通过众多参与者互助互济、风险共担，实现失能者有品质的生活成为长期护理保险制度建设的目标。长期护理保险制度遵循"风险共担"的理念，着手搭建了中国长期护理保险风险共担的制度框架，彻底颠覆了制度试点初期

担忧公众不了解长期护理保险、没有意识到失能风险、不愿意参加长期护理保险制度的观念,为实现制度既定目标奠定了基础。从 2016 年 1 月南通市试点、2016 年 6 月苏州市试点,到 2023 年江苏省全省制度全覆盖,从 2016 年 6 月长期护理保险参保人员对制度不了解、不熟悉,到 2022 年公众强烈要求试点长期护理保险制度,表明江苏省长期护理保险制度已经被社会所认同,公众风险意识、风险共担理念已经逐步形成。

二、长期护理保险制度的目标功能定位更加清晰

目标功能定位是长期护理保险制度的灵魂,直接影响着制度目标工具和目标人群定位。美国健康保险学会(HIAA)认为长期护理保险制度是为消费者发生潜在的巨额护理费用支出提供保障。[①] 国外学者从财务风险化解机制的视角认为长期护理保险能够提供相应的资金,避免家庭陷入财务危机。[②] 而中国台湾学者林志鸿认为长期护理保险制度目标定位既要满足失能者生活护理和疾病护理的需要,还要维持和促进失能者的身体功能,增进失能者独立自主的正常生活能力的提升。学术界对长期护理保险制度目标功能定位是为失能者长期护理提供财务损失的赔付,还是为失能者身体功能的康复而提供护理服务之争。

作为强制性的长期护理保险的实质是运用风险集中和风险分担的机制来化解少数失能者的经济损失,这也是国家制定长期护理保险制度来应对人口老龄化的战略。中国长期护理保险制度试点以来,试点地区制度的目标功能定位非常明确,就是通过长期护理保险实现制度的有限目标,即财务损失的赔付,化解失能者长期护理的经济风险,让每个失能者能够有能力在市场上购买长期护理服务,保障失能者的生活品质。而服务的供给是由市场根据消费者的需求来决定。明确的制度目标和功能定位,为制度提供了前进的方向,找准了发展的坐标。

三、制度架构已经初步构建

覆盖对象范围在不断扩大。理论上凡是具有失能风险的人都应该覆盖在长期护

---

① Boyd B. Long-Term Care: Knowing the Risk, Paying the Price [M]. Washington DC: America's Health Insurance Plans, 1997: 49.
② Wiener J M. Financing Reform for Long-term Care: Strategies for Public and Private Long-term Care Insurance [J]. Journal of Aging & Social Policy, 1996, 7 (3-4): 109-127.

理保险制度范围内，但是基于长期护理与医疗护理之间的关联性，一般国家都会明确长期护理保险覆盖对象与医疗保险参保者捆绑，即只有医疗保险的参保者才有资格参加长期护理保险。江苏省长期护理保险试点以来，长期护理保险制度覆盖对象基本遵循了国际上规则，从开始以城镇职工医疗保险参保者为主要对象，逐步扩大到城乡居民医疗保险参保者。根据江苏省医疗保障局统计数据，到2023年12月，13个试点市已经有6290.17万人参保，占全省常住人口8526万人的73.78%。

（1）筹资渠道多元化格局初步形成。试点地区长期护理保险筹资渠道初步形成了医疗保险统筹账户和个人账户划拨，个人、雇主缴费，财政补贴拨付等多元主体参与、多渠道筹资格局。多元筹资渠道使得资金来源渠道更加广泛，缓解了筹资主体的筹资压力。一些试点市开始谋划建立比例筹资机制，通过动态调整机制稳定资金来源，一些试点市谋划建立根据收入和年龄分段设定缴费标准的差别费率机制，建立长期护理保险缴费的激励机制，吸引更多年轻人参加长期护理保险。

（2）给付对象条件苛刻但待遇优厚。从风险程度上给予约束，按照风险潜在规模、损失发生概率对风险程度进行排序，风险分为危急类风险、重要类风险和非重要类风险，目前江苏省试点市长期护理保险制度主要给付对象是重度失能者和中度失能者，或从重度失能者逐步向中度失能者扩展。从年龄结构上给予约束，任何年龄段的人群都有失能的概率，但是失能率高低与年龄呈正相关，老年人失能率高于年轻人，而高龄老人又是失能的高风险群体，因而一些试点地区长期护理保险主要给付对象是老年人，但也并没有完全排除年轻失能者。长期护理保险虽然给付条件苛刻，但待遇给付优厚，针对失能者的医疗护理和生活护理提供85%左右的赔付，基本上解决了失能者护理服务期间的护理费用，根据江苏省医疗保障局统计数据，到2023年12月，13个试点地区共有6290.17万人参保，当年有33.86万人享有了长期护理保险待遇，长期护理保险基金为失能人员人均支付10252元。

（3）创新型"社商合作"的经办模式。江苏省长期护理保险制度试点地区创新了经办模式，利用商业保险公司的管理经验，由商业保险公司具体经办长期护理保险业务，以弥补社会保险机构人员不足、管理经验不足等缺陷，减少了政府行政成本，减轻了政府负担，另外，也能充分发挥商业保险公司的专业技能和经验优势，从而提高了经办效率。

四、缓解了医疗保险的财务负担

医疗护理和长期护理是两个侧重点不同的护理方式。医疗护理是针对急性、慢性病患者，以医师、护士在医疗机构内提供的以疾病诊疗为主要护理内容的服务，护理服务提供时间短且专业。长期护理主要是针对慢性病或丧失生活自理能力后需要长期由第三方协助才能维持基本日常生活能力的服务，失能者获得长期护理服务但不一定具有身体功能的恢复性，医疗处置效果有限，长期护理内容仅是以生活照护为主，医疗救治为辅，护理服务可以在机构、社区或居家。在没有长期护理保险制度时，由于失能与疾病之间的关联性，失能者可以依赖医疗机构，长期住院，形成所谓"社会性住院"，大量耗费公共医疗资金，浪费了大量医疗保险资金。建立了长期护理保险制度后，医疗资源达到了合理配置，疾病处于稳定阶段、以生活护理为主要目标的人群从医疗机构向护理机构转移，节约了大量的医疗费用。

五、带动了养老产业的发展

以养老服务业为核心的养老产业具有前期资金投入大、资本回收期长、风险高的行业特征，制约着社会力量的进入，发展缺少动力源。在行业特征和中国传统养老观念的双重影响下，民众的养老需求购买能力有限，无法转化为有效的社会需求，养老市场需求不足，供给乏力。即使是政府财政提供财政补贴和配套政策，养老产业始终面临着服务供给缺乏市场活力、服务供给结构失衡和数量失衡的难题。但是，在长期护理保险制度试点以后，由于失能者经济损失得到了赔付，失能者有能力购买护理服务，长期护理保险激发了失能者基本养老需求，将潜在的养老服务需求显性化，激发了市场参与长期护理服务供给的欲望，刺激养老服务产业的发展，长期护理保险制度成为养老产业发展的动力源，试点地区的护理服务机构数大幅度增加，护理服务床位倍数增长，养老服务机构床位结构得到了优化，为养老产业的发展注入活力。

第四节 江苏省试点地区长期护理保险制度建设面临的问题

长期护理保险制度试点以来，随着试点面不断扩大，试点地区制度"一地一策"，制度建设面临"多样化""碎片化"问题，具体表现在以下几个方面。

一、长期护理保险制度参保对象缺乏统一

建立长期护理保险制度首先要精准识别制度真正的需求者，任何政策制定或执行造成保障对象的偏差，都会增加制度的不公平性。目前，江苏省长期护理保险制度试点地区覆盖人群差异较大，参保人群覆盖面"宽窄不一"。部分试点地区制度覆盖面从城镇职工医疗保险制度参保人群逐步扩大到城乡居民医疗保险制度的参保人群，制度覆盖面较宽，例如，南通市、苏州市、徐州市、无锡市、常州市、扬州市、南京市、泰州市等试点地区。部分试点地区制度覆盖面仅为城镇职工医疗保险制度参保人群，制度覆盖面较窄，例如，连云港市、淮安市、宿迁市、镇江市等四个试点地区，这些试点地区担心把城乡居民也纳入长期护理保险制度之中，资金从何而来，政府财政压力大。盐城市长期护理保险制度在试点初期覆盖面仅为市区城镇职工医疗保险制度和城乡居民养老保险制度参保人群同步参加长期护理保险制度，没有覆盖县（市）职工医疗保险和城乡居民医疗保险制度参保者，制度覆盖面非常窄。2016年人力资源社会保障部颁布的《关于开展长期护理保险制度的指导意见》中未明确规定长期护理保险的具体覆盖对象，导致试点地区"宽覆盖"和"窄覆盖"的目标人群定位差异，并不是制度的内在要求和运行规律。试点地区对政策目标人群定位模糊，削弱了长期护理保险的风险共担机制，也剥夺了部分人群参与长期护理保险的权利。

二、长期护理保险制度资金来源渠道缺乏统一

稳定的资金来源是长期护理保险制度持续运行的经济基础。由于长期护理保险制度试点方案仅对资金来源渠道做出了原则性规定，导致了试点地区资金来源渠道多样化。在对全国长期护理保险试点地区资金来源渠道进行梳理，发现目前至少有五种组合方式，医疗保险统筹账户结余基金划拨，或医疗保险统筹账户和个人账户分别划拨，或医疗保险统筹账户＋财政补贴，或医疗保险统筹账户＋个人缴费＋财政补贴，或医疗保险统筹账户＋个人账户＋单位缴费＋财政补贴。有些地区资金来源渠道较为单一，有些地区资金来源渠道虽然多元化，但责任分担机制没有形成。江苏省长期护理保险试点地区资金来源渠道，从总体上看，资金主要来源于医疗保险基金、财政补贴和个人缴费，三者之间占比为7∶2∶1，但各个试点地区组合方式差异较大，职工长期护理保险与居民长期护理保险资金来源渠道有差别。职工长

期护理保险资金来源渠道主要有以下几种组合：

（1）医疗保险统筹账户划拨+个人缴费（个人账户划拨），主要是南通市、苏州市、扬州市、镇江市、宿迁市等。

（2）医疗保险统筹账户划拨+财政补贴+个人账户（个人账户划拨），主要是徐州市、无锡市、常州市、泰州市、南京市、盐城市、连云港市和淮安市等。居民长期护理保险资金来源渠道主要是个人缴费（个人账户划拨）+财政补贴+居民医疗保险统筹账户划拨。

总结江苏省长期护理保险资金来源渠道，一个基本的判断就是还没有全面形成雇主、个人、财政共同筹资的格局，个人和雇主责任缺失，没有独立的、稳定的筹资渠道，资金来源高度依赖于医疗保险基金统筹账户的划拨。

三、长期护理保险制度给付对象缺乏统一

精准识别长期护理保险制度给付对象是制度公平性的体现，试点地区在给付对象上差别较大。

在给付对象的年龄约束上，江苏省长期护理保险试点13个地区给付对象都规定为所有参保者，没有年龄的约束条件，无论是老年人还是年轻人，只要符合待遇给付的基本条件都可以获得长期护理保险的赔付。

在给付对象的失能程度约束上，江苏省试点地区间差异较大。扬州市、泰州市、南京市、盐城市、淮安市、镇江市、宿迁市、连云港市规定仅是对基本生活活动能力重度失能者给予待遇支付。南通市、苏州市、无锡市、常州市、徐州市规定对基本生活活动能力重度或中度失能者给予待遇支付。有的地区规定仅对基本生活活动能力失能者给予待遇支付，有的地区则扩大到精神失智者。

在补偿等待期上，部分试点地区认为长期护理保险是对因长期失能、护理负担较重的损失提供补偿，而对于短期失能、护理损失负担较轻，可以由个人承担。例如，南通市、徐州市、无锡市、常州市、泰州市、盐城市、淮安市、镇江市、宿迁市、连云港市等都规定赔付的对象为因疾病、伤残等原因常年失能达到6个月以上，南京市规定失能状态要持续3个月以上，生活不能自理参保人群，可以获得长期护理保险待遇给付，以体现"长期"精神。而大部分试点地区没有设置等待期。而南通市、扬州市也没有规定失能状态持续时间。

建立长期护理保险制度的目的就是让失能人群长期护理的财务损失由个人或家庭承担向社会共担，缓解失能人群的经济负担。而制度给付对象过窄会导致制度真

正需要者的风险得不到化解，剥夺了一部分制度需要者的权利。

四、长期护理保险制度待遇支付标准缺乏统一

长期护理保险制度待遇支付标准直接影响参保人的基本权益，试点地区在待遇支付标准上差别较大。由于存在着认识上的差别，各地区长期护理保险服务供给的内容没有统一，没有严格区分医疗服务、养老服务与护理服务界限，基金购买服务的支付标准也没有统一。以入住医疗机构的重度失能人群长期护理保险待遇为例，徐州市是82元/人·天，扬州市、常州市、泰州市、盐城市是80元/人·天，而南通市为70元/人·天，苏州市为47.5元/人·天，无锡市为50元/人·天，南京市为60元/人·天。淮安市、宿迁市、镇江市入住医疗机构或护理机构，按照50元/人·天标准补贴，不区分参保人失能程度是否为重度或中度。长期护理保险制度待遇支付标准缺乏统一，难以保障失能人群长期护理经济损失得到合理的赔付，制度的信誉度得不到保证。

五、失能程度评估标准缺乏统一

失能程度评估是失能者获得待遇给付的基础性工作，在2016年长期护理保险制度试点的初期，没有建立全国性统一的失能程度评估标准，而是将评估标准的制定权交由试点地区，形成了评估内容不统一、评估等级不统一的多标准格局。即使是在2021年7月16日国家医疗保障局、民政部颁布了《长期护理失能等级评估标准（试行）》后，各试点地区所确定的评估标准仍然还有很大差异。江苏省大部分试点城市长期护理保险失能评估标准主要注重生理方面，侧重医疗照护。苏州市长期护理保险失能评估标准兼顾生理和认知功能，从感知能力、认知能力、行为能力、特殊护理项目等四个方面进行失能程度评估。

在护理等级评估指标的选择上，有些试点城市采用"日常生活能力评定量表"（ADL），有的地区采用"工具性日常生活活动量表"（IADL）。ADL和IADL侧重于对护理服务需求者日常生活自理能力的评估，关注身体照护和日常生活照护，是一种单一的评估指标系统，无法测量失能人员的认知功能、行为变化、功能康复、社会参与等领域。尽管有些试点地区开发了自己的量表，设立了生理、认知、心理及社会等评估领域并设计相应的评估指标和评分标准，但不同试点城市的具体选项数量及其评分标准有很大的差异。各地评估认定标准不统一，导致享受待遇资格、

给付标准存在差异。

第五节 走向成熟定型的江苏长期护理保险制度

长期护理保险是为了化解失能者护理风险而设计的一种风险共担制度，而要使制度发挥最大的作用，首先要在总结、评估长期护理保险制度试点经验的基础上，逐步建立一个成熟定型的长期护理保险制度，明确参保对象、资金来源渠道、给付对象、支付标准和失能评估标准等基本的制度架构。多样化试点方案表明一些试点地区的政策方案已经偏离了长期护理保险制度目标定位，对长期护理保险制度产生了不利的影响，剥夺了一部分制度需要者的权利，削弱了制度财务可持续能力，损害了政府的公信力和制度的信誉。因而，长期护理保险制度试点时期制度处于创建期，目标是重在搭建制度框架，覆盖面小、给付对象窄、筹资渠道单一，而在试点结束后，有必要加快构建成熟定型的江苏长期护理保险制度。

一、建立独立的长期护理保险制度

长期护理保险制度是为了应对个人或家庭承担失能老人长期护理的财务负担越来越重的风险，保障老年人生活品质的制度。但是，要使制度能够发挥其应有的功能，就必须明确长期护理保险制度目标工具的定位，是独立的长期护理保险制度还是依附于医疗保险制度的医疗护理保险？是建立独立长期护理保险制度还是依附于医疗保险的长期护理保险制度，取决于长期护理风险属性以及长期护理保险与医疗保险制度之间的关联性。

由于医疗保险制度和长期护理保险制度的目标功能、服务对象的身体状态、服务供给机构、服务供给场所不同，长期护理更加注重针对慢性病或生活自理能力丧失后需要第三方协助才能维持日常生活的人群，医疗护理更加关注的是针对急性、慢性病患者，以疾病治疗为主要护理内容的服务，长期护理与医疗护理的风险属性和风险特征不同，侧重点不同，决定了长期护理保险可以成为一个独立的社会保险制度。在经过试点运行后，公众对长期护理保险制度的认知程度不断提升，长期护理保险制度成为独立的险种已经具备了社会基础，因而未来的长期护理保险制度应走独立险种的道路，建立独立的制度架构，资金来源渠道、筹资对象、给付对象独立，逐步消除对医疗保险制度依赖的现象，只有这样才能使长期护理保险制度健康发展。

二、不断扩大长期护理保险制度覆盖对象

由于长期护理保险制度处于初创阶段，试点地区制度覆盖对象较窄，主要是针对城镇职工医疗保险参保者。人口老龄化进程的加剧，老年人口数量急剧增加，失能成为每一个人都可能面临的风险，需要由相应的制度化解失能风险，因而制度单一覆盖城镇职工医疗保险参保者，会导致城乡居民医疗保险制度参保者长期护理风险得不到化解，剥夺了城乡居民医疗保险制度参保者享有长期护理保险制度的权利，制造了新的不公平。为了满足失能者长期护理的需求，未来的长期护理保险制度应强化制度全覆盖意识，试点地区应实现应保尽保，扩大制度的覆盖面，逐步把所有医疗保险参保者纳入长期护理保险制度之中，让城乡居民医疗保险参保者与职工医疗保险参保者享有同等参加长期护理保险制度的权利。

三、明确长期护理保险制度给付对象

长期护理保险制度需要明确界定制度的真正需要者，制度真正需要者的风险才能得到化解。根据风险程度划分，风险可以分为危急类风险、重要类风险和非重要类风险。危急类风险是长期护理潜在的财务损失非常大，个人或家庭难以承受巨大的财务损失，甚至破产；重要类风险是长期护理潜在损失大，个人或家庭财务负担较重，甚至负债，但不会破产；非重要类风险是长期护理财务风险损失可以由个人或家庭现有的收入、资产来承担，不会产生负债。未来的长期护理保险制度可以根据失能风险程度，依据参保对象、受益年龄、健康状况、补偿程度等多维手段确定类别人群，明确长期护理保险制度的真正需要者。

从年龄结构看，任何年龄组的人群都有失能的可能性，但是失能率的高低与年龄呈正相关，老年人因身体机能衰退而失能率高于年轻人。老年群体中的高龄老人又是失能的高风险群体，失能率远高于低龄老人，老年人成为长期护理风险最大的受害者，需要支付高额的护理服务费用以维持基本生活需要，因而老年人是长期护理保险制度最需要的目标人群。除了老年人外，年轻人失能率较低，但也有失能风险，因而，未来的长期护理保险制度的给付对象将从60岁及以上失能老年人逐步扩大到所有参保人群中的失能者。

从失能程度看，失能程度有轻度失能、中度失能和重度失能之区别，失能程度不同，长期护理财务风险负担就不同。长期护理保险制度的目标定位就是对失能者

财务损失给予补偿。从服务时间长、服务内容复杂程度看，重度失能者的风险损失的负担要大于中度失能者和轻度失能者。重度失能者需要专业的医疗护理服务，护理服务费用高，个人或家庭财务负担重，个人或家庭会陷入财务危机。中度失能者的长期护理专业化程度、服务时间、服务内容相对较低，护理服务财务负担相对重度失能者要轻。轻度失能者的专业化程度低，护理服务时间短，内容单一，甚至可以通过家庭互助提供护理服务，个人或家庭财务负担较轻。因而从风险危险程度看，未来的长期护理保险给付对象要从重点关注重度失能者扩大到中度失能者，对失能时间延续了 6 个月以上者给予护理保险津贴，对于短期失能者护理费用则由家庭负担。

四、明确长期护理保险制度筹资渠道

目前，在长期护理保险制度试点时期，资金来源渠道主要是养老保险社会统筹账户和个人账户划拨，财政拨款，个人和雇主缴费的份额较小，制度本身的财务收支压力大，没有形成制度内在的资金平衡机制，没有形成独立的筹资渠道，主要目的是引导社会认识长期护理保险。但是，没有独立的筹资渠道，长期护理保险制度难以持续，因而，未来的长期护理保险制度，应该是在全社会对长期护理保险制度认同感较高的情形下，可以通过对雇主、雇员缴费，财政适度补贴，形成制度独立的筹资渠道和稳定的资金来源。在不增加社会保险缴费负担的前提下，可以对现有社会保险缴费结构进行调整，即下调有基金结余地区失业保险和医疗保险缴费率，增加护理保险缴费率，通过"一减一增"方式建立长期护理保险制度的独立筹资渠道。

五、统一失能程度评估标准

虽然 2021 年 7 月 16 日国家医疗保障局、民政部颁布了《长期护理失能等级评估标准（试行）》，但是，该标准争议也比较大。国家应统一以国际上通行的、成熟的"日常生活活动能力评定量表"（ADL）和"简易智能精神状态检查量表"（MMSE）为基础，开发能够反映失能者基本需求的失能、失智者多元失能评估标准。

多元失能程度等级评估可以包括身体功能、认知功能、行为能力、医疗处置、功能康复及社会参与等领域。多元的评估领域反映失能者普遍的、综合的护理需求。但是多元的失能度等级评估领域需要有相对应的具体的评估指标。可以借鉴国际成熟的量表，结合试点地区失能程度等级评估指标，开发具有中国特色、符合中国失能者实际需要的 C-ADL、C-MMSE，统一各地区失能等级评估指标，采用多种量表兼容组合的方式，制定出更为客观、准确、全面的失能程度等级指标，并对不同领域的评估指标进行科学合理的权重赋值，形成统一的复合式失能程度等级评估工具和评估标准。

六、尽快实施第三方评估为制度成熟定型提供决策依据

2016 年 6 月人力资源社会保障部决定在全国 15 个城市开展长期护理保险制度试点工作，2020 年 9 月国家医疗保障局、财政部决定在 14 个城市扩大试点长期护理保险制度，目前得到国家认可的试点地区已经达到 29 个，而地方政府自行决定长期护理保险制度试点的地区还没有完全被统计，仅江苏省就有自行决定的试点地区 11 个。由于长期护理保险制度起源时间短，试点地区对制度认识偏差和求新、求异的冲动，导致试点方案花样百出，甚至一些地区的方案偏离了制度的基本要义，因而应从国家层面严格控制试点地区的数量，不能再继续扩大试点地区数量，否则试点地区越多，试点方案越多，为制度成熟定型和全国推广复制增加了难度。在制度试点成熟后尽快推广到全国实施。

另外，长期护理保险制度自 2016 年试点运行以来，制度试点效果如何，是否减轻了失能人群经济负担，制度是否公平，是否具有可持续性，能否保障失能人群生活品质，护理服务可及性如何，等等，制度运行过程中究竟存在什么样的问题，还没有一个权威的第三方机构对长期护理保险制度试点效果进行全面、客观、公正地评估。江苏省应根据本省的区域特点，尽快委托第三方机构对全省试点地区长期护理保险制度实施评估，总结经验，找出问题，纠正偏差，为未来长期护理保险制度逐步走向成熟定型提供决策依据。

第二章 主要国家长期护理保险制度的国际比较

当今世界老龄化已经成为一个严重的社会问题，不少国家相继建立了针对失能人群的老人长期护理保险制度，运用制度化方式化解失能老人长期护理的个人或家庭财务风险。根据长期护理保险运作主体的不同，国际上长期护理保险可以区分为两类：一是以德国、日本为代表的以政府强制实施为特征的长期护理社会保险类型；二是以美国为代表的以商业保险公司为运作主体的自愿性的商业保险类型。

第一节 德国长期护理保险制度

一、德国长期护理保险制度建立的历史背景

1973年7月一位德国政府司长加尔珀兰（Galperin）撰文呼吁改善社会救助制度有关机构收容老年照护需要者给付服务，提议实施社会照护。1974年，德国老年援助信托理事会（KDA）发布了一项题为《关于老年疾病的住院治疗及法定医疗保险的费用承担问题》的研究报告，第一次将长期护理需求认定为一种普遍的社会风险（Rothgang，1997），该报告不仅是德国长期护理保险制度的基石，也是将长期护理从一个社会问题转化为公共政策议题的标志。该报告关注的焦点是机构（住院）护理领域，彼时德国法定医疗保险承担医院治疗的费用，但是不负担在护理院中的护理费用，部分老年人由于财产和退休收入不足以支付长期护理费用，从

而陷入老年贫困，护理机构中约2/3的老人都不得不依赖社会救助（刘芳，2022）。1994年5月26日德国国会立法通过《社会照护保险法》，德国长期护理保险制度经历了二十余年漫长的争论、酝酿的过程。有三个方面对德国长期护理保险制度的出台起着催化剂作用。

（一）人口结构老化

德国人口增长率从1970年的1%，到1985年成为负增长。虽然东西德统一后，东德人口移入，使整个德国人口能够维持较低的正的增长率，但是到21世纪人口总量下降、年轻人数量、比重呈现下降的趋势并没有得到显著的改观（孙进、付惠，2023）。相反，65岁以上的人口比重呈现一个持续上升的趋势。1990年德国65岁以上人口占总人口的比重高达14.9%，1995年这一数值为15.46%（许敏敏、段娜，2019）。

德国人口老龄化程度的加深和老年人口绝对数量的增加，使得老年人的长期护理需求不断增加，而随着女性主义思想的觉醒，越来越多的女性不再困囿于家庭而是开始参加公共劳动，男性就业率和女性就业率之间的差距逐步缩小，"男性养家者"模式开始向"双薪家庭"转变，家庭提供长期护理服务的能力不断缩减，最终导致长期护理风险无法继续在"家庭"这个"私"领域内得到充分化解而逐渐向社会公共领域溢出。人口老龄化这种溢出效应主要体现在两个层面上：第一，机构护理需求者的"长期护理贫困"和"护理救助依赖"现象，1978年德国约有26万人在护理机构中接受照护，其中只有约1/3的人能够支付得起费用，约2/3的人需要依赖社会救助（大多为低收入人群）；第二，家庭护理作为主要的照护形式，给家庭护理服务提供者带来的责任和负担也日趋沉重，1978年德国长期护理需求者约200万人，其中约有160万人接受家庭护理或者家庭门诊护理，30%以上的人需要长达10年以上的照护服务，以女性为主的长期照护者面临着长期的心理压力、持续的经济负担和举步维艰的职业发展（刘芳，2022）。

（二）经济增长率下降与失业率不断攀升并存

在20世纪90年代开始，德国经济增长率呈现一个下降趋势，除了1990年经济增长率维持在5.7%，其他年份虽然维持一个正数在增长，但增长率较低，即使是在东西德统一的刺激下经济曾经出现过短暂的繁荣，但也稍纵即逝。与之并存的是失业率不断攀升，20世纪70年代之前德国还是一个低失业率、高就业率的国家，而到了20世纪90年代后，高失业率就一直困扰德国。2000年以前，德国失业率低于欧盟平均水平，而后其失业率高于欧盟平均水平。经济增长率下降、失业率攀升使得原有依靠家庭或个人维系失能老人护理财务需要的环境越来越恶化，收入水平下降、收入不稳定，失能老人长期护理的财务需要可持续性受到挑战，需要一个制度化方式来解决长期失能老人护理财务风险。

(三) 政府财政债务负担重

通过《长期护理保险法》来应对照护需求前，除通过个人资产、储蓄或商业保险等处理外，主要是通过其他相关社会保险体系的协助，包括健康保险、职业灾害保险或社会救助法等。自20世纪70年代起，长期护理的需求呈现出迅速增长的态势。与此同时，专业护理机构的护理费用急剧攀升，导致州政府在社会救助领域的开支持续扩大（1995年之前德国通过社会救助提供长期护理服务的成本由州政府承担，联邦政府不负责承担）。以1992年数据为例，德国各州政府共投入了420亿马克用于社会救助，其中高达34%，即147亿马克，专门用于长期护理服务的救助支出（Götting，Haug and Hinrichs，1994）。步入20世纪90年代后，长期护理救助的开销给德国州政府带来了日益严峻的财政挑战，迫使州政府不断呼吁实施相关改革。

二、德国长期护理保险制度的基本内容

(一) 制度运作主体

在德国，长期护理保险属于社会保险，政府强制实施，由具有独立法人资格的长期护理保险基金会运营。为了能够与疾病保险相互配合，长期护理保险的组织与运营是在已有的疾病保险基金会架构下设立长期护理保险基金会，长期护理保险基金会与疾病保险基金会在财务上是相互独立的。长期护理保险基金会在法定范围内具有自治的权利，自行决定特定事项，但接受国家的监督。

(二) 制度参保对象

德国《社会护理保险法》[①] 中按照"护理保险应遵循医疗保险"原则，即所有医疗保险参加者必须参加长期护理保险，其中法定护理保险对全部人口承保。法定医疗保险中的所有强制参保者、所有自愿参保者以及家庭联保成员都有义务参加长期社会护理保险，应按照规定比例缴纳保险费。对于私人医疗保险中非强制性参保的对象也必须投保，参加私人长期护理保险。对于既没有参加长期社会护理保险，也没有参加私人长期护理保险的人，国家财政承担这些人口可能产生的护理费用，以缓解这些人口的财务负担。

---

① 2017年更新为《联邦护理保障法》。

（三）制度筹资模式

德国长期护理保险采用社会保险制度，以互助自助的财务机制安排，以风险分摊的方式，筹集足够的资金，提供适当保障，以化解个人或家庭财务风险。财源筹措的模式采用现收现付制度，其基本的特征就是代际互助，由政府保证当代工作人口支付失能人口长期护理费用，主要是年轻的一代人维持老一代人的长期护理费用的需要，不需要事先提存未来不确定所需费用。但在2017年《长期照护加强法案（第三版）》中，法案规定0.1个百分点的缴费用于建立长护储备金（以德国央行管理下的专用基金形式设立），但这种用于平滑未来资金压力的辅助设计并不改变德国长期护理保险制度筹资模式的现收现付性质。

（四）制度筹资费率

德国长期护理保险摒弃了医疗保险由保险人自定费率的做法，而由国会统一决定，实行"量入为出"原则。长期护理保险费用由雇主、雇员两方均负担费用，其中雇主、雇员各负担缴费的50%。1994年被保险人的保费缴纳标准为个人全部收入的1.7%，雇主负担0.85%，雇员负担0.85%（罗丽娅，2023）。此间，长期护理保险费率为适应人口结构多次调整，至2021年雇员费率调整为个人全部收入的3.05%（刘涛，2021）。同时，德国长期护理保险还通过无子女雇员额外缴费（2021年无子女雇员需额外缴纳0.25%的保费），家中配偶无收入一方免费参保的制度设计强化社会保险的再分配功能。

（五）待遇支付的资格条件

护理评估是获得护理保险金的前提条件。护理评估条件包括：第一，投保人因身体、心理和精神上的疾病或者障碍，需要提供大量的日常所需的长期护理，以延长投保人的生命时间；第二，长期护理的时间不少于6个月；第三，根据失能程度确定相应护理等级。

2017年，德国对于长期护理保险的分级制度进行了改革。区别于之前"3+1"将失智人员单独定义为一个护理级别的设计，德国长期护理保险将认知和心理障碍等因素贯穿至长期护理保险失能等级评定标准中的每一级。失能评定因素的放宽导致了失能资格评定门槛的降低，新改革使得更多轻微身体失能群体可以较为容易地申请到长期护理保险待遇。

（六）待遇支付

在德国长期护理保险主要分为居家护理和机构护理两大类。如果选择家庭成员进行居家护理，受护人将能获得一笔护理现金补贴，用于分配给家人，补贴金额随护理等级提升而增加，从护理一级的无特别补贴一直上升到护理五级的901欧元/月。

此外，选择家属护理的家庭还能额外获得 125 欧元/月的"减压金"，无论护理等级如何。若选择居家护理中的流动上门护理服务（由专业服务机构提供），则服务待遇将显著高于家属护理，受护人可享受的待遇超过家属护理的两倍多，具体金额从护理二级的 689 欧元/月增加至护理五级的 1995 欧元/月。受护人员还有另一种选择，即部分入院式护理，这意味着他们可以在白天或夜间时段在护理院或养老院接受护理，其余时段则在家中进行护理。选择半入院式护理的待遇也随护理等级提升而增加，从护理一级的无特别补贴一直上升到护理五级的 1995 欧元/月。若选择全入院或全机构式护理，则每月所获的服务待遇将从护理一级的 125 欧元/月上升至护理五级的 2005 欧元/月（刘涛，2021）。

第二节 日本介护保险制度

一、日本介护保险制度推动的历史背景

1994 年日本"社会保障制度审议会"初次提出日本介护保险构想，同年 12 月"高龄者介护自立支援系统研究会"提议政府以社会保险制度化方式建立长期护理财务风险化解机制。1995 年 7 月厚生大臣的咨询机构"老人保健福利制度审议会"在《建立新照护制度》报告时提议检讨以社会保险方式为主的公共介护保险。1997 年通过介护保险相关法律的配套[①]，并在 2000 年 4 月开始实施《介护保险法》。日本推动介护保险制度的历史背景主要有以下几方面。

（1）日本老龄化问题严重。1970 年日本开始步入老龄化社会，65 岁以上老龄人口占据总人口量的 7.1%（林丽敏，2018）。在家庭年龄结构中，1980 年全部家庭中，老年人家庭比重仅为 24.0%，1995 年上升到了 31.1%（王彦军，2016）。日本人口老龄化的加剧，带来了高龄化、失能化等一系列的社会问题，其中老年人护理服务需求问题较为突出。1963~1993 年，接受住院护理的老年人数量增加了 10 倍，且占据了日本近一半的病床（其中 1/3 的老年人住院时间长达 1 年及以上）（胡宏伟、李佳怿、汤爱学，2016）。

---

① 日本原文为《介护保险法》，"介护"一词在翻译上有照顾、看护和护理的意思，为了保持日本原有的特色，一般文献中仍然沿用"介护保险"概念。

（2）家庭居住形态和家庭观念的变化。第二次世界大战后日本在家庭居住形态和家庭观念方面都发生了巨大变化。育龄妇女生育期出生子女数量减少，小规模单身家庭和核心家庭数量的增加使得家庭结构组成的规模缩小，一个变化最显著的指标就是快速增加的老人家庭户，1972 年家中有 65 岁以上老人的家庭为 657.8 万户，而到 1997 年增加到 1405.1 万户（殷立春，2009）。由于第二次世界大战后的宪法废除了传统家庭制度，促使家族意识和规范瓦解，另外，民众普遍认为传统三代同堂家庭容易破坏家庭成员相互之间的关系，也容易造成照顾老人的家属产生对老年人憎恶的心理，这就导致老人家庭户中三代同堂的家庭户在逐年减少，单身老人和老年夫妇家庭户在逐年增加。

（3）经济长期低迷。第二次世界大战以后很长一段时间，日本经济处于高速增长阶段，为日本社会保障制度扩展和完善提供了财源，另外，经济增长带来了劳动力需求增加，就业率上升，劳动者工资收入水平提升。但是 1973 年石油危机后，日本高速发展的经济出现了明显减速和停滞现象。1966~1973 年 GDP 增长率高达 9.4%，1974~1980 年下降为 4.1%，1981~1990 年仅为 3.6%，1991~1995 年为 0.6%。经济衰退导致日本劳动力需求减少、劳动者工资收入水平下降、失业人口增加、个人自我保障能力和家庭保障能力下降，失能老人护理财务费用成为个人或家庭沉重经济负担，迫切需要社会共同解决人们面临的共同风险（江瑞平、李军，1997）。

（4）女性就业率提升。第二次世界大战后日本家庭另一变化就是女性就业率上升，尤其以 40 岁以上已生育子女的女性就业者居多，占就业女性的 70%。女性就业者增加使得就业场所与家庭居住地分离，劳动强度高，工作时间长，女性无法成为传统家庭照顾失能老人的主要人力，传统的依靠儿媳、女儿照顾失能老人的基础受到侵蚀。

（5）社会互助的理念。日本是一个强调社会连带责任的国家，这种运用社会互助解决公民生活中风险的精神、理念成为日本建立介护保险制度的基础。而德国等国家护理保险制度的建立和有效运营也为日本介护保险制度的建立提供了依据和经验。

二、日本介护保险制度的基本内容

日本也是一个运用政府强制性社会保险来化解失能老人长期护理财务风险的国家。

(一) 制度运作主体

日本介护保险制度的运作主体不是国家,而是日本与居民最贴近的基层组织单位——市町村作为介护保险财务运作的主体,即保险人。市町村作为制度财务运作的主体,负责管理介护保险费,决定保险费征收的额度和负责征收保险费,审核介护服务等级和服务项目。而中央政府主要负责设计制度的整体框架、护理程度的审定、保险给付及民间组织和设施等标准的制定、保证市町村的财政正常运作等。都道府县主要负责制度运作的指导,建立财政安全基金以解决各市町村保费收入和支出不平衡,保证制度正常运营,提供介护服务的设施和服务人员等。

(二) 制度参保对象

日本介护保险的主体是市町村,而财源筹措的对象是居住在该市町村的40岁以上的全体国民作为强制保险对象,这些国民分为两种情况,一种是65岁及其以上的国民为第一号被保险人,另一种是40~64岁且是医疗保险参保者为第二号被保险人。第一号被保险人,因卧床不起或老年性痴呆症及其他日常生活等方面需要护理者,经确认都属于第一号被保险人服务对象。对于第二号被保险人,2001年规定如果是由老化特定疾病所引起的肌肉萎缩性侧索硬化症、后纵韧带骨化症等15种特定的疾病,则可以利用介护服务,2006年将内容大幅度调整为16种老化特定疾病(李伟群、马绿伟,2024)。

(三) 制度筹资渠道

日本介护保险的财源来自被保险人所缴纳的保险费占50%和各级政府财政占50%。被保险人中的第一号被保险人保险费由市町村决定,年金收入在18万日元以上者直接从其年金中扣除保险费,其他人(包括年金收入不足18万日元者)由市町村直接个别征收。保险费用的水平因被保险人居住的市町村的经济水平、市町村第一号被保险人人数、享受介护服务的人数、介护保险提供的居家服务与设施服务的状况及利用人数等不同而有差别。第二号被保险人必须终身缴费,即使不使用保险给付也要缴费,其介护保险费与其所参加的医疗保险关联,按照医疗保险缴费基数和缴费方式,直接从其收入中扣除,其中雇主负担50%,介护保险费上缴给各医疗保险机构,实行全国统筹,低收入者可以减免。

来自各级政府财政负担的50%中,中央政府财政负担占25%(其中5%作为调节基金用于高龄老人比例高和低收入老龄人多的市町村),都道府县财政负担12.5%,市町村负担12.5%。保险费部分,第一号被保险人承担总资金的22%,第二号被保险人承担总资金的28%(见图2.1)。

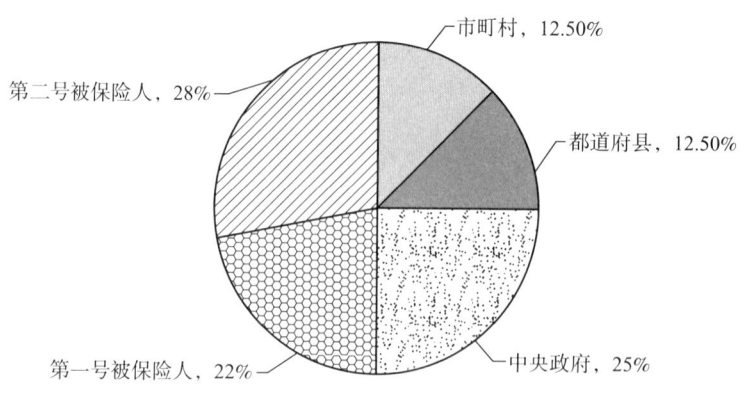

图 2.1　日本长期护理保险缴费比例

资料来源：依据 2005 年修订的日本《介护保险法》整理归纳而得。

（四）制度筹资模式

日本介护保险财源筹措的模式强调了社会连带责任理念，采取现收现付制。对于第一号被保险人筹资采取"以支定收"方式确定缴费额。对于第二号被保险人保险费率是根据全国平均介护保险费用支出计算出一个统一的保险费率，由雇主和雇员各负担 50%，实行全国统筹。

（五）待遇的给付

介护保险费用给付是在失能等级认定基础之上的。日本介护保险费用给付基准由日本厚生省统一确定，按照介护等级的轻重而确定不同的法定费用给付限额标准。所有的介护保险都有一个服务的额度，超出部分由被护理人 100% 承担费用。利用机构服务的被保险人，必须由自己承担伙食费、住宿费用以及日常生活费用。为了避免被保险人出现过度使用资源的现象，体现利用者和非利用者之间费用分担的公平性，介护保险明确费用负担制度，即被护理人员无论利用何种介护服务等级，都需要由个人承担费用的 10%（2015 年 8 月以后，收入水平达到一定标准者自行负担的介护服务费用比重为 20%，市町村所需支付费用的比重相应地由 90% 降至 80%）。

第三节　美国长期护理保险的财务规划

一、美国长期护理保险推动的历史背景

美国建立的商业性长期护理保险制度是在人口老龄化、长期护理险（LTC）费

用快速增长、保障政策缺失等因素下的产物，也是综合考虑社会、经济、文化等方面后的必然选择。

（一）人口老龄化是实施长期护理保险的根本原因

20世纪50年代，美国的人口老龄化就已经开始加剧，长期护理风险已成为一种社会风险（施巍巍，2012）。随后的20多年，美国老龄化程度进一步加剧，美国65岁及以上老年人口从1950年的8.1%上升到1980年的12%，并且根据当时的预测，一战后出生的人中在1980年左右有21%将达到65岁及以上，85岁及以上老年人口数在1960~1980年也会急剧增长，进一步加剧美国老龄化进程。另据统计，在美国大约2/3的65岁及以上老年人口需要某种形式的长期护理服务，其中约1/5的人需要护理的时间为2~5年，还有1/5的人需要护理的时间超过5年（程杰，2012）。长期护理是人口老龄化所带来的最主要社会问题，长期护理会产生巨额的护理费用，从而导致家庭财务危机、造成社会风险，同时也给现行的社会保障体系带来巨大挑战。因而，政府迫于人口老龄化的压力，急需建立专门的长期护理保险政策化解长期护理财务风险问题。

（二）长期护理财务费用快速增长是发展长期护理保险的重要推动因素

随着人口老龄化加剧，人们对于长期护理服务需求急剧增加，而长期护理服务的供给却相对缺乏且增长缓慢，因而造成长期护理费用不断攀升。数据显示，美国老年人长期护理费用支出占个人健康总支出的比例从1960年的4%上升到1993年的11%。美国是世界上市场化程度最高的国家，政府在提供社会福利方面所承担的责任较其他国家要小，属于残补型的福利国家。在美国，大部分护理费用需由民众自己承担。快速增长的护理费用超出美国普通民众收入的承受范围，加之通货膨胀，未来长期护理费用将越来越昂贵。因此，社会迫切需要长期护理保险来分担风险成本。

（三）长期护理保障缺失是发展长期护理保险的重要因素

与英国、荷兰等西欧发达国家建立全民免费医疗护理的医疗福利制度不同，美国一直都没有实施覆盖全体国民的医疗保障制度。在实施商业性长期护理保险制度之前，老年医疗辅助计划、低收入家庭医疗补助计划及私人健康保险计划共同构成了美国的社会医疗保障制度（荆涛，2005）。1965年7月实施的老年医疗辅助计划是美国社会保障制度的重要组成部分。虽然65岁及以上的老年人及残障人士都有资格参加老年医疗辅助计划，但是其只承担老年人在医院或护理之家的短期专业护理费用。老年医疗辅助计划的补偿费用少、时间短。据统计，老年医疗辅助计划仅覆盖了44%的老年人医疗费用（施巍巍，2012）。低收入家庭医疗补助计划是为保障低收入者而建立的福利性医疗保障制度，费用由联邦政府和各州政府共同负担，大约各承担50%。该补助计划一直是长期护理服务的主要资金来源。但是低收入家庭补助计划需要对受助者进行严格的家计调查，只有低收入家庭且需要对失能者提供护理服务的家庭或者个人才能获得这种免费的医疗救助服务。因此，普通中产阶级是被排除在低收入家庭补助计划之外的。美国社会医疗保障制度并不能真正满足美国人的长期护理需求，这就为长期护理保险的发展提供了空间。

（四）分权制及意识形态是发展商业性长期护理保险的决定性因素

美国是一个典型的三权分立的联邦制国家，美国的政府分为联邦、州和地方三级。与之相对应，美国的财政体制也划分为联邦、州及地方三级。在美国，各级政府均有各自明确的财政收入与支出范围，权力和责任既相互区别、各有侧重，又相互补充和交叉（施巍巍，2012）。同时，竞争原则也是美国联邦体制的重要特征，即选民可"用脚投票"。如果个人或企业对某个州的政策不满意，可以选择迁移到其他州。这种竞争原则在促进州政府提高效率的同时也会降低州政府制订重新分配计划的意愿。但是，慷慨补助计划的州会有低收入者大量迁入，而不愿承担高税收的高收入者会迁出，因而补助和税收开始下降，从而促使州政府只实施最低限度的福利计划。此外，美国传统的价值观、宗教意识形态在很大程度上决定了美国人对商业性长期护理保险制度的偏好。个人主义是美国价值的核心，人们普遍反对权威及政府过分干预市场。在美国，宗教改革的基督精神以教派主义和清教主义的形式倡导以个人的自愿参与为基础的政府观念（许纪霖，2005）。美国财政体制的分权制及强调个人主义的意识形态共同决定了公共性、社会性长期护理保险制度的政策主张得不到美国民众的大力支持，相反，商业性的长期护理保险制度更能反映美国个人承担自己生活的传统。

二、美国长期护理保险财务规划的基本内容

受自由主义福利意识形态的影响，美国的长期护理保险制度具有明显的"个人主义色彩"，其强调了市场在解决长期护理问题中的主导作用。在美国形成了以商业性长期护理保险为主，以老年医疗辅助计划、低收入家庭补助计划等社会医疗保险为辅的长期护理保障体系。商业性长期护理保险由商业性保险公司提供，投保人可以根据自身需求及经济状况进行自由选择。商业性长期护理保险能够满足不同阶层的消费者的需求，并能迅速对消费者的偏好变化做出反应，具有很强的灵活性。

除了商业性长期护理保险外，美国的老年人医疗辅助计划、低收入家庭补助计划等社会医疗制度也承担了部分长期护理保险的责任，从而构成公共长期护理保险计划。美国公共长期护理计划主要是解决老年人、低收入者及残障人等特定人群的长期护理问题。

(一) 美国公共长期护理保障计划

美国的公共长期护理计划主要包括老年人医疗辅助计划、低收入家庭医疗补助计划及其他社会保障计划，如退役军人福利计划。

1. 老年医疗辅助计划

"老年医疗辅助计划"是根据美国联邦政府1965年7月颁布的《社会保障修正案》而建立的社会医疗保险制度。

(1) 运营主体。"老年医疗辅助计划"由美国联邦政府主管，但由私立的保险公司经营。

(2) 参保对象。所有年满65岁的老年人及残障人士都有资格参保该计划。参保者的经济状况不影响其可接受的服务项目。

(3) 资金来源。"老年医疗辅助计划"包括第一部分（Part A：医院保险）和第二部分（Part B：补充医疗保险）。第一部分的资金来自就业者和雇主缴纳的社保税，就业者和雇主各承担50%，按照工资的1.45%缴纳。参加第一部分的参保人可自愿选择是否加入第二部分。补充医疗保险的费用由联邦政府和参加者共同承担，参加者缴纳26%的保险金，其余的74%全部由政府财政补贴。

(4) 给付范围。"老年医疗辅助计划"的医院保险部分主要对老年人的重疾护理、出院后的专业护理机构的护理服务、家庭护理服务和临终关怀服务提供保障，但它并不对非重疾的机构护理或家庭护理提供保障。

2. 低收入家庭医疗补助计划

"低收入家庭医疗补助计划"是一种福利性医疗制度，属于美国社会救助计划的一部分。

(1) 运营主体。大部分州的"低收入家庭医疗补助计划"是由政府财政对长期护理服务的运营商直接补贴的方式实现对接受护理院和家庭康复护理的低收入者进行长期护理费用的补偿。

(2) 资金来源。"低收入家庭医疗补助计划"的费用由联邦政府及州政府财政共同承担，其中55%来自联邦政府财政，45%来自州政府财政（荆涛，2005）。

(3) 给付条件。由于"低收入家庭医疗补助计划"是针对贫困人群的一项医疗保障计划，因此若想获得该计划的补助就必须符合关于资产和收入的限制条件。

一般情况，只有申请者的收入少于护理成本或仅够维持日常所需并且申请者拥有的资产不大于2000美元的"可计资产"时才能够获得"低收入家庭医疗补助计划"的救助。

（二）美国商业性长期护理保险

美国的商业性长期护理保险制度产生于20世纪70年代，是一种全新的健康保险。

（1）运营主体。商业性长期护理保险运营主体是保险公司。

（2）参保对象。作为一种商业性保险，老年人和年轻人都可以通过购买长期护理保险合同方式自愿参保。与相对单一参保方式的公共长期护理计划不同，投保人可以通过个人方式或团体形式参加商业性长期护理保险。但保险人通常都会从年龄、身体状况及病史等多方面对投保人进行风险选择，所以健康状况差的人一般无法获得投保资格。由于商业性长期护理保险产品是由商业性保险公司提供，因此这些保险产品具有很大的灵活性，能够满足不同消费者的护理需求。

（3）给付方式。私营保险公司设计的长期护理保险涵盖了全天候的专业护理、非全日的中级护理以及日常护理。同时，不同的长期护理保险产品的给付方式也不同，有的按实际发生额给付，有的按固定额度给付。长期护理保险一般都有固定的给付期，可以是一年、数年或终身。此外，一般长期护理保险产品还规定了等待期，即只有消费者接受保单涵盖的护理服务的时间大于或等于等待期时投保人才能获得补偿。投保人可以自主选择等待期，等待期一般有20天、30天、60天和90天等多种。

（4）资金来源。美国的商业性长期护理保险资金主要是来源于个人投保缴费。商业性长期护理保险费用收取的多少取决于保险人的保险责任、给付期、等待期、投保人的年龄、身体健康状况等因素。一般，保险负担的责任越广、给付期越长、等待期越短、投保人所需缴纳的保险费用就越多。

第四节 经验与启示

德国、日本和美国这些发达国家的长期护理保险制度财务规划可以为中国失能老人长期护理保险制度财务规划提供一些可以借鉴的经验。

（1）运用长期护理保险制度化解失能老人护理财务风险是人口老龄化背景下一些国家制度选择的必然趋势。20世纪70年代起，德国、日本和美国先后根据本国国情建立了长期护理保险制度，虽然德国、日本实行公共长期护理保险，美国建立的是商业长期护理保险，但其建立的社会背景相似。首先，老龄化而导致的失能老年人数量增加，给家庭、社会带来了巨大经济负担，这也是各国建立长期护理保险制度的根本原因。其次，老年人的长期护理问题给医疗保险、社会救助等其他制度的正常运行造成严重的负担，从而使政府有动力去推动长期护理保险制度的建立，这是各国建立长期护理保险制度的直接原因。而这些国家在应对失能人口时所采取一个重要的经济措施就是运用护理保险方式来化解风险。中国人口老龄化、家庭结构小型化，失能老人长期护理的财务风险迫切需要通过一种制度化的方式来解决，而长期护理保险是解决护理经济风险的一个理性选择。

（2）长期护理保险制度责任主体选择要符合化解护理风险的需要。德国、日本护理保险责任主体是政府，采取了公共护理保险制度，德国、日本的政府起着"保险人"的作用，采取强制手段让所有未来有风险的人参保，政府还承担长期护理保险财政补贴的责任。而美国护理保险责任主体则选择了市场，采取了商业护理保险，政府只在长期护理保险中起到"监管人"的作用，人们自由选择是否参加长期护理保险，政府不加以强制，政府财政不承担长期护理保险费用，完全依靠参保者个人负担所有保费。采取什么样的责任主体，不但取决于这个国家的国情、意识形态和社会制度，还取决于不同责任主体选择所产生的制度效果，就目前来看，德国、日本的公共长期护理保险制度在覆盖的人口群体、经费负担和待遇水平等方面的实施效果都要优于美国的商业护理保险制度。中国长期失能老人的护理保险应借鉴德国、日本和美国的经验，建立强制性的公共长期护理保险制度，政府作为制度实施的责任主体，承担制度构建、运营、法律规范、财政支持、监督管理等责任。

（3）长期护理保险制度立法先行有助于保证制度公信力。德国以社会法典的形式确立了德国第五险——法定护理保险的独立险种地位，同时通过社会法典明确规定了法定参保人群，事实上将社会护理保险扩展成为一种全民社会保险。通过不同的制度安排，德国事实上建立了一项涵盖雇员与普通居民的社会保险，而没有将其分层为职工、居民及农业居民等不同类别的制度，这样一步到位的制度安排值得我们借鉴。德国社会法典第十一部明确了德国护理保险制度的组织经办形式，虽然借助了医疗保险既有的经办管理体系，但同时也明确了护理保险基金的自治与自我管理的公法团体地位，组织上及预算上的自治地位保证了长期护理保险制度本身的独立性。通过建立联邦层面的调剂基金的做法，护理保险基金在全德国层面的互助共济得到加强；同时，通过联邦层面建立护理预防基金的做法，德国未雨绸缪地为未来长期护理保险的支付危机预先做出制度性防备，以使得长期护理保险费用控制在合理的调升范围内。这些做法都可以给我们提供一定的启示。

（4）科学规划长期护理保险以保证制度财务的可持续。德国、日本和美国在应对人口老龄化所引起的需要长期护理的失能老人不断增加的社会风险过程中，把护理保险作为风险化解的主要经济手段，对护理保险的责任主体、覆盖对象、筹资方式、保障对象、资格评定、给付标准、政府监管以及政府财政责任方面都有明确的界定，以保证护理保险制度财务可持续性，这是长期护理保险制度经济基础，也是这个制度生命力所在。中国应借鉴德国、日本和美国的经验，科学规划长期护理保险制度财务，建立一个稳定、可靠、可持续发展的财务机制，既要防止因老龄化给失能老人及其家庭带来沉重的经济负担，也要防止长期护理保险制度财务机制不科学可能给年轻人和政府财政带来的沉重负担。

第三章　江苏省长期护理保险失能评估标准

第一节　失能评估标准的研究背景与意义

一、研究背景

（一）人口老龄化程度加剧

随着生育率持续下降与预期寿命的延长，我国人口老龄化进程加快。截至2023年末，65岁及以上人口达2.1676亿人，占比15.4%。[①] 人口结构的变化不仅导致人口红利逐渐消退，更引发老年疾病发病率持续攀升，使得长期护理服务需求增加。在老年人口规模与比重同步上升的背景下，"长期带病生存"已成为我国"长寿时代"面临的重大健康挑战，如何有效保障和提升老年人口健康水平与服务供给质量，已然成为亟须解决的重大公共卫生议题。

（二）健康老龄化面临挑战

尽管人民生活水平显著提升，医疗卫生条件持续改善，但年龄增长导致的机体功能衰退仍不可避免。老年群体普遍存在的功能退化现象往往导致不同程度的失能状态，而我国现行社会保险体系难以充分满足由此产生的长期护理服务需求。同

[①] 民政部、全国老龄办公室《2023年度国家老龄事业发展公报》，2024年。

时，独生子女政策导致的家庭结构核心化使得传统家庭照护功能持续弱化。加上社区与机构护理服务存在明显短板，社会保障体系尚不完善等多重因素，凸显了建立长期护理保险制度的紧迫性。

《"健康中国2030"规划纲要》明确提出要推进老年医疗卫生服务体系建设，促进健康老龄化发展。《中华人民共和国国民经济和社会发展第十四个五年规划和2035年远景目标纲要》进一步强调"把保障人民健康放在优先发展的战略位置，深入实施健康中国行动，完善国民健康促进政策"，为长期护理保险制度建设提供了政策指引。

（三）长期护理保险制度的探索与实践

为积极应对人口老龄化挑战，解决失能老人长期照护需求日益突出的问题，我国于2016年6月27日由人力资源社会保障部发布《关于开展长期护理保险制度试点的指导意见》，在全国范围内选定城市开展试点工作。制度设计初期主要覆盖重度失能人群，并计划在制度成熟后逐步将中度、轻度失能人群纳入保障范围。[①] 作为应对人口老龄化的重要制度创新，长期护理保险被定位为我国社会保险体系的"第六险"。2021年，国家医保局与民政部联合印发《长期护理失能等级评估标准（试行）》，其中日常生活活动能力评估继续采用国际通用的巴氏量表。国家医疗保障局统计数据显示，截至2023年6月，长期护理保险制度累计参保人数已突破1.76亿人，累计享受待遇人数达225万人，年人均减负约1.4万元，显示出制度的显著成效。

二、研究意义

（一）理论意义

现有关于长期护理保险制度的研究多集中于筹资机制、给付标准等传统议题，而对失能评估标准这一关键环节的关注相对不足。事实上，失能评估在长期护理保险制度中发挥着基础性作用，其评估工具不仅需要准确测量老年群体的整体功能状态，更要科学构建"身体状态-照护需求"之间的逻辑关联，以确保评估结果的客观性与科学性。因此，从失能评估标准视角开展研究，对深化长期护理保险制度理论研究具有重要价值。

---

① 人口高质量发展取得成效［EB/OL］. 国家统计局，https://www.stats.gov.cn/sj/sjjd/202401/t20240118_1946701.html，2024-01-18.

本章主要以江苏省内各城市长期护理保险制度中的失能评估标准问题为切入点，为相关理论发展提供了新的研究视角。

（二）现实意义

我们党和国家一直致力于让老年人在退休后能够老有所养、能够享受幸福的晚年生活。从长期护理保险制度中的失能评估标准问题的角度进行研究，对促进我国长期护理保险制度发展有积极意义。第一，通过对其他国家失能评估标准工作的分析，并提炼适用于中国的启示，有助于推进老年人失能评估标准工作在国内的发展。第二，通过对比国外失能评估标准研究，对我国失能评估标准工作进行探讨，发现各市评估工作在实践中的不足之处并吸取经验，推进我国长期护理保险制度的建设。第三，通过对江苏省各城市在长期护理保险中失能评估量表的介绍，提炼适用于省内的启示，有助于推进江苏省内老年人失能评估标准工作的开展。

第二节 失能评估标准的概念和理论基础

一、核心概念界定

（一）失能

失能（disability）的概念最早由纳吉（Nagi，1965）提出，其将失能界定为日常生活能力的丧失。从概念内涵来看，失能具有双重维度。在生理功能层面，是指因器官老化或损伤导致正常生理功能的丧失；在行为能力层面，则指因身体疾病或精神损伤造成个人生活或社交能力的受限或丧失。国际残损、残疾和残障分类（ICIDH）进一步将失能定义为自主活动能力或生存能力的损失或限制，表现为无法独立完成日常生活常规活动的状态。具体而言，失能可理解为因衰老、疾病或意外等因素导致身体功能障碍，进而造成生活自理能力缺失的状况。

失能老人是指有身体功能障碍或认知功能障碍的老人（钟琳煜，2016），他们基本丧失了生活独立自理的能力，饮食起居需要依靠他人协助才能保证其完成正常日常生活。本书提到的失能老人群体包含有一定自主能力的半失能老人、完全无自主能力的完全失能老人和智力受损的失智老人。与普通健康老人相比，失能老人群体在养老模式选择上具有更强的被动性，需要更长期、更专业、更全面的生活照顾和医疗照护，因此其选择机构提供养老服务的可能性会更大。

（二）长期护理保险

美国健康保险协会（HIAA）将长期护理保险定义为：为消费者在发生长期护理时可能产生的巨额护理费用提供保障的保险产品。国内学者荆涛（2006）则将其界定为：当个体因年老、疾病或意外等原因丧失生活自理能力，需要接受专业或非专业护理服务时，对其产生的护理费用进行补偿的保险制度。综合学界观点，长期护理保险可定义为：因年龄增长导致身体机能衰退、罹患严重疾病或慢性病、遭遇意外伤害等原因而丧失或部分丧失正常生理功能，需要接受超过六个月的专业护理服务或居家护理服务的被保险人提供经济补偿的健康保险制度，其制度目标在于缓解失能、失智老人家庭的经济负担与照护压力。

（三）失能等级与失能评估标准

失能等级的含义为：将失能程度按照一定标准从轻到重划分为不同级别，并以等级等具体刻度的形式表现出来。长期护理保险中非常重要的一环，就是对于失能人员的等级评估工作，失能评估是长期护理保险开展的前端环节，是保障失能老年人顺利享受长期护理保险保障的基础。失能评估标准的含义为：使用失能评估标准量表、测评仪器等评估工具对被评估人进行身体行为能力、心智等方面的评估，根据被评估人在评估过程中所获得的表现得分判断被评估人的失能情况，并在得出结果时以"轻""重"等形容词来体现被评估人的具体失能等级。失能评估标准工具旨在筛选出需要长期照护的人群，例如，美国健康保险协会（HIAA）描述该部分群体的特点是在较长的时间内，患有慢性疾病（chronic illness）、认知障碍（cognitive impairment）或具有功能损伤（functional impairment）的人。[①] 国际研究失能评估标准的重点在于日常生活能力（ADL）和工具性日常生活能力（IADL），以及两者之间的相互关系，常用测度根据指标有巴氏量表和柯氏量表等。巴氏量表是较先出现的 ADL 测量指标，主要是对维持生命持续的日常基本活动（如吃饭、穿衣等）进行评估，后逐渐发展到 IADL，即对老年人能否完成基本的社会性活动（如日常家务、乘车、服药等）进行评估，主要是对老年人的生活质量的影响情况。在实际操作中，对老年人失能状态的评估还是以 ADL 为基础，综合考虑 IADL。

---

① 荆涛. 长期护理保险：中国未来极富竞争力的险种 [M]. 北京：对外经济贸易大学出版社，2006：19.

二、失能评估的实施与管理

(一) 评估机构与评估人员

评估机构与评估人员的专业能力直接影响评估结果的科学性与公正性。在试点地区,评估工作通常由具备一定评估能力和经验的劳动和社会保障部门下属机构完成,或者通过设定一定的准入门槛,选定特定的定点评估机构,并实施协议化管理。《长期护理保险失能等级评估管理办法(试行)》的颁布,旨在规范长期护理失能评估流程,同时对评估机构与评估人员的专业能力提出了更高要求。尽管评估工具的优化设计具有其重要性,但鉴于评估过程中存在较强的主观判断成分,评估机构与评估人员的专业素养将直接决定评估结果的精确度。

我国试点时期的试点城市中失能评估的具体经办方式有两种:一是政府部门主导评估,如长春、上海等地由医保部门直接负责;二是"社商协作"模式,即政府通过购买服务方式委托商业保险公司承办,如青岛、苏州等地(见表3.1)。尽管《长期护理保险失能等级评估管理办法(试行)》的出台规范了评估流程,但评估过程中仍存在主观判断成分,评估人员的专业素养成为确保评估质量的关键因素。

表 3.1 试点城市长期护理保险经办模式

经办模式	试点城市
"社商协作"模式	青岛、南通、苏州、宁波、广州、安庆、上饶、荆门、重庆、成都
"政府包办"模式	齐齐哈尔、长春、承德、上海、石河子

资料来源:根据各城市政府网站及相关资料整理。

此外,有些地区的长期护理保险扩大了保障范围,将失智人群加入等级评估中,这将进一步提高对评估人员的专业性要求,但在短期内可能无法填补人员的空缺,可能会影响评估质量,影响政策有效性。

(二) 评估工具与评估程序

1. 评估工具

评估工具是指一系列客观科学的标准,用于考查申请者是否符合接受长期护理保险给付的条件,这些工具通常体现为一套完整的评估指标体系。在2021年,为了更好地为失能老人提供长期护理服务,我国正式颁布了《长期护理失能等级评估标准（试行）》。长期护理保险作为社会保险体系中的"第六险"，这一标准的出台，是为全国范围内的失能老人提供了一个统一的评估标准，从而确保了长期护理保险待遇的公平性和一致性。

尽管评估工具已经从单一量表发展到复合型量表，但目前这些量表的各个项目尚未设置权重。这意味着在实际操作中，一些试点城市可能仍然沿用原有的评估政策理念和原则，继续沿用原有的评估路径。这种做法往往偏重评估身体功能的损伤程度，而忽视了对认知能力和精神状态的评估。结果是可能使得那些有长期护理需求的失智人员可能会被排除在外，无法享受到应有的保险待遇。这种因政策设计不合理而导致的政策排斥现象，不仅降低了失能失智群体的获得感，而且违背了政策制定的初衷。

2. 评估程序

评估程序直接影响了评估结果的客观公正与评估工作的常态化可持续。长期护理需求的评估程序基本上与其他社会保险的评估程序一致，且因护理需求主体的特殊性，更重视通过评估程序保障申请人的利益。评估程序一般包括"申请—现场考察—评估决定—告知"。首先是评估申请和受理阶段。申请人或其监护人、委托代理人需提交有效身份证件、参保凭证、评估申请表及住院病历或诊断书等相关材料，医疗保障经办机构负责受理申请，未参加长期护理保险或不符合条件的将不予受理。其次是失能评估标准阶段：定点评估机构至少需要派2名评估人员上门评估，包括现场采集信息和邻里、社区走访调查，评估结论需经过至少2名评估专家确认，并公示接受社会监督。最后是结论告知与送达阶段。评估结论书应在申请受理之日起30个工作日内送达申请人或其监护人、委托代理人，此流程能尽量保障评估的公平。

在我国，失能评估机构在实际操作过程中可能会遇到人力资源不足、缺乏独立性以及机构追求利润等问题。首先，评估人员多由社区医院兼职，繁重的工作任务导致评估时间受限，进而影响评估结果的准确性。其次，部分评估机构在执行评估任务时，不能保持中立态度，往往过度考虑长期护理保险机构的利益，可能因控制成本的考量而对申请人的失能等级进行严格评定，从而不合理地限制或排除了申请人的护理需求。最后，还有评估机构可能因追求利润而与护理服务提供机构形成共谋，通过提供不实的评估结果来非法获取长期护理保险基金。[①]

---

① 陈奕男.长期护理保险高质量发展的依据、框架与路径［J］.卫生经济研究，2022，39（4）：37-41，45.

三、失能标准评定的理论基础

(一) 失能评估标准保证制度公平

长期护理保险的服务对象大多数是失能老人,而且失能持续的时间较长,往往会出现各种不确定现象。如果没有失能评估标准机制,可能会导致一系列有失制度公平的问题。

(1) 道德风险问题。首先是来自受益人的道德风险,受益人可能存在过度消费的现象,尤其是在护理机构的诱导下,可能会通过不合理的方式来提升自己的护理级别或服务,有可能导致资源浪费的现象;其次是服务供给方的道德风险,机构可能会试图通过降低服务质量而降低成本,或诱导消费者产生更多消费,从而造成资源浪费现象。

(2) 逆向选择的问题。投保人可能会通过隐瞒自身健康信息,从而以低于合理保费的价格获得保险,长护险也可能会出现类似的问题,会导致保费厘定难度上升,增加运营风险。

从试点现状来看,我国长期护理保险保障对象是长期处于失能状态,参加了医疗保险或养老保险参保的人群,部分城市可以使用医保支付相关保费,长期护理保险中的失能评估标准服务应该由政府主导,通过引导医疗机构、企业、社会组织作为多元主体参与供给,从而能够保证制度公平性。

(二) 失能评估标准是保证长期护理服务的前提

老年人的健康及生活需求多样化且个性化,依据老年人的生活自理能力、心理和精神状态等情况会提供不同的照护服务。对于老年群体来说,其对护理服务需求无止境,如何保证长期护理服务社会效益最大化是目前需要解决的问题。长期护理保险评估的服务时间较长,并且评估结果有时间期限,通过定期评估,服务对象及其家属能准确把握长护险服务的成效以及老年人失能情况。

通过失能评估后,失能人员达到失能等级后,可以享受照护服务,在提供长期护理服务时,将严格按照服务对象的状况进行区别对待。一方面,可以减少服务和需求不匹配的现象;另一方面,可以保障长期护理服务的可持续发展。

(三) 失能评估标准原则

国家医疗保障局、财政部关于印发《长期护理保险失能评估标准管理办法(试行)》的通知指出,失能评估标准管理应遵循公平公开、科学规范、权责明晰、高效便民的原则,不断提升评估管理专业化水平,促进评估行业发展,为参保人提供客观公正的评估服务。因此失能评估标准应该满足以下原则：

1. 客观性

在对失能老人进行评估时，我们常常会遇到他们身体上经历的生理和病理变化。为了确保评估的准确性，评估人员必须依据客观的健康评估标准来区分正常的与年龄相关的变化和失能之间的关系。失能评估标准是一个需要长期观察和反复检查的过程，它要求评估人员按照客观科学的维度，例如，身体健康状况、心理健康状况等，去审查各项指标。这样做的目的是为参保人提供一个客观且公平的评估服务，尽量避免选取那些主观性过强的指标，从而确保评估结果的公正性和准确性。

2. 全面性

在构建长期护理保险失能评估标准时，指标的选择必须能够全面反映各种维度。通过全面的评估，我们可以掌握并了解评估对象的既往病史、日常生活活动的参与情况以及社会活动的参与情况等全面的指标。这意味着评估不仅需要考虑个体的身体状况，还需要考虑认知和心理状况、疾病类型以及特殊护理需求等方面的指标。只有这样，我们才能为长期护理保险的参保人员做出更为全面和准确的评估，从而更好地满足他们的需求。

3. 可操作性

在满足全面性原则的同时，我们还必须考虑到指标的量化和数据获取的难易程度以及可操作性。评估内容的可操作性是确保失能评估结果可靠性和真实性的关键。因此，长期护理保险失能评估标准的内容不宜过于专业，需要通俗易懂，参考指标数量适中，以便于在实际评估过程中易于操作。评估指标的选择和设计应当考虑到评估人员的实际操作能力，确保评估过程既科学又高效，最终能够为参保人员提供一个既准确又实用的评估结果。

第三节 国外失能评估标准现状

一、国外研究现状

世界卫生组织（2006）将长期护理定义为：因身体或精神原因导致自我照顾能力丧失或部分丧失的个体提供支持，以最大限度地维持其独立性、社会参与度和自我实现能力，同时保障其人格尊严的社会服务系统。从国际实践来看，发达国家主要形成了三种长期护理保险运行模式：以美国为代表的商业保险模式、以瑞典和丹麦为代表的税收筹资模式，以及以日本和德国为代表的社会保险模式。

德国政府高度重视评估工具的研制，在长期护理保险开展之初使用 ADL 量表与 IADL 量表，但由于其忽略了心理及社会层面，无法满足失智患者的照护需求而被弃用。德国政府于 2006 年成立了专门的委员会，研究评估工具的修改，确保评估工具的合理性。2008 年新的评估工具 NBA（neues begutachtungs assessment）（Büscher, Wingenfeld and Schaeffer, 2011），在经过小范围试点之后正式投入使用。该量表更关注"进行日常生活活动或管理日常生活的独立性"，具体包括"移动能力""认知与沟通能力""行为与心理健康""自我照顾能力""处理疾病能力""日常生活与社交能力""户外活动能力""家务活动能力"8 个一级指标和 76 个二级指标，更契合长期护理需求的内涵（Becke and Reinha, 2018）。

日本的老年人介护险评估工作一般是由市町村护理保险经办机构辖下领导的派出机构负责的，该机构会根据申请者提供的材料，派出调查员或者专业护理人员对介护服务的申请者进行家庭访问，日本制定了全国统一的"介护认定调查表"，有认知能力、精神行为症状、社会生活的适应性三大一级指标，评估指标包括视力、行动能力、能否自己翻身等 85 项检查内容，根据所得的数据做出首次失能等级的判断，此后，在由保健、医疗等相关领域的 5 名以上专家组成的介护服务认定委员会作出第二次判定后，直接将判定结果作为申请者能否接受介护服务的依据。① 可供选择的服务类型有居家护理服务、社区护理服务和机构护理服务。

韩国全国统一制定了"老年护理对象等级认定调查表"以确定韩国老年人护理保险给付待遇资格。评估指标包括 ADL 量表 12 项一级指标，短期记忆障碍、时间空间定向障碍、沟通障碍、幻想、幻觉和幻听、悲伤甚至哭泣、睡眠不规律、癌症疼痛护理等 52 项二级指标，需要对照护对象、内容与等级评估进行判定，经过计算机首次判定和审议委员会的第二次判定结合得出护理保险的给付待遇资格（高春兰、果硕，2016）。可供选择的服务类型有居家护理服务和机构护理服务（闫彩旭，2023）。

美国的评估对象为准备或已经接受各种类型长期照护服务的人群，以及家庭和社区环境中接受照护的老年人。1987 年已有美国学者研制出综合性系统量表（resident

---

① 厚生劳动省：护理保险制度认定结果 [EB/OL]. http://www.ipicshaiokenov/15kourei/sankou3.html.

assessment instrument，RAI），并于 1991 年在美国长期照护机构中使用并得到推广（Morris，Hawes and Fries，1990），护理机构采用国际综合系统量表（Inter RAI）护理评估系统对居住在养老机构的所有老年人进行身体健康和安全需求的评估，并根据老年人的具体失能情况制订符合的护理计划；RAI 包含近 20 个子工具构成的评估体系，将结果输入系统后，系统会自动生成临床评估报告，可以帮助专业人员明确老年人照护问题，辅助决定是否需要干预以及如何确定干预措施。

二、常见的失能评估工具

（一）日常基础生活活动量表（ADL）

ADL 量表评分能直接反映老年患者对直接护理的需求，能有效提示老年患者生活自理能力和相应的实际护理需求，其对应的功能障碍来自慢性疾病的后遗症，与后续的护理服务有较强的关联性，所以通常以"护理服务"的需要表示。ADL 以及其测量工具巴氏量表（Barthel index），已经得到了我国临床老年科的论证和认可，但对于因认知能力、社会交往能力下降的老年人筛选能力有限（郭梅珍、陈静敏、郑绮，2013）。

1. 巴氏量表

巴氏量表是一个量化的 ADL 评估工具，包含 10 项基本日常活动（如进食、洗澡、穿衣、如厕、床椅转移等），通过评分反映患者的日常生活能力（见表 3.2）。由美国巴尔的摩（Baltimore）市州立医院物理治疗师巴希尔（Barthel）1955 年应用于测量住院中复健病患的进展状况，它主要从进食、轮椅与床位间的移动、个人卫生、上厕所、洗澡、行走于平地上、上下楼梯、穿脱衣服、大便控制和小便控制等 10 项活动评估失能者受限程度并加以量化，巴氏量表共分为 5 个等级，分别为 0~20 分属完全依赖，21~60 分属严重依赖，61~90 分属中度依赖，91~99 分属轻度依赖，100 分则完全独立。

表 3.2　　　　　　　　巴氏量表评分项目及分值量化

项目	分值（分）	内容
一、进食	10	自己在合理的时间内（约 10 秒钟吃一口），可用筷子取眼前食物，若需使用进食辅具，会自行取用穿脱，不需要协助
	5	需要别人协助取用或切好食物或穿脱进食辅具
	0	无法自行取食

续表

项目	分值（分）	内容
二、轮椅与床位间的移动	15	可独立完成，包括轮椅的刹车及移开脚踏板
	10	需要稍微地协助（例如，予以轻扶以保持平衡）或需要口头指导
	5	可自行从床上坐起来，但移位时仍需别人帮忙
	0	需别人帮忙方可坐起来或需别人帮忙方可移位
三、个人卫生	5	可独立完成洗脸、洗手、刷牙及梳头发
	0	需要别人帮忙
四、上厕所	10	可自行进出厕所，不会弄脏衣物，并能穿好衣服。使用便盆者，可自行清理便盆
	5	需帮忙保持姿势的平衡，整理衣物或使用卫生纸。使用便盆者，可自行取放便盆，但须仰赖他人清理
	0	需要他人帮忙
五、洗澡	5	可独立完成（不论是盆浴或沐浴）
	0	需要别人帮忙
六、行走于平地上	15	使用或不使用辅具皆可独立行走50米以上
	10	需要稍微地扶持或口头指导方可行走50米以上
	5	虽无法行走，但可独立操纵轮椅（包括转弯、进门，以及接近桌子、床沿）并可推行轮椅50米以上
	0	需要别人帮忙
七、上下楼梯	10	可自行上下楼梯（允许抓扶手、用拐杖）
	5	需要稍微帮忙或口头指导
	0	无法上下楼梯
八、穿脱衣服	10	可自行穿脱衣服、鞋子及辅具
	5	在别人帮忙下，可自行完成一半以上的动作
	0	需要别人帮忙
九、大便控制	10	不会失禁，并可自行使用塞剂
	5	偶尔失禁（每周不超过一次）或使用塞剂时需人帮助
	0	需别人处理（挖大便）
十、小便控制	10	日夜皆不会尿失禁，并可自行使用塞剂
	5	偶尔会尿失禁，（每周不超过一次）或尿急（无法等待便盆或无法及时赶到厕所）或需别人帮忙处理
	0	需别人处理

2. 柯氏量表（Katz index）

柯氏量表（Katz index）是一种用于评估失能者在日常生活中独立完成的基本活动能力的量表。它主要评估失能者在穿衣、吃饭、洗澡、上厕所、室内走动、上下床等 6 项活动中的受限程度（见表 3.3）。

表 3.3　　　　　　　　柯氏量表评分项目及分值量化

项目	分值（分）	内容
进食	0	较大和完全依赖
	5	需要部分帮助
	10	全面自理
穿衣	0	依赖
	5	需要一半帮助
	10	全面自理
控制小便	0	能控制
	5	偶尔失禁
	10	能控制
控制大便	0	失禁
	5	偶尔失禁
	10	能控制
如厕	0	依赖
	5	需要部分帮助
	10	全面自理
行走	0	不能走
	10	需要 1 人帮助
	15	独立行走
洗澡	0	依赖
	5	全面自理
梳洗修饰	0	依赖
	15	全面自理
床椅转移	0	需要大量帮助
	15	全面自理
上下楼梯	0	不能
	5	需要帮助
	10	全面自理

柯氏量表由柯茨（Katz）在1959年提出，并在1976年进行了修订，旨在量化评估失能者的日常生活自理能力，可以帮助确定失能者对个人照顾服务的需要程度，例如，基本自我照顾能力受限时，是否需要他人提供协助。这个量表通过评分系统，对失能者的活动能力进行量化评估，其中每一项活动根据失能者的完成情况给予不同的分数，最后将各项活动的分数相加得到总分，以此来反映失能者的总体功能状态。

柯氏量表的评分标准如下：总分满分为100分，根据总分可以评估受益人的失能程度：总分低于40分为重度失能，41~59分为中度失能，高于60分为轻度失能。

3. 巴氏量表和柯氏量表的异同

巴氏量表和柯氏量表都是专门设计用来评估老年人在日常生活中独立完成基本活动的能力的工具。这些活动包括但不限于进食、沐浴、个人卫生、穿衣、从床到椅子的转移、上下楼梯以及控制排便等十项关键项目。这些项目共同构成了日常生活活动（ADL）的基础性评估，旨在衡量老年人在这些基本生活技能方面的独立性。

巴氏量表在计算分数时提供了更为详尽和清晰的内容，使评估者在使用这一失能评估标准量表时能够更准确地得出具体的分数。这种评估方式有助于明确地了解老年人在日常生活中独立完成基本身体动作的能力。因此，巴氏量表作为一种评估日常生活活动能力的工具，在全球范围内得到了广泛的应用，尤其是在早期的长期护理保险制度中。例如，德国和我国台湾地区等都采用了巴氏量表作为评估工具，而我国的南通市、长春市等地区也在长期护理保险试点中使用了这一量表。包括目前国家统一的失能等级量表中的日常生活活动能力评估仍采用的是巴氏量表。

然而，需要注意的是，尽管巴氏量表和柯氏量表在评估老年人日常生活自理能力方面具有一定的价值，但它们都属于第一代评估工具，内容相对单一。这些量表主要关注的是日常生活自理能力，而没有涵盖失能人员在认知功能、行为变化、功能康复、社会参与等其他重要失能标准的评估。因此，它们在全面评估失能人员的状况方面存在一定的局限性，无法提供一个全面的失能评估结果。

（二）**工具性日常生活**

工具性日常生活（IADL）活动评价包括电话、购物、食物准备、房间整理、洗衣服、使用公共交通工具、服用药物、金钱管理等八个方面（见表3.4）。每个项目得分为0分或1分，总分范围是0~8分，分数越低表示老年人的独立程度越差。

表 3.4 工具性日常生活活动能力量表评分项目及分值量化

项目	分值（分）	内容
一、上街购物	3	独立完成所有购物需求
	2	独立购买日常生活用品
	1	每一次上街购物都需要有人陪同
	0	完全不会上街购物
二、外出活动	4	能够自己开车、骑车
	3	能够自己搭乘大众运输工具
	2	能够自己搭乘出租车但不会搭乘大众运输工具
	1	当有人陪同可搭乘出租车或大众运输工具
	0	完全不能出门
三、食物烹调	3	能独立计划、烹煮和摆设一顿适当的饭菜
	2	如果准备好一切佐料，会做一顿适当的饭菜
	1	会将已做好的饭菜加热
	0	需要别人把饭菜煮好、摆好
四、家务维持	4	能做较繁重的家事或需偶尔家事协助（如搬动沙发、擦地板、洗窗户）
	3	能做较简单的家事，如洗碗、铺叠被
	2	能做家事，但不能达到可被接受的整洁程度
	1	所有的家事都需别人协助
	0	完全不会做家事
五、洗衣服	2	自己清洗所有衣物
	1	只清洗小件衣物
	0	完全依赖他人
六、使用电话的能力	3	独立使用电话，含查电话簿、拨号等
	2	仅可拨熟悉的电话号码
	1	仅会接电话，不会拨电话
	0	完全不会使用电话
七、服用药物	3	能自己负责在正确的时间用正确的药物
	2	需要提醒或少许协助
	1	如果事先准备好服用的药物分量，可自行服用
	0	不能自己服用药物
八、处理财务的能力	2	可以独立处理财务
	1	可以处理日常的购买，但需要别人协助与银行往来或大宗买卖
	0	不能处理钱财

工具性日常生活活动能力量表（IADL）表示的是难以应对日常所需的家务劳动，因而需要"社会服务"方面的生活照顾，主要的评估工具有 Lawton-IADLs、OARS-IADLs 等，其评估的内容主要包括上街购物、外出活动、食物烹调、家务维持、洗衣服、使用电话的能力、服用药物和处理财务能力等并给予分值量化，各项 2～4 分不等，总分 24 分，分值越低代表失能程度越严重。ADLs、IADLs 这两类指标是目前最常用的长期护理保险对象确认和评估的手段。一般情况下，完成 IADLs 要比完成 ADLs 困难，IADLs 的要求远高于 ADLs。

三、认知功能评估

认知功能评估是对阿尔茨海默病患者的认知功能进行整体性评估的量表。"认知评估"量表也越发受到重视，目前常用的量表有简易精神状况量表（SPMSQ）与简易心智状态量表（MMSE）。目前国际上对于是否覆盖认知障碍的失能老人仍然存在较大的争议。

（一）简易精神状况量表

简易精神状况量表通过回答八个基本问题，判定认知障碍的程度。如果心智功能完整为答错 0～2 题；轻度心智功能障碍为答错 3～4 题；中度心智功能障碍为答错 5～7 题；重度心智功能障碍为答错 8～10 题。

（二）简易心智状态量表（MMSE）

简易心智状态量表包括五个方面：方向定位能力（一般能力）、反应能力、注意力和计算能力、回忆能力以及语言、理解和自我协调能力，共 24 个问题，总分 30 分。按照得分高低分为四个等级：认知健全（得分为 24～30 分）、轻微缺损（18～23 分）、中等缺损（10～17 分），以及严重缺损（0～9 分）。

四、失能评估标准的国外经验

（一）德国的失能评估标准

德国从 20 世纪 50 年代开始进入老龄化社会，65 岁以上的老年人口比例持续上升，1961～1994 年，经过二十多年的发展，1994 年《长期护理保险法》将长期护理保险的覆盖范围扩展至全国。并对受益人资格作出了规定：因身体或精神方面问题导致个人在较长时间内（6 个月以上），需要经常性地获得他人帮助，或实质性帮助以满足日常生活行为需求的，则可向相关部门提出护理申请。

德国的长期护理保险制度是双轨运行模式的典型,德国有两家长期护理保险的评估机构:医疗审查委员会(medical review board,MRB)和私人医疗评估服务机构(Medicproof)。其中,医疗审查委员会是官方的医疗服务机构,Medicproof 是科隆私人保险公司的子公司。虽然评估对象不同,但两家机构都使用多个 ADLs 和 IADLs 为工具对被评估者进行测试与分级。德国的评估工作是仅限持有资格证的护士或者医生完成。评估流程为"申请—评估—拟定护理计划—核查—结果通知—制订护理计划"。

德国新型评估量表的总分按照各模块的权重计分,移动性模块占10%,认知和沟通占15%,行为与心理占40%,自给自足占20%,疾病与治疗占15%,户外活动和生活能力不计分,满分为100分,老年人得分越高表示失能情况越严重。失能程度根据得分划为五个等级,15~29分为独立一级、30~49分为独立二级、50~69分为独立三级、60~89分为独立四级、90分及以上则为独立五级。在得出具体得分后,每个分数匹配的等级将对应不同的服务内容及被服务次数和被服务时间。

德国还根据群体特性制定不同的失能等级认定工具,例如,针对成人、儿童等不同群体,选用不同资质条件的评估人员和认定程序,进行专门的失能评定,提高失能评估结果的科学性,确保申请者平等地享受长期护理服务。

(二)日本的失能评估标准

日本从20世纪70年代进入老龄化社会,到2020年65岁以上的老年人口比例已达30%,老年人的照护问题成为日本社会经济发展的重大负担(田香兰,2011)[1]。日本介护保险分两步判定申请人的失能失智等级。第一步是将"介护认定调查表"信息输入"一次判定"计算机评估系统,由计算机判定护理等级;第二步由护理评估审查会委员根据特别事项记录、老年残障人士日常生活自理度(卧床度)、失智症病人日常生活自理度(失智度)、认知功能/状态稳定性评估结果、主治医师意见书等对"一次判定"评估结果进行更改,评估结果将参保人员分为八个级别,由低到高依次为自立、要支援1级、要支援2级,以及要介护1~5级。[2] 最后,在介护计划开始实施后,每满半年要对申请者的介护等级进行复审,要对申请人的健康情况进行重新认定以便调整介护等级,制订新的介护计划。日本的失能评估工作由介护经理、医生、护士、社会工作者、物理治疗师等团队成员完成。

---

[1] 田香兰. 日本人口减少及老龄化对综合国力的影响:兼论日本的人口政策及效果[J]. 日本学刊, 2011 (5):107-121.

[2] 高春兰,果硕. 老年长期护理保险给付对象的等级评定体系研究:以日本和韩国经验为例[J]. 社会建设,2016, 3 (4):25-33.

此外，根据申请者身体状况的不同，日本长期护理保险制度所提供的服务也有所不同，日本主要从瘫痪和关节活动受限、运动和平衡、复杂运动、需特殊服务的情况、日常活动和工具性日常活动、人际交流与认知功能、行为问题7个维度对老年人身体状况进行评价，此外调查包含12个项目医疗服务状况，将照护对象分为2个要支援等级和5个要介护等级，共7个等级。

第四节　国内失能评估标准的现状

一、国内发展的演进动态

我国学者肖水源在20世纪90年代编制了社会支持评定量表（SSRS），是我国较早的用于评估老年人社会支持状况的量表。该量表采用多维评估框架，包含主观支持（如情感支持、主观体验）、客观支持（如身体状况、社会网络），以及支持利用度3个核心维度，为后续评估工具的开发奠定了理论基础。政策层面，2006年2月由全国老龄工作委员会办公室、国家发展和改革委员会等部委联合发布的《关于加快发展养老服务业的意见》，标志着我国老年人护理服务体系建设进入制度化轨道，为长期护理保险制度的建立提供了政策先导。2011年，我国台湾学者将功能独立性评定（functional independence measurement，FIM）量表即独立功能测评量表作为基础量表，结合我国台湾当地情况制成护理需求分级（hierarchy of the care required，HCR）量表，该量表包含日常行为能力、工具行为能力以及老年人认知情况与情绪测量几个指标。在此基础上，2013年民政部颁布的《老年人能力评估》标志着我国大陆地区老年人能力评估体系化建设的开端，通过标准化操作流程实现老年人自我照护能力的量化测评。

在国家统一的失能评估标准推广之前，Barthel量表和Lawton IADL量表是典型的日常生活活动能力评估工具，在国内早期长期护理保险制度中广泛应用，例如，我国南通市、长春市等长期护理试点地区。后来各试点地区在积极实践探索中又增加了MMSE等对老年人的精神状态进行辅助判断（梁鸽、谢晖，2015）；上海市走在我国改革的前列，2016年颁布《上海市长期护理保险需求评估实施办法（试行）》，根据疾病状况和自理能力两个维度评估老人的身体状况及照护需求，由定点评估机构组织评估人员上门完成评估调查，并如实记录《上海市老年照护统一需求评估调查表》①；袁泉、罗雪燕和姚文兵（2017）以重庆市为例，以提供相关理论支撑，实地调研法提供相关研究数据，并通过专家意见法搭建了一套复合型的专门用于测试老年人失能情况的评估量表，该表简洁且具有客观性（袁泉、罗雪燕、姚文兵，2017）；青岛市、南通市在长期照护保险试点中，均将ADL作为主要的老年人评估指标，又附加医疗照护的特殊情况。②青岛、南通等地的评估办法易于将长期护理的概念误解为医疗护理，导致长期照护政策的错位（陈诚诚，2017）。随着人口老龄化进程的加快，我国长期护理保险需求问题越发凸显，因此，2021年国家制定了较为统一的《长期护理失能等级评估标准（试行）》，各城市根据该标准因地制宜地设置与完善失能评估制度。

二、试点期间我国15个试点城市失能评估标准

近年来，国内各城市陆续开展了长期护理保险试点工作，失能评定量表在长期护理保险实施过程中发挥关键性作用。当前，我国长期护理保险试点城市的失能评估标准正逐渐趋同，但在调整过程中仍存在难题，也存在潜在的政策困境，容易导致评估结果失真，陷入"再碎片化"陷阱。基于此，本部分重点阐述了国内首批试点城市在试点阶段的失能评估标准状况。

（一）试点城市失能评估标准

本书通过对我国15个长期护理保险试点城市在试点期间相关政策文件进行研究，从以下几个方面进行比较分析。

1. 失能量表依据的比较

根据15个试点城市所执行的长期护理保险实施办法，失能评定内容分为几种不同的类型：宁波市、重庆市、承德市、长春市、石河子市、南通市是遵循国际评定量表，即巴氏量表；广州市、齐齐哈尔市对巴氏量表的具体内容进行了轻微的变动，但内容基本意思和分值的设定基本与巴氏量表一致；青岛市、上海市、苏州市、上饶市、成都市、荆门市结合市民的具体情况对巴氏量表进行了本地化的修改。③具

---

① 上海市人力资源和社会保障局：关于印发《上海市长期护理保险需求评估实施办法（试行）》的通知［EB/OL］. https：//rsj.sh.gov.cn/tzcwj_17116/20200617/t0035_1371101.html，2020-06-17.

② 青岛政务网：关于对长期医疗护理保险医疗护理服务实行标准化管理的通知［EB/OL］. http：//www.qingdao.gov.cn/zwgk/xxgk/ybj/gkml/gwfg/202010/t20201018_412905.shtml，2020-10-18.

③ 周四娟，原彰. 我国长期护理保险失能评估标准量表的比较研究：以15个试点城市为例［J］. 卫生经济研究，2021，38（8）：59-62.

体的量表内容的对比如表 3.5 所示。

表 3.5　　　　　　　　　　　失能量表内容比较

城市	量表内容
承德市、安庆市、宁波市、长春市、石河子市、南通市、广州市、齐齐哈尔市、重庆市	巴氏指数评定量表：10 项二级指标
成都市	《成都市成人失能综合评估技术规范》：日常生活活动能力、精神状态、感知觉与社会参与 3 项一级指标，共设 16 项二级指标
苏州市	《苏州市失能评估标准参数表（试行）》：感知能力、认知能力、行为能力、特殊护理 4 项一级指标，共设 20 项二级指标
青岛市	《青岛市老年人照护需求评估表》：日常生活活动、精神状态、感知觉与沟通、社会参与 4 项一级指标，共设 22 项二级指标
荆门市	《荆门市长期护理保险失能评估标准》：活动能力、认知能力 2 项一级指标，共设 13 项二级指标
上海市	《上海市老年照护统一需求评估调查表》：生活自理维度包括日常生活活动能力、工具性日常生活活动能力、认知能力 3 项一级指标，疾病维度包括疾病 1 项一级指标，共设 30 项二级指标
上饶市	《上饶市长期护理统一需求评估调查表》：生活自理维度包括日常生活活动能力、工具性日常生活活动能力、认知能力 3 项一级指标，疾病维度包括疾病 1 项一级指标，共设 30 项二级指标

资料来源：根据各城市医保局网站及相关资料整理。

2. 评定等级的比较

每个城市根据各自城市特点，对失能等级进行划分，根据巴氏量表惯用的失能评估标准为：0～40 分为重度失能，41～60 分为中度失能；61～99 分为轻度失能。据此 15 个试点城市可进行分类：荆门市、青岛市、上海市、苏州市、南通市、上饶市都对评定等级进行了本土化修改；安庆市、承德市、广州市、重庆市、齐齐哈尔市、石河子市、宁波市遵循巴氏量表的失能评估标准。具体的等级划分如表 3.6 所示。

表 3.6　　　　　　　　　　　评定等级的比较

城市	等级划分
安庆市、承德市、广州市、重庆市、齐齐哈尔市、石河子市、宁波市、长春市	0～40 分重度失能，41～60 分中度失能，61～99 分轻度失能

续表

城市	等级划分
上海市	疾病维度0~30分，根据自理能力得分，从低到高划分为正常、照护一级、照护二级、照护三级、照护四级、照护五级；疾病维度31~70分，根据自理能力得分，从低到高划分为正常、照护一级、照护二级、照护三级、照护四级、照护五级、照护六级；疾病维度71~100分，建议选择二级及以上医疗机构就诊
南通市	0~40分重度失能，41~50分中度失能，51~99分轻度失能
苏州市	0~51分重度失能，52~100分中度失能，101~169分轻度失能，170分正常
荆门市	0~5分重度失能一级，6~20分重度失能二级，21~39分重度失能三级；40~50分中度失能一级，51~55分中度失能二级，56~64分中度失能三级；65~95分轻度失能
南通市	0~40分重度失能，41~50分中度失能，51~99分轻度失能
上饶市	轻度失能、中度失能、重度失能
青岛市	共划分为5级。0级为预防级（ADL评分>65分，存在轻度失能风险但基本生活自理）；1级为轻度失能（ADL评分≤65分，需部分生活协助）；2级为中度失能（ADL评分≤50分，需频繁生活协助）；3级为重度失能Ⅰ级（ADL评分≤40分，完全依赖他人或伴有中度认知障碍）；4级为重度失能Ⅱ级（ADL评分≤30分，完全依赖且伴有严重认知障碍或多种并发症）；5级为极重度失能（ADL评分≤20分，完全卧床或意识丧失需持续医疗护理）

资料来源：根据各城市医保局网站及相关资料整理。

（二）保障对象不一致

在巴氏量表中，失智人员不在保障对象的范围内，在国内第一批试点城市中，15个试点城市都已将重度失能人员纳入保障范围，但部分城市将失智人员列为保障条件。广州市和南通市将失智人员分为中度失智人员和重度失智人员；青岛市、成都市、上饶市保障对象为重度失智人员；上海市的失能人员和失智人员都分为六个照护等级，其中二级至六级人员即可享受长期护理保险的服务（周四娟、原彰，2021）。具体的保障对象情况如表3.7所示。

表3.7　　　　　　　　　　保障对象的对比

城市	失能人员	失智人员
广州市	重度失能人员	中、重度失智人员
上饶市	重度失能人员	重度失智人员

续表

城市	失能人员	失智人员
成都市	重度失能人员	重度失智人员
青岛市	三级中度失能人员、四五级重度失能人员	重度失智人员
上海市	照护二至六级失能人员	照护二至六级失智人员
苏州市	中、重度失能人员	
长春市	中、重度失能人员	
南通市	中、重度失能人员	中、重度失智人员
安庆市、荆门市、石河子市、齐齐哈尔市、宁波市、重庆市、承德市	重度失能人员	

资料来源：根据各城市医保局网站及相关资料整理。

三、国家统一长期护理保险失能评估标准

国内长护险的失能评定工具开始主要以巴氏量表为基础，并结合本地的实际情况和需求进行调整，确保评估结果能够准确反映参保人员的护理需求。随着长护险制度的推广和发展，国家制定了较为统一的《长期护理失能等级评估标准（试行）》。

（一）统一的失能评估标准的具体评估标准

依据该标准，对评估对象日常生活活动、认知、感知觉与沟通等方面的能力丧失程度的分级评估，共分为2个指标。一级指标共3个，包括日常生活活动能力、认知能力、感知觉与沟通能力；二级指标共17个。具体划分标准如表3.8所示。

表3.8　　　　　　　　一级、二级指标的内容

一级指标	二级指标
日常生活活动能力	进食、穿衣、面部与口腔清洁、大便控制、小便控制、用厕、平地行走、床椅转移、上下楼、洗澡
认知能力	时间定向、人物定向、空间定向、记忆力
感知觉与沟通能力	视力、听力、沟通能力

资料来源：国家医疗保障局网站相关政策。

日常生活活动能力通过10个二级指标的评定，将其得分相加得到一级指标总分及对应等级；认知能力通过4个二级指标的评定，将其得分相加得到一级指标总分及对应等级；感知觉与沟通能力通过3个二级指标的评定，将其得分相加得到一级指标总分及对应等级。具体对应等级如表3.9所示。

表 3.9　　　　　　　　　　　　总分及对应等级　　　　　　　　　　　单位：分

一级指标	能力完好	轻度受损	中度受损	重度受损
日常生活活动能力	100	65~95	45~60	0~40
认知能力	16	4~15	2~3	0~1
感知觉与沟通能力	12	4~11	2~3	0~1

资料来源：国家医疗保障局网站相关政策。

综合 3 项能力对应的一级指标等级，通过组合法确定长期护理保险的等级。长期护理失能等级分 0 级（基本正常）、1 级（轻度失能）、2 级（中度失能）、3 级（重度失能Ⅰ级）、4 级（重度失能Ⅱ级）、5 级（重度失能Ⅲ级）6 个级别。具体如表 3.10 所示。

表 3.10　　　　　　　　　　　　综合对应等级

日常生活能力	认知能力/感知觉与沟通能力（以失能等级严重的判断）			
	能力完好	轻度受损	中度受损	重度受损
能力完好	基本正常	基本正常	轻度失能	轻度失能
轻度受损	轻度失能	轻度失能	轻度失能	中度失能
中度受损	中度失能	中度失能	中度失能	重度失能Ⅰ级
重度受损	重度失能Ⅰ级	重度失能Ⅰ级	重度失能Ⅱ级	重度失能Ⅲ级

资料来源：国家医疗保障局网站相关政策。

我国长期护理保险失能评估标准表包括日常生活活动能力评估表（如表 3.11 所示）、认知能力评估表（如表 3.12 所示）、感知觉与沟通能力评估表（如表 3.13 所示），3 个表可用于评估人员对评估对象开展长期护理失能评估标准。

表 3.11　　　　　　　　　　　　日常生活活动能力评估

序号	指标	分值	评估标准	得分
1	进食	0	较大或完全依赖，或有留置营养管	
		5	需部分帮助（夹菜、盛饭）	
		10	自理（在合理时间内能独立使用餐具进食各种食物，可使用辅助工具独立完成进食，但不包括做饭）	

续表

序号	指标	分值	评估标准	得分
2	穿衣	0	依赖他人	
		5	需要部分帮助（能自己穿脱衣服或假肢或矫形器，但需他人帮助整理衣物、系扣/鞋带、拉拉链等）	
		10	自理（自己系开纽扣，关开拉链和穿鞋、袜、假肢或矫形器等）	
3	面部与口腔清洁	0	需要帮助	
		5	独立洗脸、梳头、刷牙、剃须（不包括准备洗脸水、梳子、牙刷等准备工作）	
4	大便控制	0	失禁（平均每周≥1次或完全不能控制大便排泄，需要完全依赖他人）	
		5	偶有失禁（每周<1次），或需要他人提示或便秘需要人工帮助取便	
		10	能控制	
5	小便控制	0	失禁（平均每天≥1次或经常尿失禁，完全需要他人帮忙完成排尿行为；或留置导尿管，但无法自行管理导尿管）	
		5	偶有失禁（每24小时<1次，但每周>1次，或需要他人提示）	
		10	能控制（或留置导尿管，可自行管理导尿管）	
6	用厕	0	需要极大地帮助或完全依赖他人	
		5	需部分帮助（需他人帮忙整理衣裤、坐上/蹲上便器等）	
		10	自理（能够使用厕纸、穿脱裤子等）	
7	平地行走	0	卧床不起、不能步行、移动需要完全帮助	
		5	在较大程度上依赖他人搀扶（≥2人）或依赖他人帮助使用轮椅等辅助工具才能移动	
		10	需少量帮助（需1人搀扶或需他人在旁提示或在他人帮助下使用辅助工具）	
		15	独立步行（自行使用辅助工具，在家及附近等日常生活活动范围内独立步行）	
8	床椅转移	0	完全依赖他人，不能坐	
		5	需大量帮助（至少2人，身体帮助），能坐	
		10	需少量帮助（1人搀扶或使用拐杖等辅助工具或扶着墙、周围设施，转移时需他人在旁监护、提示）	
		15	自理	
9	上下楼	0	不能，或需极大帮助或完全依赖他人	
		5	需要部分帮助（需扶着楼梯、他人搀扶、使用拐杖或需他人在旁提示）	
		10	独立上下楼（可借助电梯等，如果使用支具，需独自完成穿、脱动作）	
10	洗澡	0	洗澡过程中需要他人帮助	
		5	准备好洗澡水后，可自己独立完成	

资料来源：国家医疗保障局网站相关政策。

表 3.12　　　　　　　　　　　　　认知能力评估

序号	指标	分值	评估标准	得分
11	时间定向	0	无时间观念	
		1	时间观念很差，年、月、日不清楚，可知上午、下午或白天、夜间	
		2	时间观念较差，年、月、日不清楚，可知上半年或下半年或季节	
		3	时间观念有些下降，年、月、日（或星期几）不能全部分清（相差两天或以上）	
		4	时间观念（年、月）清楚，日期（或星期几）可相差一天	
12	人物定向	0	不认识任何人（包括自己）	
		1	只认识自己或极少数日常同住的亲人或照护者等	
		2	能认识一半日常同住的亲人或照护者等，能称呼或知道关系等	
		3	能认识大部分共同生活居住的人，能称呼或知道关系	
		4	认识长期共同一起生活的人，能称呼并知道关系	
13	空间定向	0	不能单独外出，无空间观念	
		1	不能单独外出，少量知道自己居住或生活所在地的地址	
		2	不能单独外出，但知道较多有关自己日常生活的地址	
		3	不能单独外出，但能准确知道自己日常生活所在地的地址	
		4	能在日常生活范围内单独外出，如在日常居住小区内独自外出购物等	
14	记忆力	0	完全不能回忆即时信息，并且完全不能对既往事物进行正确的回忆	
		1	对既往事物能有少部分正确的回忆，没有近期记忆	
		2	能回忆大部分既往事物，记住 1 个词语	
		3	能回忆大部分既往事物，记住 2 个词语	
		4	能够完整回忆既往事物，记住 3 个词语	

资料来源：国家医疗保障局网站相关政策。

表 3.13　　　　　　　　　　　　感知觉与沟通能力评估

序号	指标	分值	评估标准	得分
15	视力	0	完全失明	
		1	只能看到光、颜色和形状（大致轮廓），眼睛可随物体移动	
		2	视力有限，看不清报纸大标题，但能辨认较大的物体	
		3	能看清楚大字体，但看不清书报上的标准字体，辨别小物体有一定困难	
		4	与日常生活能力相关的视力（如阅读书报、看电视等）基本正常	

续表

序号	指标	分值	评估标准	得分
16	听力	0	完全失聪	
		1	讲话者大声说话或说话很慢，才能部分听见	
		2	正常交流有些困难，需在安静的环境大声说话才能听到	
		3	在轻声说话或说话距离超过2米时听不清	
		4	与日常生活习惯相关的听力基本正常（如能听到门铃、电视、电话等声音）	
17	沟通能力	0	完全不能理解他人的言语，也无法表达	
		1	不能完全理解他人的话，只能以简单的单词或手势表达大概意愿	
		2	勉强可与他人交流，谈吐内容不清楚，需频繁重复或简化口头表达	
		3	能够表达自己的需要或理解他人的话，但需要增加时间或给予帮助	
		4	无困难，能与他人正常沟通和交流	

资料来源：国家医疗保障局网站相关政策。

（二）与巴氏量表的关系

在探讨我国长期护理保险（LTCI）失能评估的发展历程时，巴氏量表在其国内试点阶段无疑占据了举足轻重的地位。作为评估个体日常生活活动能力（ADL）的一种工具，巴氏量表因其操作简便、易于理解的特点，长期以来在LTCI的实践中被广泛应用，成为评估失能程度的一个重要基准。然而，随着我国社会对失能评定需求的不断深化与精细化，原有的评估工具逐渐显现出局限性，这促使国家层面着手研发一套更为全面、统一的失能评定量表。

相较于巴氏量表，国家统一的失能量表《长期护理失能等级评估标准（试行）》在评估维度与具体标准上有明显的进步。它不仅延续了巴氏量表对日常生活活动能力的度量，还进一步拓展至认知能力（cognitive function）以及感知觉与沟通能力（sensory and communicative abilities）两大领域，从而构建起一个更为立体、多维的失能评估框架。具体而言，该量表还设计了3个一级指标——日常生活活动能力、认知能力、感知觉与沟通能力，并在此基础上细化为17个二级指标，这些指标覆盖了失能个体可能面临的各种功能障碍，为评估提供了更为详尽的数据支撑。评估内容的丰富化要求评估人员必须掌握更为专业的知识技能，并遵循更为严谨的操作流程，这对各地长期护理保险的评估管理体系提出了更为严苛的要求。因此，培训评估人员的专业技能、优化操作流程、确保评估结果的一致性和可靠性，也成为亟待解决的问题。

第五节　江苏省长期护理保险失能评定标准

一、江苏省各城市长期护理保险失能评定标准

江苏省作为我国东部经济发达地区，正经历着快速的人口老龄化进程。根据第七次全国人口普查数据显示，江苏省 60 岁及以上人口占比达 21.84%，高于全国平均水平（18.70%），这一人口结构转变对养老服务体系提出了严峻挑战。在社会经济发展进程中，传统家庭结构呈现核心化趋势，家庭照护功能持续弱化，加之老年群体照护需求的多元化特征，使得建立完善的长期护理保险制度成为当务之急。同时，医疗资源和养老资源的有限性进一步凸显了制度建设的紧迫性。作为全国老龄化程度较高的省份，江苏省亟须构建科学合理的长期护理保险制度体系，以应对日益增长的老年照护需求。江苏省各城市在长期护理保险失能评定标准方面呈现出差异化特征，具体评估标准、给付对象及覆盖范围如表 3.14 所示。

表 3.14　　　　　　　　江苏省各城市失能评估标准

城市	评估标准	给付对象	覆盖范围
南通市	执行国家统一标准，《长期护理失能等级评估标准（试行）》《长期护理保险失能等级评估标准操作指南（试行）》，并出具失能评估标准结论	参保人员中失能人员的长期护理失能等级被评估为中、重度失智人员	城镇职工及城乡居民医疗保险的参保人员
苏州市	国家医保局、民政部办公厅关于印发《国家长期护理失能等级评估标准（试行）》的通知和《关于贯彻国家长期护理失能等级评估标准的通知》	失能等级为中度或重度的，列为长期护理保险待遇享受对象	城镇职工及城乡居民医疗保险的参保人员
徐州市	执行国家统一标准，《长期护理失能等级评估标准（试行）》《长期护理保险失能等级评估标准操作指南（试行）》，并出具失能评估标准结论	经医疗机构或康复机构规范诊疗后失能（失智）状态持续 6 个月以上，经评估认定为中度以上失能的参保人员，可以按照规定享受相关待遇	城镇职工及城乡居民医疗保险的参保人员
无锡市	制定《无锡市长期护理保险失能等级评估标准（试行）》，失能评估人员依据《无锡市长期护理保险失能等级评估标准参数表》	参加无锡市（包括江阴市、宜兴市）社会医疗保险，具备社会医疗保险待遇资格，并因年老、疾病、伤残导致失能的中重度人群	城镇职工及城乡居民医疗保险的参保人员（离休干部和六级以上革命伤残军人不享受无锡市长护险待遇）

续表

城市	评估标准	给付对象	覆盖范围
扬州市	试点期间至2024年12月将依据《长期护理保险失能等级评估标准（ICFA-CN）量表》	参保人员因年老、疾病、伤残等导致失能的重度失能人群	城镇职工及城乡居民医疗保险的参保人员
常州市	执行国家统一标准，《长期护理失能等级评估标准（试行）》《长期护理保险失能等级评估标准操作指南（试行）》，并出具失能评估标准结论	参保人员因年老、疾病、伤残等导致失能的中度、重度失能人群	城镇职工及城乡居民医疗保险的参保人员
泰州市	执行国家统一标准，《长期护理失能等级评估标准（试行）》《长期护理保险失能等级评估标准操作指南（试行）》，并出具失能评估标准结论	参保人员因年老、疾病、伤残等原因导致失能，需要长期护理，经申请评估符合长护保险重度失能标准	城镇职工及城乡居民医疗保险的参保人员
南京市	于2024年9月1日依据《南京市长期护理保险失能等级评估标准管理办法》对评估对象日常生活活动、认知、感知觉与沟通等方面进行量化评估	参保人员，因年老、疾病、伤残等原因导致长期失能，失能状态持续3个月以上的重度失能人群	城镇职工及城乡居民医疗保险的参保人员
盐城市	评估人员按照《盐城市照护保险失能等级评估标准表》对参保人员失能情况进行现场量化评估	参保人员因年老、疾病、伤残等原因，经失能评估认定符合重度失能等级标准的参保人员，可享受照护保险待遇	市区（市本级、盐都区、亭湖区、大丰区、市开发区、盐南高新区）范围内参加职工基本医疗保险、城乡居民基本医疗保险的人员，均应同步参加照护保险
连云港市	执行国家统一标准《长期护理失能等级评估标准（试行）》《长期护理保险失能等级评估标准操作指南（试行）》，并出具失能评估标准结论	参保人员因年老、疾病、伤残等原因导致的重度失能人群	城镇职工基本医疗保险参保人员
淮安市	执行国家统一标准《长期护理失能等级评估标准（试行）》《长期护理保险失能等级评估标准操作指南（试行）》，并出具失能评估标准结论	参保人员因年老、疾病、伤残等原因，经失能评估认定符合重度失能等级标准的参保人员	2023年10月职工基本医疗保险参保人员可先行参加长期护理保险
镇江市	执行国家统一标准《长期护理失能等级评估标准（试行）》《长期护理保险失能等级评估标准操作指南（试行）》，并出具失能评估标准结论	参保人员因年老、疾病、伤残等原因，经失能评估认定符合重度失能等级标准的参保人员	城镇职工及城乡居民医疗保险的参保人员
宿迁市	评估人员按照《宿迁市长期护理保险失能等级评估标准表》，对参保人员进行量化评估	参保人员因年老、疾病、伤残等导致失能，经申请评估符合重度失能等级标准	城镇职工基本医疗保险参保人员

资料来源：由江苏省13个地市医保局网站的相关政策及文件整理所得。

二、江苏省各城市失能评估标准现状

（一）评估标准体系的分化与统一

制定失能等级分级标准不仅有助于合理划分失能程度，更能帮助长期护理保险利益相关方（包括失能老人及其家属、政府、护理服务供给方、第三方保险公司等）充分理解长期护理保险申请人的失能状况。从评估依据来看，主要存在两种模式：一是采用国家统一标准，即依据《长期护理失能等级评估标准（试行）》开展评估，如南通市、连云港市、泰州市、徐州市等地；二是制定地方性评估标准，如扬州市、南京市等地结合本地实际制定了具有区域特色的评估体系。这种分化现象反映了各地在制度实施过程中对统一性与灵活性的权衡。

（二）准入资格不一致

通过对江苏省各城市长期护理保险准入资格的比较，大部分城市都将重度失能患者作为长期护理保险的首要保障对象，各城市根据自己辖区内的财政与基金承受情况，制定执行方案。目前，江苏省内的长期护理保险的保障对象分为三类。第一，基础保障型。以扬州市、泰州市、南京市等城市为代表，主要覆盖重度失能人群。第二，适度扩展型。如无锡市、常州市、南通市等地，将保障范围扩展至中度失能人群。第三，全面保障型。以南通市、苏州市、徐州市为典型，进一步将失智人群纳入保障范围。

（三）覆盖人群不一致

从参保人群覆盖情况来看，江苏省大部分城市（如南通市、苏州市、无锡市等）已将城乡居民医疗保险参保人员纳入保障范围，体现了制度的普惠性特征。然而，宿迁市、连云港市、淮安市等地区仍局限于城镇职工基本医疗保险参保人群，这种制度设计在一定程度上影响了保障的公平性和可及性。值得注意的是，这些城市已制订明确的扩面计划，自2024年开始逐步实现城乡居民的全覆盖。

三、江苏省内城市在失能评估标准上存在的问题

从江苏省内失能评估标准的政策目的来看，尽管国家层面已建立统一的长期护理保险制度框架，但地方政府在政策执行过程中享有的自主裁量权，以及区域间经济社会发展水平的差异，导致失能评估标准体系呈现出显著的异质性特征，部分城市根据自己城市的情况呈现出在统一的长期护理等级评估标准的基础上，进行本土

化修改的模式，在失能评估工具、失能等级划分标准等方面存在较大的差异性。同时，失能评估队伍的不充分发展限制了各城市的评估能力，这些问题在一定程度上阻止了长期护理保险的发展。

（一）失能量表不统一

失能等级量表是找到老年人身体与失能等级间对应关系的工具，由于我国并未要求各城市均执行国家统一的失能量表，导致失能量表评估结果的可比性降低，影响区域间待遇公平，从而使得最终的评估等级与失能人员的实际需求存在差距。目前在江苏省内大部分城市执行了国家统一制定的失能量表，部分城市根据自己城市的特点进行了本地化修改，还有执行本市的评估管理以及国家统一的失能量表。同时，相同失能状况可能获得不同等级评定，损害制度公信力，增加跨区域流动老年人的待遇衔接难度，由于评估等级不同，护理待遇也截然不同，会使得长期护理保险失去其应有的公平性。

（二）保障范围较小，对失智人员的保障不足

通过对各城市长期护理保险准入资格的比较，部分亟须护理服务的群体被排除在保障范围之外。从给付对象来看，对失智人员的保障不足，部分失智人员与失能人员在日常生活上都有较强的照护需求，但部分长期护理保险的政策并未覆盖到失智人员，同时失智人员日常行为也受身体限制，会造成对失智人员保障不足的情况；从覆盖对象来看，大部分城市覆盖了城乡职工与城乡居民医疗保险的参保者，而有部分城市，如宿迁市却并未覆盖到城乡居民医疗保险参保者，而很大一部分的失能人员可能仅参加医疗保险，可能会导致失能人员不能更好地享受服务，制度普惠性受到质疑，影响政策实施效果，也会加剧区域间保障水平差异，不利于制度整合。

（三）照护服务缺少分级管理

长期护理保险政策的目的是维持失能失智人员的正常生活，失能人员所需的护理服务包括生活起居照料、护理康复服务、专业医疗服务、心理疏导服务等类别，包含了身体和心理等方面，然而目前江苏省存在的养老、护理、社区等机构服务未考虑到不同年龄层次、不能满足失能程度人员的不同照护需求，即缺乏统一的照护分级标准，不同失能等级人群的服务需求匹配度低，可能会存在医疗资源过度使用或使用不足现象，使得老年人长期照护服务水平得不到应有的保障。

四、完善江苏省内长期护理保险失能评估标准量表的建议

（一）失能量表建议统一使用国家标准

长护险中护理服务内容、服务次数、服务时长的需求会因为失能人员的等级不

同而存在差异，故长期护理失能级别评价标准是用于评价失能人员失能情况的关键手段，失能状况评估结果为判断失能人员是否可以获得长期护理保险待遇提供了基础依据，因此使用统一的失能量表，有利于推动长期护理保险的异地使用和费用结算，各市区的受益人享受同等的待遇，有利于维持公平性。江苏省内城市可以定期进行经验分享，综合相关部门的建议，制定统一的失能评估标准，从而保障江苏省各城市长期护理保险受益人的生活保障，同时，有助于规范长护险制度，更加准确地提供长期护理服务。

（二）进一步扩大保障范围

目前各市区对是否将失智人员纳入保障范围不统一，同时，覆盖对象也不统一纳入居民医保参与者。因此为确保公平性，应该适当扩大保障范围，将符合条件的失智人员纳入长期护理保险的保障对象，同时，覆盖对象要统一，将城乡居民医疗保险的参保人员无差别地纳入覆盖对象中。此外，长期护理保险不仅要保障目前已经失能失智的人员，还要放眼长远，探索失能失智预防工作，防患于未然。对社会人群普及相关知识，利用大数据筛选风险高危人群，针对部分人群进行科学的干预措施，减缓失能失智群体的扩大，长期护理保险各试点地区政府还需进一步开展预防知识普及试点及后续改进推广。

（三）按自理能力选择不同的照护方式

面对失能人员护理需求的差异，除了保证失能人员日常生活护理外，还应该按照失能程度设置相应要求的服务级别和护理内容，服务级别的标准要包括服务人员的配置、服务内容、次数以及时间等不同的角度，做到长期护理保险服务多元化、精准化、精细化。同时，按照老年人生活自理能力大小，选择不同的照护方式，服务提供者可划分为家庭护理、社区护理与机构护理。为满足残疾人不同照护需求，以上3类服务机构可进一步细分职能，为不同医疗照护机构划分多种服务专区，实现个性化、专业化的照护与就医。例如，家庭护理适用于生活自理能力较好的老年人；社区护理适用于有一定生活自理能力或者患有轻度功能性障碍的老年人；机构护理适用于生活自理能力较差、患有功能性障碍的老年人。

（四）建立常态化的动态评估机制

《长期护理保险评估标准》提出，医疗保障部门应该根据失能等级确定评估结论的有效期限，这能进一步了解长期护理保险对失能人员的保障程度以及失能人员的恢复情况。但仅规定了对重度失能的评估有效期，并未对所有等级设置评估结论期限。失能程度随时可能发生变化，而照护的方式也应该随着失能程度的变化而改变，达到资源利用最大化。为了及时掌握失能程度的变化，失能评估需要针对各失能阶段设置评估结论期限，建立常态化动态评估机制，根据申请人失能程度的改善或恶化情况及时调整失能级别，以匹配相应的照护服务及给付待遇，以保障制度的公平性以及资源利用最大化。

（五）针对不同群体的特征，扩大长护险的服务主体

失能老年人是目前接受长期照护服务的主体人群，但像重度残疾儿童和失能中青年人等群体同样有照护需求，包括对其照护人员的需求也较高，但目前并未基于未成年人设置失能评估专区。对此，可借鉴德国的做法，根据群体特性制定不同的失能等级认定工具，例如，针对成人、儿童等不同群体，选用不同资质条件的评估人员和认定程序，进行专门的失能评定，提高失能评估结果的科学性，确保申请者平等地享受长期护理服务。

第四章　江苏省失能人口预测

第一节　江苏省老年人口变化趋势

自1999年起，我国步入了老龄化社会，老年人口数量持续增长，老龄化程度不断加深。2006年的《中国人口老龄化发展趋势预测研究报告》指出，21世纪的中国将面临一个不可逆转的老龄化社会趋势。该报告依据我国老龄化的发展趋势，将2001~2100年的这一百年时间划分为快速老龄化、加速老龄化和重度老龄化三个阶段，其中，2001~2020年被界定为快速老龄化阶段。同样地，在江苏省，2000~2020年的这二十年间，老年人口数量的增长态势与《中国人口老龄化发展趋势预测研究报告》中描绘的快速老龄化阶段特点高度吻合，见证了老龄化趋势的不可避免性。

本书通过历年公布的《江苏统计年鉴》对江苏省65岁及以上人口数据进行归纳整理，如图4.1所示。

从图4.1中人口数量可以观察到，江苏省65岁及以上老年人口数量在2000~2023年不断增加。具体来说，2000年江苏省65岁及以上老年人口总数为651.34万人，2005年为812万人，2010年为856.78万人，2015年为999万人，2020年为1372.65万人，2021年为1449.6万人，2022年为1522万人，2023年为1573万人。2010年65岁及以上老年人口相比2000年增长了约32%，2020年相比2010年增长了约60%。

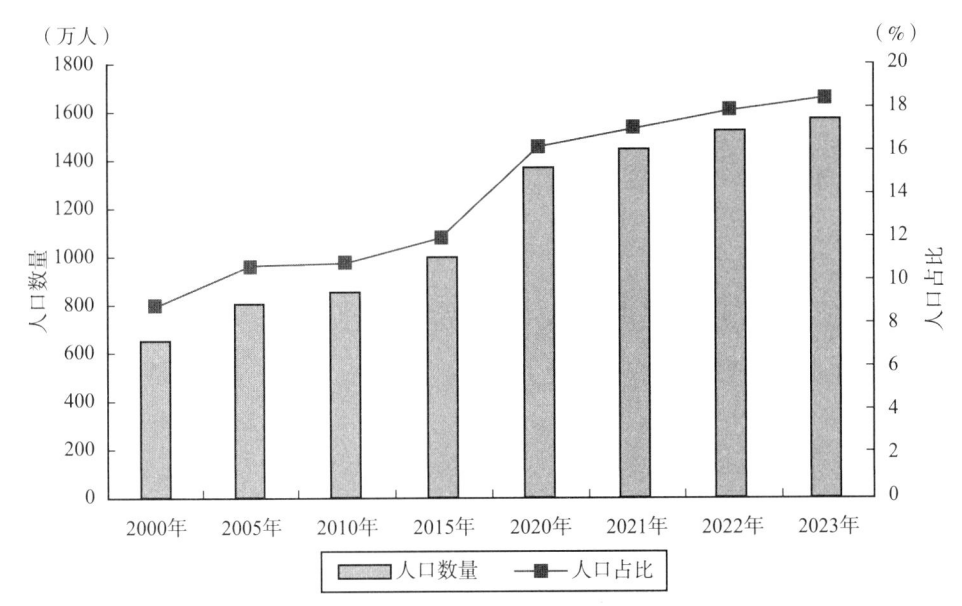

图 4.1　2000～2023 年江苏省 65 岁及以上老年人口数量及占比组合图

注：人口数量中 2000～2020 年的数据，以 5 年为间隔展示；人口占比为江苏省 65 岁及以上的老年人口在当年常住人口中所占的比重。

资料来源：2001 年、2006 年、2011 年、2016 年、2021～2024 年《江苏统计年鉴》。

从图 4.1 中人口占比可以观察到，江苏省 65 岁及以上老年人口数量占当年常住人口的比重也在不断增加。具体来说，2000 年江苏省 65 岁及以上老年人口占比为 8.89%，2005 年为 10.7%，2010 年为 10.89%，2015 年为 12.01%，2020 年为 16.19%，2021 年为 17.04%，2022 年为 17.87%，2023 年为 18.45%。按照国际上对老龄化社会的定义，当一个地区 60 岁及以上人口占总人口的比例达到 10%，或者 65 岁以上人口占比达到 7% 时，即视为进入老龄化社会。而中度老龄化的标准则是 60 岁及以上人口占比超过 20%，或 65 岁以上人口占比超过 14%。据此标准，江苏省早在 2000 年就已迈入老龄化社会的门槛。与 2006 年《中国人口老龄化发展趋势预测研究报告》的预测相吻合，江苏省在 2000～2020 年老龄化程度迅速加深，至 2020 年已经符合中度老龄化的标准。长期护理保险是以失能为责任风险的社会性保险。由于身体机能的老化，老年人是向外寻求护理帮助的最大群体。年龄越大，老年人失能的可能性越大，产生护理需求的可能性越大，需要的护理数量也越多。因此，本书将重点预测江苏省未来需要长期护理保险服务的 65 岁及以上老年人群规模。由于江苏省长期护理保险的范围并未限定于老年人，本书将失能人口预测范围放宽至 45 岁及以上。

本书对江苏省失能人口的预测主要分为两个步骤。第一，通过对江苏省人口数据进行收集并利用专业的人口预测软件，对江苏省 2025～2050 年的人口数量进行预测，尤其关注65岁及以上人口的数量以及低、中、高龄老人的结构占比。第二，确定评定失能及失能程度的工具，对不同年龄段人口在中度和重度失能发生率方面作出估测，从而能够根据不同年龄段人口的数量以及该年龄段对应的失能率计算得出分年龄段和分失能程度的人口数量。

第二节　2025～2050年江苏省人口预测

一、参数设置

本书关于江苏省2025～2050年的人口预测是借助中国人口与发展研究中心研制开发的人口宏观管理与决策信息系统（PADIS-INT）来实现。PADIS-INT以队列要素法为核心原理进行人口预测，这是人口预测中最经典和常用的方法，能够基于基期分年龄和性别的人口数，并综合考虑队列死亡、生育和迁移风险的作用，预测出未来分年龄和性别的人口数量。该人口预测软件已经得到联合国经济与社会事务部人口司等国内外机构的广泛认可，数据预测误差率不到1%。对于江苏省的人口预测涉及人口基础数据、人口预期寿命、死亡模式、人口总和生育率、生育模式、人口性别比等参数的设置，本书相关参数将按以下方法进行设置。

（一）基础数据

本书使用的基础数据来源于江苏省2020年第七次人口普查年鉴。该年鉴统计了全省分年龄、性别的人口数，不同年龄段死亡人数以及育龄妇女年龄别生育率等相关人口数据。以上数据收集区分了城市、镇和农村三个区域，虽然目前长期护理保险试点城市的覆盖对象大部分只在城镇职工，但实现城乡全覆盖是必然趋势，因此本书根据国家统计局城乡划分标准将城市和镇综合为城镇，进行城乡二元分析。

（二）死亡模式和预期寿命

本书将死亡模式设定为寇尔德曼西区模式，并聚焦于江苏省2020年的预期寿命数据。参考相关文献[①]，本书在中方案中设定，从2020～2050年，江苏省人口预期寿命呈线性变化。具体地，当平均预期寿命未达到80岁时，年增长幅度为0.1岁；一旦达到80岁，年增长幅度则降至0.05岁。因此，在中方案下，2021～

---

① 冯婉桢，袁一清，伍津．低出生率背景下省域学前教育资源供需关系与动态调配：基于对中部J省人口预测的分析［J］．学前教育研究，2024（5）：45-57.

2050 年，江苏省城镇男性和女性的平均出生预期寿命将分别介于 79.59~81.34 岁和 84.4~85.9 岁之间；而农村地区男性和女性的平均出生预期寿命则分别介于 74.45~77.45 岁和 79.26~81.16 岁之间。

在低方案中，本书设定了更为保守的增长幅度：当平均预期寿命未达到 80 岁时，年增长幅度为 0.05 岁；达到 80 岁后，年增长幅度则降至 0.01 岁。据此，至 2050 年，江苏省城镇男性和女性的平均出生预期寿命将分别达到 80.25 岁和 84.70 岁；而农村地区男性和女性的平均出生预期寿命则将分别达到 75.95 岁和 80.16 岁。

在高方案中，本书则设定了更为乐观的增长幅度：当平均预期寿命未达到 80 岁时，年增长幅度为 0.2 岁；达到 80 岁后，年增长幅度则降至 0.1 岁。因此，在高方案下，至 2050 年，江苏省城镇男性和女性的平均出生预期寿命将分别高达 82.89 岁和 87.40 岁；而农村地区男性和女性的平均出生预期寿命则将分别达到 80.15 岁和 82.66 岁。

(三) 总和生育率和生育模式

总和生育率和生育模式（年龄别生育率）是预测出生人口的重要参数。生育模式反映的是 15~49 岁各年龄组育龄妇女的生育水平，通过各年龄组年生育人口数与该年育龄妇女总生育人口数之比计算得出。本书假定 2021~2050 年江苏省城乡育龄妇女生育模式与 2020 年保持一致。在中方案中，考虑到生育政策的放宽，本书假定至 2050 年江苏省总和生育率上升至 1.50，本书对 2021~2049 年的生育参数进行线性插值，得出具体的生育率数据。在低方案和高方案中将这一参数分别设定为 1.20 和 1.80。

(四) 出生人口性别比

根据联合国人口司估算和预测的世界各国出生人口性别比，中国的出生人口性别比将在 2035 年下降到 107 左右。[1] 因此，本书假定江苏省出生人口性别比在 2030 年达到 107 并至 2050 年保持该水平不变，对 2021~2029 年的参数设定由线性插值法得到。在低方案和高方案下，这一参数设定分别为 104 和 110。

(五) 迁移参数

大规模的人口流动是当前我国社会重要的人口特征，主要包括城乡流动和省际流动。已有的涉及人口预测的研究大多通过城镇化率对城乡流动进行了考量，却忽略了省际流动。江苏省作为长三角的经济发达省份，是人口流入大省，因此在迁移水平参数设定时忽略省外流动人口将会造成预测结果的不准确。因此，将城镇和农村视为两

---

[1] United Nations. Department of Economic and Social Affairs：World Population Prospects 2022：Summary of Results [EB/OL]. https：//www.un.org/development/desa/pd/sites/www.un.org.development.desa.pd/files/wpp2022_summary_of_results.pdf.

个独立区域，利用基本的人口学公式分别估算其净迁移率，如公式（4.1）所示：

$$t\text{年迁移率} = \frac{t+1\text{年人口} - t\text{年人口} - t\text{年出生人口} + t\text{年死亡人口}}{t\text{年人口}} \quad (4.1)$$

根据以上公式，本书计算出 2020 年江苏省城镇地区的净迁移率约为 8.620‰，而农村地区的净迁移率约为 -17.353‰。鉴于未来人口迁移规模预计呈下降趋势，并且这种下降的趋势逐渐缩小，本书对江苏省城镇地区的年迁入人数进行了逐步下调。具体而言，在 2020~2030 年，迁入规模将持续减少，至 2030 年，迁移人数将比 2020 年减少 20 万人。在 2030~2040 年，迁入规模继续下降，2040 年相比 2030 年将再减少 10 万人。到了 2040~2050 年，迁入规模依然保持下降趋势，2050 年相比 2040 年将减少 5 万人。同时，本书还根据 80% 的城镇化率对农村人口的迁移规模进行相应调整。

在低方案中，我们设定了更大幅度的下降：2030 年相比 2020 年迁入规模减少 20 万人，2040 年相比 2030 年再减少 20 万人，而到了 2050 年，相比 2040 年则减少 10 万人。在高方案中，下降幅度则相对较小：2030 年相比 2020 年迁入规模减少 10 万人，2040 年相比 2030 年再减少 10 万人，2050 年相比 2040 年则减少 5 万人。在低、高方案中，仍保持 80% 的城镇化率。

二、江苏省 2025~2050 年人口预测数据

本书根据上述各参数的设置得出低、中、高方案的江苏省人口预测数据，分别如表 4.1 至表 4.3 所示。

表 4.1　　　　2025~2050 年江苏省人口预测低方案　　　　单位：人

年份	年龄段（岁）	农村人口数	城镇人口数	年份	年龄段（岁）	农村人口数	城镇人口数
2025	45~49	1109832	4376445	2030	45~49	1029911	4704290
	50~54	1614995	4737531		50~54	1094056	4343124
	55~59	2366709	5463479		55~59	1576574	4675757
	60~64	1942345	4344161		60~64	2274260	5344140
	65~69	1529997	3014482		65~69	1821212	4188894
	70~74	1755597	2925313		70~74	1356568	2809260
	75~79	1176228	1863304		75~79	1442026	2593019
	80~84	688021	1077487		80~84	840108	1501513
	85+	521189	940992		85+	564286	1158476

续表

年份	年龄段（岁）	农村人口数	城镇人口数	年份	年龄段（岁）	农村人口数	城镇人口数
2035	45~49	1532698	6440942	2045	45~49	682790	3224086
	50~54	1015701	4668710		50~54	1101620	4431479
	55~59	1068788	4287876		55~59	1479636	6314056
	60~64	1515173	4572335		60~64	955464	4509378
	65~69	2132680	5150788		65~69	964934	4042728
	70~74	1632726	3922614		70~74	1271559	4112408
	75~79	1109588	2481449		75~79	1587799	4279141
	80~84	1037124	2095989		80~84	995294	2839380
	85+	675407	1545597		85+	753132	2342371
2040	45~49	1116633	4465498	2050	45~49	545453	2950888
	50~54	1512477	6393369		50~54	673608	3199791
	55~59	992746	4609376		55~59	1077168	4374502
	60~64	1028042	4194727		60~64	1426050	6180019
	65~69	1420538	4403338		65~69	897678	4346035
	70~74	1911276	4817616		70~74	865361	3780582
	75~79	1358791	3491370		75~79	1053831	3643418
	80~84	791140	1990862		80~84	1158367	3466743
	85+	839609	2144150		85+	841190	2995598

资料来源：《江苏省人口普查年鉴（2020）》（江苏省2020年第七次全国人口普查）数据并用PADIS-INT软件计算。

表4.2　　　　　　　　　　2025~2050年江苏省人口预测中方案　　　　　　　　单位：人

年份	年龄段（岁）	农村人口数	城镇人口数	年份	年龄段（岁）	农村人口数	城镇人口数
2025	45~49	1109963	4376704	2030	45~49	1030358	4705160
	50~54	1615295	4738024		50~54	1094824	4344501
	55~59	2367374	5464424		55~59	1578331	4678292
	60~64	1943175	4345418		60~64	2278179	5348977
	65~69	1531075	3015982		65~69	1826054	4195065
	70~74	1757444	2927626		70~74	1362577	2816586
	75~79	1178174	1865701		75~79	1451755	2603856
	80~84	689815	1079733		80~84	849075	1511880
	85+	523625	944656		85+	575382	1174922

续表

年份	年龄段（岁）	农村人口数	城镇人口数	年份	年龄段（岁）	农村人口数	城镇人口数
2035	45~49	1533839	6443174	2045	45~49	683917	3226706
	50~54	1016964	4671472		50~54	1104469	4437403
	55~59	1070953	4292131		55~59	1485647	6327740
	60~64	1520137	4580147		60~64	961955	4526295
	65~69	2143524	5165169		65~69	975399	4068031
	70~74	1645643	3940769		70~74	1293368	4156627
	75~79	1124384	2501725		75~79	1630006	4355103
	80~84	1058126	2123561		80~84	1036414	2922547
	85+	700305	1588135		85+	816051	2502494
2040	45~49	1117919	4468048	2050	45~49	546595	2954078
	50~54	1515203	6399245		50~54	675930	3205369
	55~59	995743	4616616		55~59	1083060	4387300
	60~64	1033090	4205890		60~64	1438320	6209673
	65~69	1431621	4423183		65~69	910339	4381629
	70~74	1934415	4853612		70~74	884724	3832917
	75~79	1384374	3534452		75~79	1091102	3729772
	80~84	816169	2034199		80~84	1221842	3602259
	85+	885963	2239135		85+	928779	3255480

资料来源：《江苏省人口普查年鉴（2020）》（江苏省2020年第七次全国人口普查）数据并用PADIS-INT软件计算。

表4.3　　　　　　　2025~2050年江苏省人口预测高方案　　　　　　　单位：人

年份	年龄段（岁）	农村人口数	城镇人口数	年份	年龄段（岁）	农村人口数	城镇人口数
2025	45~49	1110215	4377095	2030	45~49	1031058	4706385
	50~54	1615884	4738782		50~54	1096065	4346452
	55~59	2368704	5465892		55~59	1581250	4681937
	60~64	1944861	4347394		60~64	2284872	5355969
	65~69	1533287	3018362		65~69	1834417	4204029
	70~74	1761277	2931321		70~74	1373149	2827310
	75~79	1182245	1869551		75~79	1468850	2619742
	80~84	693592	1083341		80~84	864789	1527125
	85+	528784	950510		85+	594669	1199148

续表

年份	年龄段（岁）	农村人口数	城镇人口数	年份	年龄段（岁）	农村人口数	城镇人口数
2035	45~49	1535762	6446253	2045	45~49	685792	3230125
	50~54	1019126	4675335		50~54	1109280	4445142
	55~59	1074692	4298173		55~59	1496005	6345681
	60~64	1528765	4591372		60~64	973425	4548681
	65~69	2162521	5185877		65~69	994196	4101723
	70~74	1668340	3967037		70~74	1333162	4215799
	75~79	1150560	2531283		75~79	1708253	4457135
	80~84	1095237	2163933		80~84	1114170	3035326
	85+	744205	1651697		85+	941762	2729456
2040	45~49	1120151	4471463	2050	45~49	548372	2958147
	50~54	1519973	6407137		50~54	679627	3212471
	55~59	1001053	4626460		55~59	1092719	4403646
	60~64	1042135	4221220		60~64	1459135	6247696
	65~69	1451617	4450628		65~69	932482	4427577
	70~74	1976486	4903468		70~74	919508	3900860
	75~79	1431241	3594458		75~79	1159637	3842805
	80~84	862729	2095210		80~84	1341965	3781570
	85+	973698	2376631		85+	1107715	3618560

资料来源：《江苏省人口普查年鉴（2020）》（江苏省2020年第七次全国人口普查）数据并用 PADIS-INT 软件计算。

（一）低方案下 2025~2050 年江苏省人口预测数据

根据表4.1的数据，江苏省45岁及以上人口的数量在2025~2045年持续攀升。具体来说，2025年45岁及以上人口总数为4145万人，而到了2030年，这一数字已增长至4332万人。至2035年，同一年龄段人口数量进一步跃升至4689万人。2040年，人口数量达到4748万人。至2045年，45岁及以上人口数量为4589万人，少于2040年同年龄段人口。到了2050年，老年人口数量继续下降，降至4348万人。尽管如此，在2025~2040年，江苏省45岁及以上的人口数量总体上仍增加了4%。

此外，从人口变化的结构来看，45~64岁人口呈现出数量不断下降的趋势，2025年为2596万人，2030年为2504万人，2035年为2510万人，2040年为2431

万人，2045年为2270万人，2050年为2043万人。该年龄段人群内部的老年人群（65岁及以上）占比却呈现出不断上升的趋势。具体来说，2025年老年人口数量为1549万人，占该年龄人口总数的比例为37%；到了2030年，这一数字增长至1828万人，占比提升至42%；2035年，80岁以上老年人口数量达到2178万人，占比达到46%；2040年，数量增加至2317万人，占比稳定在47%；到了2045年，老年人口数量升至2319万人，占比上升至51%；在2050年，这一数字下降到了2305人，但占比却高达53%。

（二）中方案下2025~2050年江苏省人口预测数据

根据表4.2的数据，江苏省45岁及以上人口的数量在2025年、2030年、2035年、2040年、2045年和2050年分别为4147万人、4343万人、4712万人、4789万人、4651万人和4434万人。2050年该年龄段人口相比2025年增长了约7%。

在人口规模结构方面，中方案同低方案呈现相同的特点，即45~64岁年龄段人口以每五年间隔中呈现下降趋势，老人占比呈现不断上升的趋势。具体来说，45~64岁人口数量在2025年、2030年、2035年、2040年、2045年和2050年分别为2596万人、2506万人、2513万人、2435万人、2275万人和2050万人。2025年老人数量为1551万人，占比为37%，2030年老人数量为1837万人，占比为42%，2035年老人数量为2199万人，占比为47%。2040年老人数量为2354万人，占比为49%，2045年80岁以上老人数量为2376万人，占比跃升至51%，2050年老人数量为2384万人，占比将达到54%。

（三）高方案下2025~2050年江苏省人口预测数据

根据表4.3的数据，江苏省45岁及以上人口的数量在2025年、2030年、2035年、2040年、2045年和2050年分别为4152万人、4360万人、4749万人、4853万人、4747万人和4563万人。2050年该年龄段人口相比2025年增长了约10%。

从人口的结构来看，同中、低方案相同，高方案下45~64岁年龄段人口在以每五年为间隔中呈现下降趋势，老人占比呈现不断上升的趋势。具体来说，45~64岁人口数量在2025年、2030年、2035年、2040年、2045年和2050年分别为2597万人、2508万人、2517万人、2441万人、2283万人和2060万人。2025年老人数量为1555万人，占比为37%，2030年老人数量为1851万人，占比为42%，2035年老人数量为2232万人，占比为47%。2040年老人数量为2412万人，占比为50%，2045年80岁以上老人数量为2463万人，占比跃升至52%，2050年老人数量为2503万人，占比将达到55%。

总体来看，低、中、高三个方案因在预期寿命、迁移水平等参数设置上的差异,导致它们在人口总量变化上呈现差异,但人口变化趋势在规模和结构上却相同,即中年人群数量和占比下降,老年人群数量和占比上升。凸显了江苏省人口老龄化的严峻形势,以及对于高龄老人养老、医疗等服务的迫切需求。

第三节 人口失能率预测及失能人口规模预测

一、失能评定工具选取

立足于长期护理保险提供照护服务的视角对失能人口规模进行预测,最主要的是锚定长期护理保险需要提供保障的领域以及关于该领域的评估工具,以确定长期护理保险的待遇享受人群。《关于开展长期护理保险制度试点的指导意见》指出,长期护理保险是"为长期失能人员的基本生活照料和与基本生活密切相关的医疗护理提供资金或服务保障的社会保险制度"。基本生活照料涉及被照料者的生理活动能力和感知、认知等能力,而医疗护理仅关注失能者的生理活动能力。将前者作为长期护理保险应承担责任的试点会设计和选取综合失能和失智的评估工具,而将后者视为长期护理保险所应承担责任的试点会侧重于选取关于失能的评估工具,即使也有关于失智的评估,其失智方面的加权得分也较低。因此,不同的侧重领域以及基于该领域选取的评估指标将影响失能人口规模的预测。

此外,即使在同一领域和评估指标下,对不同失能等级的得分规定的差异不仅将导致一部分失能人群被排除在长期护理保险覆盖范围外从而影响失能人口规模的预测,而且将影响各个失能等级的人口规模预测。本书在下面总结了国家 2021 年颁布的关于失能评定试行的统一标准以及学界研究长期护理保险时常用的评定失能的工具以供参考。

(一)国家政策

国家医保局办公室与民政部办公厅在 2021 年 7 月 16 日联合印发了《关于印发〈长期护理失能等级评估标准(试行)〉的通知》,对长期护理保险的失能认定做出了一个统一的标准。该评估标准是为了贯彻落实国家医保局、财政部《关于扩大长期护理保险制度试点的指导意见》,稳步推进长期护理保险制度试点,协同促进养老服务体系建设而制定的。该评估标准规定了长期护理失能等级评估的术语和定义、评估指标、评估实施及评估结果等内容,适用于指导长期护理保险制度试点地区医疗保障部门开展的长期护理保险失能等级评估。《长期护理失能等级评估标准（试行）》中包括3个一级指标和17个二级指标作为失能认定的标准。

其中，3个一级指标包括日常生活活动能力、认知能力和感知觉与沟通能力。日常生活活动能力主要考察个体为独立生活而每天必须反复进行的、最基本的、具有共同性的身体动作群，即进行衣、食、住、行、个人卫生等日常生活活动的基本动作和技巧。认知能力关注个体在认知功能方面的表现，即在时间定向、人物定向、空间定向及记忆等方面的能力。感知觉与沟通能力主要评估个体在视力、听力及与他人有效地沟通交流等方面的能力。

而17个二级指标主要是指日常生活活动能力下的二级指标。日常生活能力下的二级指标包括进食、穿衣、面部与口腔清洁、大便控制、小便控制、用厕、平地行走、床椅转移、上下楼、洗澡（具体二级指标数量和内容可能根据版本或地区有所差异，但基本覆盖了个体日常生活的各个方面）。认知能力下的二级指标包括时间定向、人物定向、空间定向、记忆。感知觉与沟通能力下的二级指标可能包括视力、听力、沟通能力。

（二）普遍做法

目前国际围绕长期护理保险做研究时通常用到日常生活活动能力功能（ADL）、工具性日常生活活动功能（IADL）作为健康状况评估的方法。日常生活活动能力功能和工具性日常生活活动量表侧重于对护理服务需求者日常生活自理能力的评估。其中日常生活活动能力功能（ADL）包括吃饭、穿衣、洗澡、上厕所、上下床和室内活动等六项内容。工具性日常生活活动能力（IADL）是指个人维持独立生活所必需的一些活动，通常需要使用一些工具才能完成，是个体维持个人自理、健康并获得社会支持以及实现社会属性的活动，主要包括能否到邻居家串门、洗衣服、做饭、举起5公斤重物等八项内容。2010年全国老龄办和中国老龄科学研究中心在全国进行了"全国城乡老年人状况调查"，对全国60岁及以上老年人日常生活自理能力进行抽样调查。其关于老年人日常生活自理能力判断的工具即是日常生活活动能力量表（ADLs），并以老年人在ADLs六项活动中面临困难的数量划分失能等级，从而对全国老年人的分失能等级的失能率进行测算。此外，存在感知障碍、认知障碍以及情绪障碍的失智人员也需要长期护理保险服务的保障。关于认知功能障碍（CI）的测量一般用到认知功能简易量表（MMSE）来测量，该量表主要包括方向定位能力、理解和自我协调能力、回忆能力和语言、注意力和计算能力、反应能力。

(三) 本书做法

我国自 2016 年开展第一批长期护理保险试点以来,截至目前已有许多城市因地制宜探索长期护理保险的制度设计。在失能等级认定方面,不同试点因对失能者保障领域的认知差异、对评估工具的选择差异、对评估打分系统的设计差异可能造成失能程度相似的失能者被给予的长期护理保险待遇却不相同。例如,青岛市和南通市虽然使用统一的 ADL 和 IADL 作为主要评估工具,但青岛市以小于 60 分(中、重度失能)作为分级标准,南通市以小于(或等于)40 分(重度失能)作为分级标准,这种分级标准的差异将造成一部分失能者在青岛市可以享受长护险待遇,而在南通市则被拒绝。因此,本书参考学界的普遍做法,利用 ADLs 中的六项活动,将所有 45 岁及以上人群按照其能力所及分为五种等级,不同的等级代表其不同的健康情况。具体来讲,健康对应等级一,轻度失能对应失能等级二,中度失能对应失能等级三,重度失能对应失能等级四,死亡对应失能等级五,而各个失能等级又分别对应 ADLs 中不同的行动困难数,具体如表 4.4 所示。

表 4.4　　　　　　　　ADLs 失能等级划分标准

失能等级	等级划分依据
等级一(健康)	日常生活无障碍
等级二(轻度失能)	1~2 项 ADLs 失能,需要他人协助
等级三(中度失能)	3~4 项 ADLs 失能,需要他人协助
等级四(重度失能)	5 项及以上 ADLs 失能,需要他人协助
等级五(死亡)	死亡

二、区分城乡和未区分城乡的失能率

本书关于 45 岁及以上人群失能率测算的数据来源于 2018 年的中国健康与养老追踪调查(CHARLS)数据库。CHARLS 是由北京大学国家发展研究院中国经济研究中心主持的一项大规模微观调查项目。该项目旨在收集中国 45 岁及以上中老年人的健康、经济和社会状况数据,为学术研究和政策制定提供可靠依据。CHARLS 项目自 2011 年启动以来,已经完成了多轮全国基线调查和追踪调查。调查范围覆盖全国 28 个省、自治区、直辖市的 150 个县、450 个村(居)委会。样本规模庞大,共访问了超过 1 万户家庭中的 1.7 万名受访者,且样本具有全国代表性。CHARLS 采用严格的随机抽样方法,通过多阶段分层抽样在全国范围内选取代表性样本。数据采集包括入户访问、问卷调查和体检等多种方式，确保全面覆盖健康与经济信息。本书利用 Stata 软件，对 2018 年（CHARLS 项目每两年进行一次追踪调查，目前已有 5 期数据，分别为 2011 年、2013 年、2015 年、2018 年以及 2020 年）的数据进行分析。本书按照预测需求将 45 岁及以上人群按照年龄分为 9 组（45～49 岁为一组、50～54 岁为一组、55～59 岁为一组、60～64 岁为一组、65～69 岁为一组、70～74 岁为一组、75～79 岁为一组、80～84 岁为一组、85 岁及以上为一组），依据公式（4.2）计算年龄别失能率。

$$P_i(t) = \frac{m_i}{\sum m_i} \tag{4.2}$$

其中，$P_i(t)$ 表示分年龄段不同失能等级的比例。m_i 表示各分年龄段中失能等级为 i 的人数。$\sum m_i$ 表示分年龄段人数。

从表 4.5 可以看出，各年龄段分中度及重度的失能率符合一般的人口健康转移规律，即年龄越大的人发生失能的概率越大。45～59 岁人口无论是在中度失能还是重度失能方面的发生率均低于低龄老人（60～69 岁）、中龄老人（70～79 岁）和高龄老人（80 岁及以上），低龄老人和中龄老人在中度失能和重度失能方面的发生率也均低于高龄老人。此外，高龄老人在失能发生特点中有别于其他年龄组的是，其重度失能发生率高于中度失能。

表 4.5　2018 年未区分城乡的中国各年龄组 ADLs 失能率及其分布　　单位：%

年龄（岁）	中度失能	重度失能	合计
45～49	1.02	0.3	1.32
50～54	1.12	0.57	1.69
55～59	2.64	0.69	3.33
60～64	3.32	1.48	4.80
65～69	4.81	2.59	7.40
70～74	5.49	3.22	8.71
75～79	7.48	5.39	12.87
80～84	9.07	8.80	17.87
85+	12.10	13.70	25.80

资料来源：2018 年中国健康与养老追踪调查（CHARLS）并采用 Stata 17.0 统计分析软件计算而得。

目前，长期护理保险试点城市中大部分城市只将城镇职工参保人群纳入覆盖范围，这可能是由于财政压力、人力成本、医疗和养老机构市场不完善等短期原因造成。但基于长期视角，长期护理保险覆盖人群由城镇职工医保参保人群向城乡居民医保参保人群覆盖是必然趋势，长期护理保险的覆盖地域由城镇向老龄化更严重的农村覆盖是必然趋势。目前，江苏省除2023年新开展长期护理保险试点的连云港、淮安、镇江、宿迁等四个城市以职工医保参保人群为覆盖对象，其他地区均将职工和居民医保参保人员纳入参保范围。因此，分城乡对失能人口进行二元分析有其必要性。因此，本书进一步将CHARLS数据库按城乡二元划分，分别计算城镇和农村分年龄和失能等级的失能率。关于分城乡的失能率具体数据如表4.6所示。

表4.6　　　　2018年区分城乡的各年龄组ADLs失能率及其分布　　　　单位：%

年龄（岁）	城镇		农村	
	中度失能	重度失能	中度失能	重度失能
45~49	0.00	0.00	1.15	0.58
50~54	0.82	0.33	1.39	0.73
55~59	1.11	0.16	2.97	0.83
60~64	2.44	1.09	3.61	1.63
65~69	3.00	1.71	5.46	2.90
70~74	3.03	1.01	6.40	3.92
75~79	4.07	4.07	8.95	6.07
80~84	6.17	7.93	10.27	9.30
85+	7.00	17.00	13.50	12.88

资料来源：2018年中国健康与养老追踪调查（CHARLS）并采用Stata 17.0统计分析软件计算而得。

从表4.6中可以发现，农村地区的各年龄组人口在中度失能和重度失能方面整体上高于同年龄段的城镇人口。

三、人口失能变化的趋势

上述分地区和年龄的失能率表是基于2018年调查数据得出的，但本书所研究的是关于2025~2050年的失能人口预测，2018年的失能率是否能用来预测未来几十年的失能人口？也即我们需首先回答中国的不同地区、不同年龄段的老人的失能率是否会随时间发生明显变化？为探究这一问题，本书同样借助Stata软件对

CHARLS 数据库 2011 年数据进行计算,将得到的分年龄段失能率数据与 2018 年数据作比较分析得出一个简单的结论。进一步地,本书还将基于学界有关理论和实证研究对这一问题进行回答。

(一) 2011 年中国各年龄组 ADLs 失能率及其分布

本书选取了由 2011 年 CHARLS 数据库得出的分年龄组失能率与本书基于 2018 年 CHARLS 数据库得出的分年龄组失能率做对比。在同一数据库的基础上,排除因覆盖人群、问卷调查设计等因素造成的差异,对不同时间段的 45 岁及以上年龄段人群失能率进行比较,观察人口失能率是否存在因时间的变化而明显改变的现象。2011 年失能率数据如表 4.7 所示。

表 4.7　　2011 年区分城乡的各年龄组 ADLs 失能率及其分布　　单位:%

年龄(岁)	城镇		农村	
	中度失能	重度失能	中度失能	重度失能
45~49	0.74	0.29	1.14	0.42
50~54	0.74	0.93	1.97	0.71
55~59	1.50	0.95	2.52	1.17
60~64	1.44	0.96	3.93	1.78
65~69	2.04	1.58	5.58	2.68
70~74	2.25	1.40	6.63	3.62
75~79	4.62	5.04	9.12	5.66
80~84	11.71	11.71	11.84	10.53
85+	8.33	11.11	11.06	15.32

资料来源:2011 年中国健康与养老追踪调查(CHARLS)并采用 Stata 17.0 统计分析软件计算而得。

通过对表 4.6 和表 4.7 进行观察,可以发现:无论是 2011 年还是 2018 年,农村的失能率总体上均高于城镇地区,且农村地区在各年龄段基本上均有更高的中度和重度失能发生率;在不同年龄段的失能发生率上,2011 年与 2018 年也保持一致,即年龄越大的人发生失能的概率越大;并且 2011 年与 2018 年不同程度失能发生率均在 75~79 岁年龄段发生转折,在 75~79 岁前年龄段人群发生中度失能的概率高于重度失能,而在 75~79 岁开始重度失能发生率开始超过中度失能的发生率。

但 2011 年分年龄段和失能程度的发生率与 2018 年的数据也确实存在几处不同。其中,我们最关切的是不同年龄段的失能发生率是否存在变化,而根据表 4.6

和表 4.7 两张表中的数据,这一变化确实存在。2011 年 45～49 岁、50～54 岁和 55～59 岁三个年龄组的失能发生率高于 2018 年。而在 60～64 岁、65～69 岁、70～74 岁三个年龄组中,2018 年的失能发生率高于 2011 年。在 75～79 岁和 80～84 岁两个年龄组中,2011 年的失能发生率又再次高于 2018 年。在 85 岁及以上年龄组中,2018 年的失能发生率高于 2011 年。具体来说,2011 年和 2018 年在 45～49 岁、50～54 岁和 55～59 岁三个年龄组的失能发生率分别为 2.59% 和 1.73%、4.35% 和 3.27%、6.14% 和 5.07%;在 60～64 岁、65～69 岁、70～74 岁三个年龄组中分别为 8.11% 和 8.77%、11.88% 和 13.07%、13.9% 和 14.36%;在 75～79 岁和 80～84 岁两个年龄组中分别为 24.44% 和 23.16% 以及 45.79% 和 33.67%;在 85 岁及以上年龄组中则为 45.82% 和 50.38%。通过具体的数据可以看到,虽然 2011 年和 2018 年在 45～79 岁中,失能发生率存在差异,但这一差异比较小。而在 80～84 岁和 85 岁及以上两个年龄段差异明显。对此,可能的解释是,随着生活环境和医疗条件等方面的改善,失能发生率随着时间而降低似乎是必然的和合理的。尤其对于 80～84 岁的老人来说,其身体机能还未完全老化和退化。此时,医疗技术对健康保持发挥了最大的效用。2018 年 85 岁及以上老人显示出更高失能率的原因,可能在于医疗技术的进步使得本难以存活至该年龄段的老人得以延续生命至 85 岁以上。然而,尽管医疗技术能够延长寿命,却难以有效治疗因衰老引发的失能状况。因此,85 岁及以上这一年龄组中,存在大量虽然先天体弱或健康状况不佳但存活下来的老人,这导致了该年龄组相较于 2011 年呈现出更高的失能率。

尽管 2018 年与 2011 年的数据相比,在不同年龄组的失能发生率,城乡失能发生率,城乡不同失能程度发生率等层面间存在不同,但这种变化在低年龄组相对有限,显著变化主要集中在生命末期。因此,本书将在下面对处于老年状态的人口的失能率变化的相关文献进行总结。

(二) 研究总结

那么老年人的失能率究竟随时间变化会呈现怎样的变化规律?首先,在理论层面,学界对于老年人健康状态持三种基本观点。第一种观点是"压缩型",该观点认为人类可以借助生活形态的改变和医学技术的提升使得身体维持在良好的状态,从而将产生慢性疾病的年龄控制在生命的最末端,慢性疾病一旦能够得到控制也将顺带延长老年人的老衰时间。[1] 第二种观点是"扩大型",认为医疗技术的进步虽

---

[1] Fries J F. Aging, Natural Death, and the Compression of Morbidity [J]. The New England Journal of Medicine, 1980, 303 (3): 130-135.

然有效控制了急性疾病，却无法根治慢性疾病，人类的预期寿命虽然得到了延长，但健康预期寿命却没有变化。医疗技术的进步虽然在"保留生命"层面上做出了卓越贡献，但是却无法"维护健康"。[1] 第三种观点是"均衡型"，该观点认为生活形态的改变和医疗技术的进步虽然确实改变了老年人的健康水准，但却无法使得疾病被完全压缩，而是介于压缩和扩大之间。

其次，在实证研究方面，焦开山（2014）基于以上三种观点利用CLHLS数据库分城乡对我国老年人口的预期寿命和健康预期寿命进行研究。[2] 该研究发现，无论是农村还是城镇老年人，无论是女性还是男性老人，在控制年龄下，晚出生队列的老年人的预期寿命和健康预期寿命均长于早出生队列的老年人，但这种变化在以十年为时间跨度中仍非常小。

四、低、中、高方案下的江苏省失能人口数量

基于以上对失能率变化的讨论，本书假设中国未来各年龄组的失能率从现在至2050年不会因为医疗技术进步、生活方式改变等变化而发生明显变化。利用表4.6区分城乡的中国各年龄组失能发生率乘以2025~2050年江苏省人口预测数据，得到分城乡、分失能等级的人口数量。具体如表4.8至表4.10所示。

表4.8　2025~2050年江苏省分城乡、年龄组不同失能等级人口数量低方案　单位：人

年份	农村人口		城镇人口		合计
	中度	重度	中度	重度	
2025	617810	385232	592748	474070	2069860
2026	619988	388170	613712	494778	2116648
2027	624855	393609	634483	516825	2169772
2028	629193	399437	659681	542467	2230777
2029	631868	404369	684563	573021	2293821
2030	633754	408450	707971	601615	2351790
2031	635023	411820	730814	629954	2407610
2032	637087	417236	753897	659995	2468214

---

[1] Gruenberg E M. The Failure of Success [J]. The Milbank Memorial Quarterly, 1977, 55: 3-24.
[2] 焦开山. 健康不平等影响因素研究 [J]. 社会学研究, 2014, 29 (5): 24-46, 241-242.

续表

年份	农村人口 中度	农村人口 重度	城镇人口 中度	城镇人口 重度	合计
2033	638898	421957	773742	684397	2518994
2034	638192	424709	792384	708518	2563803
2035	636125	426520	809332	729761	2601738
2036	631880	426000	825782	746791	2630453
2037	629846	427650	847144	779798	2684439
2038	627255	428442	867115	811699	2734512
2039	622029	425897	884117	838361	2770404
2040	616554	422828	899040	862630	2801053
2041	610428	418519	911848	881877	2822671
2042	604236	415752	928990	910385	2859363
2043	598311	414079	948020	944412	2904823
2044	590253	408916	962084	962951	2924204
2045	581665	403630	975658	982072	2943024
2046	571417	398340	989122	998595	2957473
2047	561684	393484	1002475	1026288	2983932
2048	551905	390110	1016771	1068468	3027253
2049	540835	385143	1029522	1098295	3053796
2050	530347	380262	1042397	1129873	3082880

资料来源：根据不同年度分城乡、年龄组人口数量预测低方案与分城乡、年龄组失能率计算而得。

表4.9　2025～2050年江苏省分城乡、年龄组不同失能等级人口数量中方案　　单位：人

年份	农村人口 中度	农村人口 重度	城镇人口 中度	城镇人口 重度	合计
2025	618730	385956	593401	475034	2073122
2026	621353	389246	614715	496274	2121588
2027	626771	395124	635876	518917	2176686
2028	631767	401479	661500	545213	2239959
2029	635208	407031	686852	576514	2305605
2030	637902	411766	710768	605915	2366351
2031	640005	415815	734206	635211	2425239
2032	642943	421960	757989	666392	2489283

续表

年份	农村人口		城镇人口		合计
	中度	重度	中度	重度	
2033	645651	427430	778619	692076	2543777
2034	645842	430946	798149	717673	2592609
2035	644660	433514	816078	740535	2634786
2036	641288	433737	833594	759323	2667942
2037	640232	436237	856167	794470	2727106
2038	638670	437905	877446	828682	2782703
2039	634484	436226	895819	857857	2824386
2040	630082	434042	912204	884823	2861151
2041	625041	430609	926539	906831	2889019
2042	619957	428796	945367	938498	2932617
2043	615157	428119	966272	975920	2985468
2044	608147	423848	982227	997637	3011859
2045	600592	419462	997801	1020084	3037940
2046	591354	415072	1013350	1039912	3059688
2047	582692	411178	1028863	1071593	3094327
2048	574054	408900	1045523	1118697	3147175
2049	564046	404952	1060665	1153210	3182873
2050	554620	401107	1076030	1189814	3221571

资料来源：根据不同年度分城乡、年龄组人口数量预测中方案与分城乡、年龄组失能率计算而得。

表4.10　2025~2050年江苏省分城乡、年龄组不同失能等级人口数量高方案　　单位：人

年份	农村人口		城镇人口		合计
	中度	重度	中度	重度	
2025	620656	387478	594444	476577	2079155
2026	624177	391483	616178	498466	2130303
2027	630585	398151	637846	521890	2188471
2028	636639	405355	664075	549115	2255184
2029	641206	411818	690137	581540	2324700
2030	645136	417553	714872	612239	2389800
2031	648602	422709	739235	643026	2453572
2032	653029	430094	764073	675938	2523134

续表

年份	农村人口		城镇人口		合计
	中度	重度	中度	重度	
2033	657326	436892	785869	703550	2583637
2034	659171	441813	806685	731312	2638981
2035	659705	445848	826011	756509	2688072
2036	658093	447570	845021	777796	2728481
2037	659007	451782	869275	815957	2796021
2038	659521	455228	892350	853388	2860487
2039	657457	455329	912575	886016	2911378
2040	655263	454986	930917	916660	2957825
2041	652430	453363	947275	942386	2995455
2042	649640	453542	968359	978355	3049896
2043	647163	454936	991761	1020377	3114237
2044	642335	452546	1010218	1046361	3151460
2045	636935	450058	1028412	1073236	3188642
2046	629804	447565	1046682	1097442	3221493
2047	623397	445716	1065007	1134414	3268535
2048	617139	445730	1084782	1188130	3335780
2049	609221	443809	1103071	1228934	3385035
2050	601792	441948	1121714	1272293	3437748

资料来源：根据不同年度分城乡、年龄组人口数量预测高方案与分城乡、年龄组失能率计算而得。

总体来看，无论是低方案、中方案还是高方案，均预测到失能人口总量将逐年递增。具体来说在低方案中，失能人口从2025年的207万人增加到2050年的308万人，增幅约49%。在中方案中，失能人口从2025年的207万人增加到2050年的322万人，增幅约56%。在高方案中，失能人口从2025年的208万人增加到2050年的344万人，增幅约65%。可以看到在2025~2050年的预测期内，低方案所预测的失能人口增长规模最小，而高方案的增长规模则最大。这一增长趋势的排序同样适用于中度与重度失能老人的预测数量，即低方案增长最少，高方案增长最多。此外，低、中、高三个方案也都表现出，随着年份的增长，城镇失能人群数量出现先增后减，而农村地区失能人口数量随时间持续增长的现象。这进一步凸显了关注农村失能状况，扩大长期护理保险覆盖面的必要性。

第五章　江苏省长期护理保险待遇给付分析

"广覆盖、保基本、多层次"是我国社会保险实施的基本思路，并指导待遇给付的设计。在长期护理保险试点早期，大部分试点将覆盖人群主要放在了资金结余相对宽裕的职工医保参保人群以及护理需求最迫切的重度失能人员身上，但这种"窄覆盖"随着试点的推进而不断放宽。覆盖人群由职工医保参保人群向城乡居民医保参保人群延伸，给付对象从重度失能人员向中度失能以及失智人员延伸，并有20个试点城市从参保、审核、待遇给付三个环节对困难群体予以补贴；在"保基本"方面，2020年9月由国家医疗保障局和财政部联合发布的《关于扩大长期护理保险制度试点的指导意见》建议将长期护理保险费用支出自付比例控制在30%左右，以一定的支付限额和共付比例保证长期护理保险的补偿性质和避免福利刚性陷阱。但同时"基本"的内涵也在不断丰富，护理服务内容包含越来越多形式的生活照料和医疗护理并引入心理疏导；在"多层次"方面，越来越多的试点城市在试点过程中总结经验，将简陋的、粗放的政策不断精细化以保证照护需求和供给的最大化对接。根据参保者的失能等级、健康状况和个人偏好提供的定制化服务包在多个试点城市已经生根发芽。合理的待遇给付设计不仅关乎财政负担的最小化，还关系到失能参保群体受益的公平性以及照护市场的健康发展。因此，本章将对江苏省现行的待遇给付模式进行深入探讨，以期为长期护理保险制度的进一步完善提供参考。

第一节　国内其他城市长期护理保险待遇给付现状

本书首先梳理了国内首批非江苏长期护理保险试点的其他城市（13个城市）

待遇给付现状,以期与江苏省各地市长期护理保险待遇给付现状形成鲜明对比,具体来说,国内其他城市长期护理保险待遇给付现状按照:给付对象、长期护理形式及长期护理服务内容、给付限额、给付水平予以介绍(见表5.1)。

表5.1 试点地区长期护理保险给付政策比较

地市	给付对象	长期护理服务形式	长期护理服务内容	给付限额	给付水平
承德	重度ADL失能人员	医护、养护、家护	洗脸、洗头、口腔清洁、协助如厕等22项护理服务	日限额(医护70元、养护60元、家护40元)	70%
长春	重度ADL失能人员	医护、养护	7大类17项护理服务项目	日限额(97元,使用一次性耗材加10元)	职工70%、居民60%
齐齐哈尔	重度ADL失能人员	医护、养护、家护	清洁护理、饮食护理等14项生活护理和10项医疗护理	日限额(医护30元、养护25元、家护20元)	医护75%、养护70%、家护70%
上海	60岁及以上老年照护需求评估2~6级参保人员	医护、养护、家护	基本生活照料和常用临床护理42项,包括预防性护理和康复护理内容	周定量供给(2~3级3次、4级5次、5~6级7次,每次1小时)	家护90%、养护85%、医护参考医保标准
宁波	重度失能失智人员	医护、养护,探索家护	清洁照料、饮食照料等14项生活护理和基本医疗护理	机构护理:重度失能Ⅰ级日限额40元、重度失能Ⅱ级日限额50元、重度失能Ⅲ级日限额60元	家护80%、养护70%
				居家护理:65元	
安庆	重度ADL失能人员,中度ADL失能人员	医护、养护、家护	暂无具体政策规定	重度日限额(医护60元,养护50元),月定额(家护500元)	医护70%、养护70%、家护70%
				中度日限额(医护40元,养护30元),月定额(家护300元)	
上饶	重度失能失智人员	自主照料、上门护理、机构护理	42项,25项基本生活照料,17项常用临床护理	月限额(自主照料450元、上门护理900元、机构护理1200元)	医护60%、养护50%
青岛	失能失智人员	专护、院护、家护、巡护;长期照护、日间照护、短期照护	急性期后的健康管理和维持性治疗、长期护理、生活照料、功能维护、安宁护理、临终关怀、精神慰藉等6项生活护理,14项医疗护理,1项心理疏导	按医疗护理费和生活照料费分别设定日限额	职工90%、居民75%~80%

续表

地市	给付对象	长期护理服务形式	长期护理服务内容	给付限额		给付水平
荆门	重度ADL失能人员	家护、养护、医护	14项生活护理，13项医疗护理，1项康复护理，1项心理疏导	日限额（家护和养护100元、医护150元）		家护80%、养护75%、医护70%
广州	中度、重度失能失智人员	机构护理、居家护理	7类31项生活照护护理包，19项医疗护理项目，2项预防性护理，1项康复护理，1项心理疏导	日限额（机构护理职工120元、居民60元，居家护理职工105元、居民50元），医疗护理按照基本医保结算，月最高限额1000元		职工（机构照护75%、居家照护90%）；居民（机构照护70%、居家护理85%）
重庆	重度ADL失能人员	机构护理、居家护理	饮食照料、排泄照料、行走照料、清洁照料等基本生活护理服务项目	日限额（机构护理50元，居家护理40元，家人护理等40元）		无明确规定
成都	重度失能失智人员（1~3级）、中度失能人员	机构护理、居家护理	四大类31项，包括生活照料、护理照料、风险防范、功能维护	城镇职工	居家护理（月限额）：重度Ⅰ~Ⅲ级1077~1796元、中度718元	城镇职工75%；城乡居民60%
					定点服务机构护理（月限额）：重度Ⅰ~Ⅲ级1977~3196元、中度1418元	
				城乡居民	居家护理（月限额）：重度Ⅰ~Ⅲ级542~903元、中度：361元	
					定点服务机构护理（月限额）：重度Ⅰ~Ⅲ级942~1303元、中度711元	
石河子	重度ADL失能人员	机构护理、居家医护、居家自行护理	定期巡诊，根据护理等级进行的基础护理、专科护理、特殊护理、一般专项护理等7方面，包括6项生活护理，13项医疗护理，1项心理疏导	月限额（协议服务机构750元）		机构照护70%、居家照护75%
				日限额（非协议服务机构25元）		

资料来源：根据试点地区试点方案整理所得。

一、给付对象的地区差异性明显

按照《关于扩大长期护理保险制度试点的指导意见》中要求，长期护理保险试点制度应重点保障重度失能人员的基本生活照料和医疗护理需求。13个试点城市都将重度失能人员作为优先保障对象，上海、广州、成都等经济发达城市在试点中将给付对象扩大到中度失能人员，一些地区逐步将失智人员也纳入长期护理保险给付对象，例如：宁波、上饶、青岛、广州。失能或失智人员必须满足一定给付条件，才能享受长期护理保险给付。部分地区在失能失智评定标准外，还附加了年龄、缴费年限等限制条件。如上海市将给付对象限定为60周岁以上中度和重度失能老年人，成都规定参保人员必须连续缴费2年以上并累计缴费满15年才能享受长期护理保险给付。

二、长期护理形式及长期护理内容

各试点地区都明确规定了长期护理保险服务的内容包括基本生活照料和与基本生活密切相关的医疗护理服务，但是在服务方式、服务内容、服务机构方面具有一定的差异性，展现了地方需求和试点特色。

（一）服务边界不断拓展

试点地区提供的长期护理服务可以分为居家护理、机构护理和住院医疗护理3种形式。13个试点城市提供的长期护理服务已经覆盖3种护理形式，在此基础上，部分试点城市对3种护理服务方式进行了进一步细分。例如：按照护理时间的长短，荆门把居家护理分为非全日护理和全日护理；而青岛的长期护理服务最为全面，除了3种护理方式以外，增加了巡护方式，并且按照护理时间和时段不同，将护理服务进一步划分为长期照护、日间照护和短期照护3种。

机构护理包括养老院、护理院、医院3种子类型。绝大部分试点方案支付养老院或护理院提供的护理服务，部分城市如青岛、承德、长春、南通、苏州、安庆、荆门等城市也支付医疗机构提供的护理服务。

居家护理包括由专业人员和非专业人员（家人、亲戚、邻居和志愿者等）提供的护理服务。绝大部分城市的方案覆盖了专业人员提供的居家照护，安庆还覆盖了来自非协议机构的专业人员提供的居家照护。另外，为促进居家护理服务的发展，解决机构护理供给不足的现实问题，上饶、成都、石河子的长期护理保险试点政策已经覆盖了非专业人员提供的居家照护,其中上饶支付由其家属或指定人员提供的居家自主护理,成都支付亲戚、邻居等提供的居家照护,石河子支付居家自行护理费用支出。

(二) 服务内容逐渐呈现出丰富化、组合化

大部分长期护理保险试点地区的基本护理服务包含生活照料、医疗护理、辅助器具租赁、预防性护理、康复护理和心理疏导等,积极响应《关于开展长期护理保险制度试点的指导意见》对长期护理保险制度构建的整体要求。其中,12个城市出台了比较明确的服务项目清单,具体服务内容如表5.1所示。

相比之下,广州和成都的长期护理服务内容最广,包含5种类型长期护理服务,上海、广州的相关政策规定比较清晰,既规定了服务项目的内容、频次和工时,又规定了服务的基本考核标准。另外,广州按照顾客导向的原则,根据长期护理服务方式和受益者个人需求,确定长期护理服务套餐或护理包,实现长期护理服务的定制化、标准化供给。同时,仅有较少的试点城市覆盖了预防性照护、康复照护与心理疏导等内容,而且涵盖的护理服务项目较为有限。

三、给付限额的政策倾向性不同

为了合理控制长期护理保险费用支出,形成长期护理费用社会分担机制,试点地区对长期护理保险给付限额做出明确规定。给付限额主要有3种形式:日限额、周限额和月限额,具体内容如表5.1所示。除上饶、成都、石河子和上海,大部分试点地区规定了每日最高给付额,由于保障水平差异,给付限额为20~150元不等,其中,重庆、齐齐哈尔、宁波、安庆的日给付限额低于50元,广州和荆门的日给付限额在100元及以上。实行月给付限额的地区主要按照护理服务机构的不同适度调整月给付限额。一般情况下,居家护理服务的月给付限额低于机构护理。

从给付限额来看,试点城市对居家护理和机构护理的政策倾向存在差异,主要取决于地区政府发展机构护理的意愿。经济发达地区,尤其是长期护理服务市场化程度较高地区,例如,上海、广州逐步提高居家护理服务的给付限额,缩小其与机构护理的给付差距,开始引导受益者接受居家护理服务。而长期护理服务市场化程度较低的试点地区,由于机构护理服务供给严重不足,政策表现出对机构护理服务的明显倾向,机构护理服务的给付限额明显高于居家护理服务,以促进养老院、护理院等护理机构的快速发展,实现长期护理服务市场化供给。

四、给付水平与经济发展水平挂钩

《关于开展长期护理保险制度试点的指导意见》指出，对符合规定的长期护理费用，基金给付水平总体上控制在70%左右，具体支付比例可由试点地区确定。试点中，长期护理保险的给付水平受到当地经济发展水平的影响，发达地区的长期护理保险给付水平明显高于其他地区。上海、青岛和广州等试点地区将基金给付水平提高到80%~90%，承德、安庆、齐齐哈尔、石河子等试点地区则严格执行了基金给付水平控制在70%的政策指导规定，而长春、上饶等试点地区的基金给付水平控制在70%以下。

第二节　江苏省长期护理保险待遇给付现状

长期护理保险待遇给付是指护理保险机构与被保险人之间的给付关系。长期护理保险的待遇给付分为支付人群、给付资格认定、给付条件、给付项目、给付标准、给付结构以及驻外人员给付等模块。

一、覆盖人群和待遇给付人群

长期护理保险待遇支付人群主要针对重度失能（失智）人员和中度失能人员。目前江苏省长期护理保险各地市覆盖对象和给付对象并不一致。其中，南通、苏州、徐州、无锡、扬州、常州、泰州、南京、连云港长期护理保险均覆盖城镇职工医疗保险和城乡居民医疗保险参保人员，基本实现人员全覆盖。盐城、镇江、淮安、宿迁则主要覆盖城镇职工医疗保险参保人员，其中：盐城目前覆盖城镇职工参保人员以及市区范围内的城镇居民医疗保险参保人员；镇江主要覆盖辖区内城镇职工医疗保险参保人员以及扬中市的城乡居民医疗保险参保人员；淮安起步阶段主要覆盖辖区内的城镇职工医疗保险参保人员；宿迁主要覆盖辖区内的城镇职工医疗保险参保人员。

长期护理保险的待遇给付对象也不一致，其中南通、苏州、无锡、扬州、常州均覆盖了中度失能人群和重度失能人群，而泰州、南京、盐城、连云港、淮安、镇江、宿迁长期护理保险待遇给付均只覆盖了重度失能人群。总体而言，江苏省目前财力较充裕的地区待遇给付覆盖人群相应扩大,既面向参保人群中的重度失能人群也面向中度失能人群,而财力薄弱的地区可将待遇给付人群限定为重度失能人群,解决重度失能人群护理服务缺失的急难愁盼问题。

二、给付条件

长期护理保险待遇给付的条件主要包括失能程度、失能时间、缴费时间。

(一)给付条件1:缴费时间

长期护理保险待遇给付的条件之一就是必须满足一定的缴费时间限制。为了体现长期护理保险制度的权利和义务相结合的原则,使得社会成员尽到缴费义务,同时也为了保证制度稳定的收入来源,长期护理保险制度待遇享受必须有参保记录。目前江苏省各地市均规定参加社会医疗保险,具有社会医疗保险待遇领取资格的人方可领取长期护理保险待遇,也就是连续参保缴费6个月及以上。此外有部分地市如徐州针对新参保人员待遇享受等待期进行了规定,明确规定为规避参保投机风险,对于新参保人员,参照居民医保的做法,设置6个月的待遇享受等待期(见表5.2)。

表5.2 江苏省各地市长期护理保险参保连续缴费条件限制

地区	待遇支付条件	连续缴费
南京	参加社会医疗保险,具有社会医疗保险待遇资格的参保人员	6个月
淮安	参加社会医疗保险,具有社会医疗保险待遇资格的参保人员	6个月
连云港	参加社会医疗保险,具有社会医疗保险待遇给付资格的参保人员	6个月
常州	参加社会医疗保险,具有社会医疗保险待遇资格的参保人员	6个月
无锡	参加无锡市社会医疗保险,具有社会医疗保险待遇资格的参保人员	6个月
苏州	参加社会医疗保险,具有社会医疗保险待遇给付资格的参保人员	6个月
盐城	参保人员因年老、疾病、伤残等原因导致长期失能,且失能状态持续6个月以上,需要长期照护,经失能评估认定符合盐城市照护保险重度失能标准的,可享受照护保险待遇	6个月
镇江	参加社会医疗保险,具有社会医疗保险待遇资格的参保人员	6个月
泰州	参加社会医疗保险,具有社会医疗保险待遇资格的参保人员	6个月

续表

地区	待遇支付条件	连续缴费
徐州	设置待遇享受等待期。为规避投机参保风险，对于新参保人员，参照居民医保的做法，设置6个月的待遇享受等待期。为保障平稳实施，对于2021年度已经参加徐州市基本医疗保险并正常享受待遇的人员，2022年首次申请长护险待遇，不受等待期限制	6个月
宿迁	参加社会医疗保险，具有社会医疗保险待遇资格的参保人员	6个月
扬州	参加社会医疗保险，具有社会医疗保险待遇资格的参保人员	6个月
南通	南通市长期护理保险待遇享受条件与基本医保待遇享受条件保持一致，待遇等待期按基本医保待遇等待期执行，即长期护理保险待遇支付等待期为6个月，必须连续缴费满6个月才可享受待遇	6个月

资料来源：由江苏省13个地市医保局网站的相关政策及文件整理所得。

江苏省各地市长期护理保险待遇享受的连续参保缴费门槛仍然属于比较低的情形。对比全国其他地区试点的情况来看，大部分地区都会设置较高的连续参保缴费门槛和累计缴费门槛，例如，石河子、湘潭、开封、盘锦要求职工参保连续2年及以上，如果是在本地长期护理保险制度启动前就参加基本医疗保险并之后连续缴费的参保人不受2年或累计缴费年限的限制。可为江苏省长期护理保险针对临时参保人员的投机风险安排提供借鉴。此外，有部分地区为鼓励居民连续参保，规定参保缴费中断后享受待遇的等待期，如规定首次参保或中断参保6个月以上的，从缴费次月起12个月以后可享受长期护理保险待遇，鼓励连续参保，可为江苏省出台长期护理保险连续参保缴费政策提供参照。

（二）给付条件2：失能程度、失能时间

1. 失能时间

目前江苏省各地市均规定参保人员因年老、疾病、伤残等原因，导致人体的某些功能部分或全部丧失，从而使正常的活动能力受到限制或缺失，经过不少于6个月的治疗，按照《失能等级评估标准》进行失能等级评估，符合待遇享受条件的，方可享受相应待遇。但不同地市关于失能人员连续失能多少个月方可享受待遇，规定并不一样。其中南京规定参保人员因年老、疾病、伤残等原因导致长期失能，失能状态持续3个月以上，经评估为重度失能等级，方可享受待遇。其他地市均规定参保人员因年老、疾病、伤残等原因导致长期失能，失能状态持续6个月以上，方可享受待遇（见表5.3）。

表 5.3　　　　　　　　江苏各地级市长期护理保险待遇支付条件

地区	待遇支付条件	失能状态
南京	参保人员因年老、疾病、伤残等原因导致长期失能,失能状态持续3个月以上,经评估为重度失能等级,可按规定享受生活照料和与之密切相关服务的保障	3个月
淮安	参保人员需经评估符合重度失能标准,且失能状态持续6个月以上	6个月
连云港	参保人员因年老、疾病、伤残等原因导致长期失能,且失能状态持续6个月以上,需要长期护理,申请并经失能等级评估认定符合重度失能等级标准的,可按规定享受长护险待遇	6个月
常州	参保人员因年老、疾病、伤残导致失能,经评估6个月以上治疗后病情基本稳定的,可申请长护险失能评估	6个月
无锡	参保人因年老、疾病、伤残等导致失能,经过治疗病情稳定后,丧失生活自理能力超过6个月,且经过失能评定和资格认定,可享受长期护理保险待遇。参保人经评估恢复生活自理能力的,停止享受长期护理保险待遇	6个月
苏州	参保人员丧失生活自理能力达到6个月以上,向定点护理服务机构提出失能等级评估申请,经评估认定为中度或重度失能的,从次日起享受长期护理保险待遇	6个月
盐城	参保人员因年老、疾病、伤残等原因导致长期失能,且失能状态持续6个月以上,需要长期照护,经失能评估认定符合盐城市照护保险重度失能标准的,可享受照护保险待遇	6个月
镇江	参保人员需经过评估符合重度失能标准,且失能状态持续6个月以上	6个月
泰州	参保人员因年老、疾病、伤残等原因导致失能,且失能状态持续6个月以上,需要长期护理,经申请评估符合长期护理保险重度失能标准	6个月
徐州	参保人员经医疗机构或康复机构规范诊疗、失能(失智)状态持续6个月以上,可以按照规定申请失能状态评估	6个月
宿迁	参保人员因年老、疾病、伤残等原因导致长期失能且经医疗机构或康复机构规范诊疗后,失能状态持续6个月以上的人员,可申请失能评估	6个月
扬州	—	—
南通	—	—

注:"—"表示未查询到相应的资料。
资料来源:由江苏省13个地市医保局网站的相关政策及文件整理所得。

2. 失能程度

从表5.3中可以看出,江苏省不同地市关于长期护理保险待遇享受的失能程度要求并不一样,有些设置了较高的门槛,有些没有设置较高的门槛。例如,南京、淮安、连云港、盐城、镇江、泰州、宿迁长期护理保险待遇支付的门槛较高,规定必须重度失能人员才可享受长期护理保险待遇;而常州、无锡、苏州、徐州、南通长期护理保险待遇支付的门槛则较低，规定除了重度失能人员外，中度失能人员也可享受长期护理保险待遇。

三、待遇给付项目

江苏省目前各地市长期护理保险待遇给付项目主要包括：生活护理、医疗护理以及护理辅具租赁补偿三大类别，尚没有覆盖预防性护理、康复护理和心理疏导等服务内容（见表 5.4）。不同地区长期护理保险基金支付的项目类别有所差别，但总体基本服务项目保持一致。

表 5.4　　　　　　　　　江苏省长期护理保险待遇给付项目

服务项目	服务内容
生活护理	包括安全护理、清洁护理、饮食护理等 21 项内容。每次服务时间不低于 2 小时，长护险基金按不高于 100 元/次的标准支付
医疗护理	包括病情观察、管道护理、康复护理等内容，范围和收费标准参照基本医疗保险诊疗项目和医疗服务设施范围及支付标准执行
护理辅具租赁补偿	包括长期护理必需且价格较高的护理辅具

资料来源：由江苏省 13 个地市医保局网站的相关政策及文件整理所得。

（一）生活护理

生活护理包括安全护理、清洁护理、饮食护理等不同服务项目，针对各个服务项目规定相应的服务时长和支付标准。既可以在居家上门照护中提供，也可以在机构护理中提供。表 5.5 列举了常州长期护理保险生活护理服务项目。

表 5.5　　　　　　　　常州市长期护理保险生活护理服务项目

序号	项目类型	项目内容	居家护理参考服务时长	机构护理服务频次
1	头面部清洁、梳理	让护理对象选择舒适体位，帮助其清洁面部和梳头，为男性护理对象剃须	10 分钟	2 次/天
2	手、足部清洁	根据手、足部皮肤情况，选择适宜的方法给予清洗手和足部	10 分钟	2 次/天

续表

序号	项目类型	项目内容	居家护理参考服务时长	机构护理服务频次
3	口腔清洁	根据护理对象的生活自理能力,鼓励并协助有自理能力或上肢功能良好的半自理护理对象采用漱口、自行刷牙的方法清洁口腔;对不能自理护理对象采用棉棒擦拭、棉球擦拭清洁口腔(包括活动性假牙护理)	10分钟	2次/天
4	整理床单元	采用适宜的方法整理床单被褥及床边相关物品,按需更换床上用品,保持床铺清洁	10分钟	2次/天
5	温水擦浴	根据护理对象病情、生活自理能力及皮肤完整性等,选择适当时间进行温水擦浴	30分钟	1次/天
6	沐浴	根据护理对象病情、生活自理能力及皮肤完整性等,选择适当时间进行沐浴	50分钟	6~9月:2次/周 其他月份:1次/周
7	洗头	根据护理对象的病情,让护理对象选择舒适体位,帮助护理对象清洗头发	20分钟	6~9月:2次/周 其他月份:1次/周
8	指/趾甲护理	根据护理对象的病情、意识、生活自理能力以及个人卫生习惯,选择合适的工具对指/趾甲适时进行修剪	10分钟	1次/2周
9	协助进食/水	根据护理对象的病情、饮食种类、液体出入量、自行进食能力,选择恰当的餐具、进餐体位、食品种类,给予(协助)进食/水	30分钟	按需
10	协助鼻饲进食及指导	对需要鼻饲进食的护理对象,按照其饮食需求协助其进行鼻饲进食,并给予相应指导	30分钟	按需
11	协助更衣	根据护理对象病情、意识、肌力、活动和合作能力、有无肢体偏瘫,手术、手术后、引流管,选择合适的更衣方法为护理对象穿脱或更换衣物	10分钟	按需
12	压疮预防护理	对易发生压疮的护理对象采取定时翻身、气垫减压等方法预防压疮的发生。为护理对象提供压疮护理的健康指导	10分钟	按需
13	排泄清洁	协助护理对象加强排尿控制,保持会阴皮肤清洁、完整。促进护理对象控制排便并保持肛门周围皮肤清洁、完整	20分钟	按需

续表

序号	项目类型	项目内容	居家护理参考服务时长	机构护理服务频次
14	特殊排泄照料	为发生便秘服务对象经肛门使用开塞露、直肠栓剂。为大便嵌顿患者给予人工取便。为造瘘术后者提供肛门便袋照护。对于居家上门服务主要以指导护理对象家属正确使用该项服务方法为主,上门服务时如护理对象提出需求,可协助完成(不含药品及医用耗材)	20分钟	按需
15	会阴清洁	根据会阴部有无伤口、有无大小便失禁和留置尿管等,鼓励并协助护理对象完成会阴部的清洁或冲洗	10分钟	按需
16	协助如厕及指导	根据护理对象的病情和自理能力指导正确的如厕方式,需要时根据自理能力协助床上/床边使用便器,或选择轮椅、助行器、拐杖等不同的辅助工具,协助如厕	10分钟	按需
17	管道周围的清洁照料	在保证安全的前提下,对留置管道周围进行清洁照料,保持管道口周围皮肤清洁	10分钟	按需
18	协助翻身叩背排痰	根据护理对象的病情、有无手术、引流管、骨折和牵引等,选择合适的翻身频次、体位、方式帮助护理对象翻身叩背,促进排痰	20分钟	按需
19	协助床上移动	根据护理对象的病情、肢体活动能力、年龄、体重、有无约束、伤口、引流管、骨折和牵引等,协助适度移动	10分钟	按需
20	协助运动	根据护理对象的病情和需求,选择适宜的移动工具(轮椅、平车等),帮助护理对象在室内或住宅附近进行移动	10分钟	按需
		定期为关节活动障碍者进行主动或被动运动	10分钟	
		对肢体进行简单按摩,可促进血液循环和肌肉放松,缓解肢体僵硬	10分钟	
21	健康管理	健康教育:根据护理对象的病情、生活自理能力,对其与家属进行相关的安全、康复、日常生活照料常识等教育	10分钟	按需
		心理疏导:对护理对象进行亲情抚慰和心理疏导,引导其保持积极向上的生活状态和愉悦的心情	10分钟	按需

注:护理期间护理人员应提供安全护理,并根据护理对象的病情、意识、活动能力、生理机能、家庭环境等做好坠床、跌倒、烫伤、误吸、误食、错服药物等意外的防护,同时对护理对象或其家属进行安全方面的指导。必要时指导护理对象或其家属选择合适的安全保用具,安全保用具包括保护手套、保护带(腕带、腰带)、保护床栏、护理垫、保护座椅、保护衣等。

资料来源:由常州市医保局网站的相关政策及文件整理所得。

（二）医疗护理

医疗护理包括：病情观察、管道护理、康复护理等内容，范围和收费标准参照基本医疗保险诊疗项目和医疗服务设施范围及支付标准执行。医疗护理由于专业性较强，主要在机构护理中提供。

（三）护理辅具租赁补偿

此外部分地市开展护理辅具租赁补偿服务。护理辅具租赁补偿包括长期护理必需且价格较高的护理辅具，如转移移位类辅具（手动轮椅、电动轮椅、家用移位机）、生活护理类辅具（如护理床、坐便椅等），以及医疗防护类辅具（如防压疮床垫、家用制氧机等等）。表5.6列举了常州长期护理保险护理辅具适配租赁项目。

表 5.6 长期护理保险护理辅具适配租赁项目

序号	科目	项目名称
1	转移移位类	手动轮椅（包含儿童轮椅、全躺功能型轮椅）
2		电动轮椅
3		家用移位机
4	生活护理类	手动三折护理床
5		电动三折护理床
6		坐便椅
7	医疗防护类	静态防压疮床垫
8		电动充气防压疮床垫
9		家用制氧机

注：参保人员同一时期已享受民政、残联等相关部门提供的辅助器具购置（租赁）政府类补助的，不重复享受。

资料来源：由常州市医保局网站的相关政策及文件整理所得。

四、待遇给付

（一）待遇给付标准

江苏省目前长期护理保险待遇给付项目逐渐扩围，待遇给付项目涵盖居家护理、机构护理和医疗护理三大类项目，基本实现全覆盖。绝大部分试点方案支付养老院或护理院提供的机构护理服务，部分地市还支付医疗机构提供的护理服务。居家护理除了承认专业人士的上门照护之外，亦向非专业人士提供的居家亲情照护扩围。但不同地市对待遇给付的不同护理服务形式始终存在差异，同时不同地市就上述待遇给付项目针对入住协议服务机构支付（如入住医疗机构支付、入住养老服务机构支付）、居家上门照护服务（具体包括照护服务机构上门服务和居家接受亲情护理服务）具有不同的待遇给付标准，概括为如表5.7所示的形式。

在补偿标准方面，目前江苏省各地市长期护理保险待遇支出的补偿标准并不一样，总体而言经济发达地区政府由于财力充足，待遇给付的标准也更高；经济较为落后的地区政府由于财力限制，待遇给付的标准也更低。

（二）待遇给付情况

1. 照护服务包项目值得推广

如徐州市就采用了不同服务项目的叠加支付形式，其中入住协议医疗机构，医疗服务日床费50元，同时针对入住协议医疗机构和养老机构（相当于在医疗机构基础上叠加了养老机构服务）设置生活照料床日费60元的标准。而居家上门照护则在照护服务机构上门服务（每人每月限额900元）的基础上设置了"照护机构上门服务+亲情照护"的叠加服务包，其支付标准为照护服务机构上门服务每人每月300元，亲情照护则给予每人每天20元的补贴。通过不同服务项目叠加组合的形式更有利于满足客户的灵活、多元需求；此外失能老人居家照护可能面临居家亲情护理服务和照护服务机构上门服务的叠加需求，通过提供照护服务机构上门服务+亲情照护的服务包也能满足客户这一特殊需求。宿迁市和扬州市也针对照护服务机构上门服务和亲情照护设置了叠加服务包。其他地市的服务项目则按照标准的服务项目运行。

2. 居家亲情护理的专业性、有效性受到质疑

就实际调研反馈的意见来看，多数地区反映入住协议服务机构（医疗机构、养老服务机构）以及照护服务机构上门服务专业性和标准化程度较高，政府监管机构也容易把控；而居家亲情护理则由于专业性不够、难以有客观评价标准，政府部门不好把控（即使现场监控效用也不大），可能出现家庭给钱不履行照护服务的情况，对于长期护理服务带动的意义性不大，地区如果居家护理占比较高，则面临机构业务难以发展起来的困境。但根据上文分析，不排除是地区政府想要发展机构护理服务市场而排斥居家护理所致，因为就机构护理服务市场比较发达的大城市如上海、广州而言，其在长期护理保险待遇给付结构中明显偏向居家护理，体现了不同地区政府发展的不同意图。

表 5.7 调研地区长期护理保险的待遇支付状况

样本	重度失能（失智）人员					中度失能人员				
	入住协议服务机构		居家上门照护			入住协议服务机构		居家上门照护		
	入住协议医疗和养老机构	入住协议医疗机构	照护服务机构上门服务	居家接受亲情护理服务	照护服务机构上门服务+亲情照护	入住协议医疗和养老机构	入住协议医疗机构	照护服务机构上门服务	居家亲情护理服务	照护服务机构上门服务+亲情照护
徐州	生活照料床日费60元，基金支付比70%	医疗服务床日费50元，基金支付比80%	900元/人·月	—	300元/人·月+20元/人·天	生活照料床日费45元，基金支付比70%	医疗服务床日费25元，基金支付比80%	600元/人·月	—	300元/人·月+10元/人·天
南京	每天70元	每天70元	在规定的照护服务项目范围内，按50元/小时标准支付，重度失能人群每月最低享受居家照护30小时	—	—	—	—	—	—	—
宿迁	40元/天标准与服务机构结算	50元/天标准与服务机构结算	按30元/小时标准与服务机构结算，服务总时长不足30小时，按实际时长结算，每次服务时长不低于1.5小时	按20元/天的标准支付护理服务补助	亲情护理补助标准为15元/天，上门服务限额450元；上门服务机构护理每次服务时长不低于30元/小时的标准，服务时长不足1.5小时的服务机构结付，月度限额300元	—	—	—	—	—

第五章 江苏省长期护理保险待遇给付分析

续表

样本	重度失能（失智）人员					中度失能人员				
	入住协议服务机构		居家上门照护			入住协议服务机构		居家上门照护		
	入住协议医疗机构和养老机构	入住协议医疗机构	照护服务机构上门服务	居家接受亲情护理服务	照护服务机构上门服务+亲情照护	入住协议医疗机构和养老机构	入住协议服务机构	照护服务机构上门服务	居家亲情护理服务	照护服务机构上门服务+亲情照护
扬州	按60元/人·天的标准支付	按80元/人·天的标准支付	按照提供的服务项目类型，对定点照护机构月度支付限额不超过900元（安排设计了三个照护服务包，每个月上门12次，康养包每个月上门10次，医养包每个月上门6次）	30元/人·天标准支付护理服务补助	规定在本市内居住的居家照护人员享受照护服务机构上门服务+家亲情服务，叠加享受长护险待遇，即每月拥有900元+900元=1800元的长护险待遇	—	—	—	—	—
南通	根据失能等级3级、4级、5级，分别按照50元/天、40元/天的标准支付	根据失能等级3级、4级、5级，分别按照50元/天、70元/天的标准支付	按照30元小时标准服务机构结算，月度限额1100元	根据失能等级3级、4级，分别按照11元/天、15元/天的标准支付	—	按照30元/天的标准支付	按照40元/天的标准支付	按照30元/小时标准与服务机构结算，月度限额1100元	按照8元/天/的标准支付	—
常州	按照50元/天以上的标准支付	按照40元/天以上的标准支付	每次服务时间不低于2小时，按照100元/次高于100元/次的标准支付，每个月支付限额1500元	按照20元/天以上生活护理补助	居家接受亲情与照护机构上门待遇可叠加享受，每个月支付限额1500元	按照30元/天标准支付	按照24元/天标准支付	每次服务时间不低于2小时，按照100元/次高于100元/次的标准支付，每个月支付限额900元	按照12元/天以上生活护理补助	居家护理亲情服务和照护机构上门服务可叠加享受，每个月支付限额不超过900元

续表

样本	重度失能（失智）人员					中度失能人员				
	入住协议服务机构		居家上门照护			入住协议服务机构		居家上门照护		
	入住协议医疗机构和养老机构	入住协议医疗机构	照护服务机构上门服务	居家接受亲情护理服务	照护服务机构上门服务+亲情照护	入住协议医疗机构和养老机构	入住协议医疗机构	照护服务机构上门服务	居家亲情护理服务	照护服务机构上门服务+亲情照护
无锡	50元/人·天	50元/人·天	每周分别享受5次上门护理服务，选择养老护理员75元/次、护理员95元/次由长期医疗护理基金支付；选择执业护士120元/次，其中75元由长期护理保险基金支付	50元/人·天	—	30元/人·天	30元/人·天	每周分别享受3次上门护理服务，选择养老护理员75元/次由长期护理保险基金全部支付；选择医疗护理员，其中75元由长期护理保险基金支付；选择执业护士120元/次，其中75元由长期护理保险基金支付	30元/人·天	—

第五章　江苏省长期护理保险待遇给付分析

续表

样本	重度失能（失智）人员					中度失能人员				
	入住协议服务机构		居家上门照护			入住协议服务机构		居家上门照护		
	入住协议医疗机构和养老机构	入住协议医疗机构	照护服务机构上门服务	居家亲情护理服务	照护服务机构上门服务+亲情照护	入住协议医疗机构和养老机构	入住协议服务机构	照护服务机构上门服务	居家亲情护理服务	照护服务机构上门服务+亲情照护
苏州	定额支付标准30元/天	定额标准30元/天	重度失能失智人员每月服务18次，每次服务时长为2.5小时，普通护理员标准40元/小时，长期护理保险支付37.5元，个人支付2.5元	—	—	定额支付标准23元/天	定额支付标准每天23元/天	中度失能失智人员每月服务13次，每次服务时长2.5小时，普通护理员标准40元/小时，长期护理保险支付37.5元，个人支付2.5元	—	—
连云港	按50元/天的标准结算	按60元/天标准结算	—	每月享受10次上门护理服务，每次服务时长不低于1.5小时，由长护基金按照90元/人·次结算。同时护理补贴的标准支付亲情照护补贴	每月享受6次上门护理服务，每次服务时长不低于1.5小时，按标准90元/人·次结算。同时护理基金按10元/天的标准支付亲情照护补贴	—	—	—	—	—
盐城	定额支付标准60元/天	定额支付标准80元/天	定额支付标准40元/天	定额支付标准20元/天	—	—	—	—	—	—

续表

样本	重度失能（失智）人员 入住协议服务机构 入住协议医疗机构和养老机构	重度失能（失智）人员 入住协议服务机构 入住协议医疗机构	重度失能（失智）人员 居家上门照护 居家接受亲情护理服务	重度失能（失智）人员 居家上门照护 照护服务机构上门服务	中度失能人员 入住协议服务机构 入住协议医疗机构和养老机构	中度失能人员 入住协议服务机构 入住协议医疗机构	中度失能人员 居家上门照护 居家亲情护理服务	中度失能人员 居家上门照护 照护服务机构上门照护+亲情照护
镇江	50元/天的标准	50元/天的标准	按照10元/天发放居家亲情护理补贴	按病情需要，由定点护理机构工作人员每月提供上门服务10次，每次免费服务时长不低于1.5小时，可选择8项基础护理服务项目	—	—	—	参保人员每月享受7次免费上门护理服务，每次服务时长不低于1.5小时，并叠加享受10元/天的亲情护理补助，照护服务机构上门服务+亲情照护服务
泰州	60元/天	长期护理保险基金给予80元/天的补助，同时医保机构给予20元/天的补助	20元/天	40元/天	—	—	—	—
淮安	40元/天的标准	按50元/天的标准支付	—	30元/天的标准	—	—	—	—

注：（1）常州市比较特殊，表中所统计的仅仅是针对生活护理服务的补偿，此外常州市针对中重度失能人员和重度失能人员，无论是居家护理还是机构护理除了生活护理服务外都设有医疗护理费用的医疗机构专户支付，符合规定的费用，由基本医疗保险基金按照医保住院政策进行补偿。（2）无锡市长期护理保险待遇住院期间，针对中度失能人员每人每天50元或每周上门护理服务3次；针对重度失能人员每人每天30元或每周上门护理服务5次；费用支付给定点护理机构的，居家接受定点护理机构上门服务的，费用支付给定点护理人员或监护人。居家委托亲友或其他人提供护理服务的，费用支付给参保人，特殊情况可以给监护人或参保人。居家在定点护理人员或监护人所得。

资料来源：由江苏省13个地市医保局网站公布的相关政策及文件整理所得。

3. 长期护理保险待遇支出补偿比

根据 2016 年《人力资源社会保障部办公厅关于开展长期护理保险制度试点的指导意见》的规定，我国长期护理保险支出补偿比不应超过 70%，目前江苏省各地区参照试点规定在实践中也将长期护理保险待遇支出补偿比控制在 70% 左右，由受益人支付合规费用的 30%。

五、辅具器具租赁服务

长期护理保险辅助器具租赁服务是指针对居民居家护理过程中对转移移位类（手动轮椅、电动轮椅、家用移位机）、生活护理类辅具（如护理床、坐便椅等）以及医疗防护类辅具（如防压疮床垫、家用制氧机等）等辅助器具的租赁服务，每年提供相应额度补贴的待遇支付形式。调研中并不是江苏所有地市都开展了针对辅助器具租赁服务的补贴，各地市开展辅助器具租赁服务的情况如表 5.8 所示。目前已开展长期护理保险辅助器具租赁服务的地市有南京、徐州、南通、常州、苏州，多为经济发达地区，其他没有开展长期护理保险辅助器具租赁服务的地市也陆续表示后续会开展长期护理保险辅助器具租赁服务（见表 5.8）。

表 5.8　　　　调研地区开展长期护理保险辅助器具租赁服务情况

地区	长期护理保险辅助器具服务
徐州	亲情补助+购买、租赁辅助器具：每月 300 元； 全额度购买、租赁辅助器具：每月 900 元/600 元（重度/中度失能）（智能排泄护理机器人、电动护理床、多功能椅车等）
南京	对于评估确认需要配置辅助器的居家照护人员，新增辅助器待遇，租赁家庭照护床、轮椅，购买防褥疮床垫、体位垫、翻身器等，年度费用限额为 5000 元
宿迁	—
扬州	—
南通	重度失能（3 级、4 级、5 级）8000 元的年度补助限额，失能等级为 2 级的 6000 元
常州	针对居家护理设有护理辅具租赁补偿，对康复护理辅具租赁在限额内按比例进行补偿，限额标准为 300 元/月，限额内的费用由长期护理保险基金补偿 75%，个人支付 25%
无锡	—

续表

地区	长期护理保险辅助器具服务
苏州	符合长期护理保险待遇享受条件，选择居家护理服务、有护理服务辅具配置需求、经适配评估确认需要配置辅助的失能人员，参照《目录》规定，辅具共分为护理床、轮椅、助行器三个类别，长期护理保险基金承担85%，个人承担15%，1个自然年度内辅具租赁服务费用最高限额5000元，在限额内由长护险基金按比例支付，超出限额的费用由个人承担
连云港	—
盐城	—
镇江	—
泰州	—
淮安	—

注："—"代表查不到该政策文件。
资料来源：江苏各地市长期护理保险辅助器具租赁管理办法。

六、驻外人员给付

调研中发现一个严重的问题就是，由于不同地区经济发展情况不一样，经济发展较差地区的人口倾向于外流到经济发展较好地区，那么就会导致原本发展较差的地区由于人口外流而导致长护险参保基础更为薄弱，同时由于流动人口享受待遇是在外地经济发达地区，导致待遇支出刚性上涨。因此与通常的医保结算一样，针对跨地区流动人员，长期护理保险也设置驻外人员支付，所谓驻外人员支付，是指长期护理保险缴纳关系在辖区内，但人员流动到外地，在外地享受长期护理保险待遇支付的情形。江苏省各地市出台长期护理保险驻外人员给付实施细则的统计情况（见表5.9）。

表5.9　　　　江苏省各地市长期护理保险驻外人员支付情况

地市	驻外人员
徐州	办理异地就医备案后，重度失能（失智）、中度失能人员按照每人30元/天、20元/天，发放亲情照护现金补贴
南京	—
宿迁	在市外（不含境外）居住的参保人，按照20元/天的标准支付护理服务补助
扬州	享受长期护理保险待遇的失能人员，在市外居住的，可享受亲情补助待遇
南通	—

续表

地市	驻外人员
常州	—
无锡	异地居住的，按照同等标准费用支付给参保人或监护人
苏州	—
连云港	在市外居住的失能人员，办理异地就医备案后，因异地居住导致无法享受机构上门照护的参保人员，由长护险基金按照20元/天的标准支付护理服务补助
盐城	在市区外（不含境外）居住的，长期护理保险待遇支付标准为20元/天
镇江	在市外（不含境外）居住的失能人员，经失能评估符合待遇享受标准的，长护险基金统一暂按10元/天的标准支付亲情护理服务补助
泰州	在市区外（不含境外）居住的，长期护理保险待遇支付标准为20元/天
淮安	按照20元/天的标准支付补助

注："—"表示未查询到相关数据。
资料来源：由江苏省13个地市长期护理保险实施细则整理所得。

目前江苏省13个地市中有部分地区出台了针对驻外人员长期护理保险待遇支付的特殊规定，如徐州、宿迁、扬州、无锡、连云港、盐城、镇江、泰州、淮安，通常按照居家亲情护理的标准发放每人20~30元/天的现金补贴，主要是存在人口流出现象的地市。而主要的人口流入地如南京、南通、常州、苏州则还未查询到出台驻外人员支付的实施细则。未来经济发展落后地区医疗保险以及长期护理保险逆向补贴经济发展较好地区是个大问题，必须贯彻予以解决，否则将会影响长期护理保险的制度基础。

七、江苏省长期护理保险基金支出情况

表5.10列出了江苏省13个地市2023年1~12月的长期护理保险基金支出情况，总体与前文所列示的长期护理保险覆盖人群、待遇给付人群、给付项目、给付标准保持一致，总体呈现出经济发展较好地区（如南京、无锡、徐州、常州、苏州、南通）待遇支付规模较大，而经济发展相对滞后地区待遇支付规模较小的格局。

表 5.10　2023 年 1~12 月江苏省各地市长期护理保险基金支出情况

地市	当年基金支出（万元）	当年享受待遇人数（万人）	平均每人每年享受待遇（元）
南京	47870.98	3.6851	12990
无锡	32598.72	3.0072	10840
徐州	53841.59	6.6	8158
常州	31244.67	3.18	9825
苏州	78188.28	6.49	12048
南通	67891.51	6.86	9897
连云港	223.24	0.035	6378
淮安	61.91	0.067	924
盐城	7565.97	1.09	6941
扬州	12734.86	0.9	14150
泰州	14655.22	1.8702	7836
镇江	34.50	0.0348	991
宿迁	102.11	0.0392	2605

资料来源：江苏省医保局统计数据。

（1）南京、无锡、苏州、徐州、常州、南通等苏南地区长期护理保险市场体量规模比较大，南京、无锡、徐州、苏州、南通的长期护理保险基金年支出规模在 3 亿~8 亿元，年享受待遇人次在 3 万~7 万人。平均每人享受待遇也比较高，在 8000~13000 元。

（2）扬州、泰州、盐城等苏中地区长期护理保险当年基金支出规模处于中等，在 0.75 亿~1.5 亿元，年享受待遇人数也处于中等，区间范围为 0.9 万~1.9 万人，平均每人享受待遇 7000~14000 元。

（3）连云港、淮安、镇江、宿迁等苏北地区长期护理保险市场发展才刚刚起步，无论是当年基金支出规模还是当年享受待遇人数以及平均每人享受待遇金额都比较少，当年基金支出规模区间为 30 万~250 万元，当年享受待遇人数在 300~700 人，平均每人享受待遇金额在 900~7000 元。

第三节　江苏省未来长期护理保险待遇支出规模测算

随着长期护理保险依托医保基金筹资不可持续（田勇，2020；荆涛等，2020；汤薇、虞幸然、粟芳，2023；郭瑜、谢雨凝，2024），中国长期护理保险必然要走向独立筹资（曹信邦、张小凤，2018；万谊娜，2023；孙志萍，2023），下面本书将对江苏长期护理保险独立筹资后待遇支出规模进行测算，具体测算过程包含数学建模、参数赋值以及实证结果等部分。

一、数学建模

随着人口老龄化的不断加剧以及老年人失能、失智比例的不断提升，江苏省长期护理保险的基金支付额将会不断提升，因此本书进一步对未来长期护理保险基金支出情况进行测算，以为未来政府决策提供依据。

长期护理保险与医疗保险一样，也分为面向城镇职工的长期护理保险（用上标 a 表示）和面向城乡居民的长期护理保险（用上标 b 表示），无论是面向城镇职工的长期护理保险还是面向城乡居民的长期护理保险，长期护理保险都主要面向失能人群（主要是失能老年人群）的长期照护服务费用支出进行给付。因此第 t 时刻长期护理保险的待遇给付需要确定第 t 时刻老年人口数 S_t，以及老年人中各失能等级比例 γ_{it}，护理等级为 i 的老人对第 j 类护理方式利用的比例 V_{ijt}，以及第 t 时刻护理等级为 i 的老年人利用第 j 类护理方式的成本费用 U_{ijt}，那么第 t 时刻的护理服务费用总支出为：$\sum_{i=1}^{m}\sum_{j=1}^{n}S_t \times \gamma_{it} \times V_{ijt} \times U_{ijt}$。同时，长期护理保险的补偿比为 δ_t，对于护理服务主体或机构而言，提供护理服务还需要固定费用 C_t 以及其他费用 ε_t，那么有：

第 t 年城镇职工长期护理保险的待遇给付为：

$$X_t^a = \sum_{i=1}^{m}\sum_{j=1}^{n} S_t^a \times \gamma_{it}^a \times V_{ijt}^a \times U_{ijt}^a \times (1+f_t) \times \delta_t^a + C_t^a + \varepsilon_t^a \qquad (5.1)$$

第 t 年城乡居民长期护理保险的待遇给付为：

$$X_t^b = \sum_{i=1}^{m}\sum_{j=1}^{n} S_t^b \times \gamma_{it}^b \times V_{ijt}^b \times U_{ijt}^b \times (1+f_t) \times \delta_t^b + C_t^b + \varepsilon_t^b \qquad (5.2)$$

其中，f_t 表示第 t 时刻护理成本的增长率，根据相关文献资料，设定第 t 时刻护理成本的增长率与工资增长率持平。

二、参数赋值

下面,本书将通过参数赋值的方法,来分别对 2025~2050 年江苏省长期护理保险待遇给付进行测算。具体来说,基于 2020 年第七次全国人口普查数据,利用队列要素法模拟得出未来江苏省人口总数、分年龄段人口分布和参保人数,并参照其他研究和公开统计数据对精算模型参数作出设定,所需要设定的长期护理保险基金支出参数包括:第一,第 t 时刻领取待遇的长期护理保险人数;第二,中老年人中各失能等级比例 γ_{it};第三,护理等级为 i 的中老年人对第 j 类护理方式利用的比例 V_{ijt};第四,护理等级为 i 的中老年人利用第 j 类护理方式的成本费用 U_{ijt};第五,社会平均工资增长率 (f_t)。

(一) 分城乡 45 岁以上人口数量

理论上长期护理保险支付对象不仅包括失能老人,还应该包括失能的其他人群,但是由于 45 岁以下人群的失能比例极低,因此本书在此不予统计,仅统计 45 岁及以上人群的失能人口数量。而要测算未来 45 岁及以上的长期护理保险待遇领取人数,需要首先知道未来江苏分城乡 45 岁及以上人口数量。表 5.11 列出了江苏省低方案、中方案、高方案情形下 2025~2050 年分城乡 45 岁及以上人口的数量。同时长期护理保险依托医疗保险运行,采用与医疗保险捆绑缴费的模式,随着未来长期护理保险制度全面铺开,预计无论城乡长期护理保险制度的覆盖率都达到100%。

表 5.11　　2025~2050 年江苏省分城乡 45 岁及以上的人口数　　单位:万人

险种	方案	2025 年	2030 年	2035 年	2040 年	2045 年	2050 年
城镇人口数	低	2874	3132	3517	3651	3609	3494
	中	2876	3138	3531	3677	3652	3556
	高	2878	3147	3551	3715	3711	3639
农村人口数	低	1270	1200	1172	1097	979	854
	中	1272	1205	1181	1111	999	878
	高	1274	1213	1198	1138	1036	924

资料来源:根据本书第四章表 4.3 计算所得。

(二) 失能人群所占比例

目前国外的长期护理政策中，失能等级评估量表尽管形式不一，但主要由老年人的日常生活活动能力（ADL）、认知能力（CI）以及感知觉和沟通能力三个方面构成，其中认知能力、感知觉和沟通能力又高度与日常生活活动能力相关。课题参照廖少宏（2021）、刘方涛和费清（2021）的做法，采用2018年CHARLS调查数据测算不同失能等级（轻度失能、中度失能、重度失能）人数占总人口的比例。CHARLS数据将涉及日常生活活动能力评定的6项测量指标分为"有困难""有困难但可以完成""有困难，需要帮助""无法完成"4个等级，本书将前2个等级设置为可以自理，后2个等级设置为不能自理。根据日常生活活动能力的6项测量指标（即洗澡、穿衣、室内活动、上厕所、吃饭、控制大小便）中不能自理的项数，设定有1~2项的为"轻度失能"、有3~4项的为中度失能，有5~6项的为重度失能，最终测算得到中国各年龄组失能状态的分布比例如表5.12所示。

表5.12　2018年区分城乡的中国各年龄组人群ADLs失能率及其分布　　单位：%

年龄（岁）	城镇		农村	
	中度失能	重度失能	中度失能	重度失能
45~49	0.00	0.00	1.15	0.58
50~54	0.82	0.33	1.39	0.73
55~59	1.11	0.16	2.97	0.83
60~64	2.44	1.09	3.61	1.63
65~69	3.00	1.71	5.46	2.90
70~74	3.03	1.01	6.40	3.92
75~79	4.07	4.07	8.95	6.07
80~84	6.17	7.93	10.27	9.30
85+	7.00	17.00	13.50	12.88

资料来源：2018年中国健康与养老追踪调查（CHARLS）并采用Stata 17.0统计分析软件计算而得。

从表5.12中可以看出，随着年龄的增加，从45~49岁到85岁及以上，中老年人无论是中度失能还是重度失能的比例迅速增加，同时各年龄组城镇人群无论是中度失能所占比例还是重度失能人群所占比例都要低于农村，但城镇85岁及以上老年人群重度失能比例要高于农村。

(三) 失能人群数量

表5.13进一步列出了低、中、高方案下2025~2050年江苏省分城乡、年龄组

不同失能等级人口数量，从表5.13中可以看出，无论高方案、中方案还是低方案情形下城镇和农村失能人群数量都不断增加。以中方案情形为例，2025年，江苏省城镇中度失能人群为59万人、重度失能人群为47万人；农村中度失能人群为62万人，重度失能人群为39万人。到了2050年，城镇中度失能人群数增加到108万人，重度失能人群数增加到119万人；农村中度失能人群数增加到55万人，重度失能人群数增加到40万人。城镇失能人群总数是2025年的2.12倍；农村失能人群总数是2025年的0.94倍，农村失能人口数量减少很大程度是因为农村人群向城镇转移所致，最终仍表现为失能人群数量大规模增加，而失能人群的增加将会导致长期护理保险基金支付压力的增加。

表5.13　2025~2050年江苏省分城乡、年龄组不同失能等级人口数量　　单位：万人

年份	方案	城镇失能人口数		农村失能人口数		失能人口总量
		中度失能	重度失能	中度失能	重度失能	
2025	低方案	59	47	62	38	207
	中方案	59	47	62	39	207
	高方案	59	48	62	39	208
2030	低方案	71	60	63	41	235
	中方案	71	61	64	41	237
	高方案	71	61	65	42	239
2035	低方案	81	73	64	43	260
	中方案	82	74	64	43	263
	高方案	83	76	66	45	269
2040	低方案	90	86	62	42	280
	中方案	91	88	63	43	286
	高方案	93	92	65	45	296
2045	低方案	98	98	58	40	294
	中方案	100	102	60	42	304
	高方案	103	107	64	45	319
2050	低方案	104	113	53	38	308
	中方案	108	119	55	40	322
	高方案	112	127	60	44	344

注：总量数值与前四项加总数值有出入的原因在于前四项省略了小数位数。
资料来源：根据本书第四章表4.8至表4.10整理所得。

由于目前江苏省部分地市长期护理保险业务才刚开始，且部分地市长期护理保险业务只是覆盖重度失能人群，而没有覆盖中度失能人群，随着未来长期护理保险扩面取得成效，预计江苏省长期护理保险所有地市将既覆盖重度失能人群又覆盖中度失能人群，因此下文在测算时默认江苏省所有地市长期护理保险制度既覆盖重度失能人群又覆盖中度失能人群。

（四）失能老人对不同护理方式的使用比例

失能老人使用的护理方式包括居家护理和机构护理，不同护理等级的人群可以随意选择这两种护理项目。由于我国尚未全面实行长期护理保险制度，相关数据参照张盈华（2023）的分析引用德国2015年不同年龄组、不同失能等级、不同护理形式享受待遇人群占该年龄组享受待遇人数的比例，作为衡量长期护理保险"保障充分度"的重要指标。同时为方便分析，假设轻度失能人群更倾向于使用一级护理，中度失能人群更倾向于使用二级护理，而重度失能人群更倾向于使用三级护理。目前市场上无论居家护理还是机构护理都既面向轻度失能人群，又面向中度和重度失能人群；我国目前长期护理保险才刚刚推开，所保障的对象不包含轻度失能人群，而主要面向中度和重度失能人群。同样，对于失能人群来说，其也不可能享受到全部的居家或机构护理服务，而只能享受到部分的居家和机构护理服务，因此表5.14可以比较准确地反映不同年龄组不同失能状态人群的服务获取情况和保障充分度情况。据此可以测算出不同年龄组、不同失能状态人群对于护理服务的使用情况。

表5.14　　不同年龄组、不同失能等级老人对不同护理方式
（家庭或门诊护理、机构护理）使用的比例　　单位：%

年龄段（岁）	轻度失能（一级）		中度失能（二级）		重度失能（三级、四级）		合计	
	居家护理	机构护理	居家护理	机构护理	居家护理	机构护理	居家护理	机构护理
45~49	45.30	16.50	21.30	6.20	6.30	4.40	45.30	16.50
50~54	45.30	16.50	21.30	6.20	6.30	4.40	45.30	16.50
55~59	45.30	16.50	21.30	6.20	6.30	4.40	45.30	16.50
60~64	48.70	13.40	21.20	7.00	5.70	4.10	48.70	13.40
65~69	50.20	10.80	22.00	7.60	5.30	4.10	50.20	10.80
70~74	50.40	9.40	21.80	8.60	5.00	4.80	50.40	9.40
75~79	50.70	9.20	20.40	9.70	4.60	5.40	50.70	9.20

续表

年龄段（岁）	轻度失能（一级）		中度失能（二级）		重度失能（三级、四级）		合计	
	居家护理	机构护理	居家护理	机构护理	居家护理	机构护理	居家护理	机构护理
80~84	49.90	10.50	18.90	10.90	4.10	5.70	49.90	10.50
85+	40.30	14.70	17.80	15.60	4.10	7.50	40.30	14.70

资料来源：德国联邦卫生部、统计局。

（五）不同护理方式的使用成本

不同护理方式的使用成本包括居家护理成本和机构护理成本。其中居家护理成本参照张薇、刘锦丹和王志红（2010）以及曹信邦和陈强（2014）的方法，将居家护理的人力成本、材料成本、设备成本、管理成本、教育成本统一折算到人力成本的倍数来计算，得到家庭护理成本约为人力成本的1.8倍。

而根据彭雅君等（2010）的测算，机构护理成本（包含人力成本、耗材成本、设备成本、设施费用、管理成本、培训成本）中的一级护理、二级护理、三级护理每床位日机构护理成本分别是人力成本的1.78倍、1.89倍和2.14倍，平均达到1.92倍。

在护理人力成本计算方面，国家统计局发布的数据显示，2023年公共管理、社会保障和社会组织城镇非私营单位就业人员平均工资为117108元，卫生和社会工作城镇私营单位就业人员平均工资为74462元[①]，根据2023年城镇非私营单位就业人员数和城镇私营单位就业人员数，即可计算得到2023年卫生、社会保障、社会工作相关专业从业人员的平均工资为89681元，按照年平均工作日251天和日平均工作8小时计算，每小时工资44.66元，本书按每小时工资40元计算。对于居家护理，根据曹信邦和陈强（2014）的分析，一级护理、二级护理和三级护理选取的平均护理时间分别为5小时/周、7.5小时/周和10小时/周。对于机构护理，依据史承明、陈玉红和熊小燕（2011）的调查，各等级护理病人的24小时护理操作耗时为：三级护理平均每人375分钟/天，二级护理平均每人339分钟/天，一级护理平均每人92分钟/天（见表5.15）。本书假设未来这一数据仍保持不变。按照卫生部门的规定，普通病房的床位与护理人员比例为0.4。据此可以根据不同年龄组、不同失能状态老人对护理服务的使用情况计算长期护理保险居家护理以及机构

---

① 2022年《中国统计年鉴》。

护理的给付成本。其中：

$$\text{居家护理的年给付成本} = \text{各等级一周护理时长} \times \text{每月周数(4)} \times \text{家庭护理的成本系数(1.80)} \times \text{在岗职工平均小时工资} \times 12$$

$$\text{机构护理的年给付成本} = \text{各等级一天护理时长} \times \text{每月天数(30)} \times \text{机构护理的成本系数} \times \text{在岗职工平均每小时工资} \times \text{普通病房床位与护理人员比例(0.4)} \times 12$$

表 5.15 居家护理以及机构护理不同等级所对应的时长

护理等级	居家护理（小时/周）	机构护理（分钟/天）
一级护理	5	92
二级护理	7.5	339
三级护理	10	376

资料来源：依据曹信邦、陈强（2014）以及史承明、陈玉红和熊小燕（2011）的研究整理计算而得。

其中，机构护理的年给付成本计算中"机构护理的成本系数"所对应三级、二级、一级护理等级的每床位每日机构护理成本是人力成本的 1.78 倍、1.89 倍和 2.14 倍，平均达到 1.92 倍。

需要注意的是，在护理时长以及技术分布在特定周期内保持不变假设前提下，在岗职工的平均小时工资是随着经济的发展而不断增加的，本书根据过去工资的数据，假定工资平均增长率与实际经济增长率保持一致，那么可以在 2023 年基期的基础上测算得到各年度居家护理和机构护理的总成本。

（六）长期护理保险的补偿比

根据《人力资源社会保障部办公厅关于开展长期护理保险制度试点的指导意见》（2016 年）的规定，我国长期护理保险支出补偿比不应超过 70%，在试点中各地区大部分也将长期护理保险的补偿比限制在 70%，因而本书将城乡居民和城镇职工的长期护理支出补偿比都确定为 70%。

（七）社会平均工资增长率

随着人口老龄化的不断加剧，中国经济增长速度正不断下滑，从 2010~2011 年高达 18% 的年均增速逐渐下降到 2012~2018 年 10% 左右的年均增速，2019~2022 年的经济增速进一步下滑，平均只有 5% 左右，预计未来随着人口老龄化的加剧以及经济结构转型升级，中国经济增速会进一步下滑，报告参照曾益和叶琪茂（2024）的分析，假定经济增长率每 10 年降低 1%，这样到 2050 年，预计经济增长率会降低到 2.5% 左右。

工资增长率等于经济增长率。根据城镇职工和城乡居民基期工资数据（可通过《中国统计年鉴》测算）以及未来历年工资增长率数据，即可测算得到未来各年份城镇职工和城乡居民的平均工资。

（八）城镇职工和城乡居民长期护理保险待遇领取人数

城镇职工和城乡居民长期护理保险待遇领取人数并不严格等于城镇和农村居民45岁以上人口数，因此需要进一步测算。城镇职工和城乡居民长期护理保险待遇领取人数与缴费人数相对应。当前无论城镇职工还是城乡居民医疗保险的覆盖面均已达到100%，所不同的是城镇人口里面只有一部分是具有工作并且参加城镇职工长期护理保险的，其他城镇人口与农村居民一样由于没有正式工作而只能参加城乡居民长期护理保险，因此在计算 t 时刻城镇职工长期护理保险待遇领取人数时需要首先测算未来 t 时刻城镇人口总数和农村人口总数，接着将 t 时刻"城镇人口总数×城镇人口参保率"就可以得到 t 时刻城镇人口中领取城镇职工长期护理保险待遇的人群（即具有正式工作的人群）。相应地，城乡居民长期护理保险待遇领取人数也就等于"城镇45岁及以上总人口—城镇职工长期护理保险待遇领取人群＋农村45岁及以上总人口"[①]。具体计算公式如下：

城镇职工长期护理保险待遇领取人群 ＝ 城镇45岁及以上总人口数 × 城镇人口参保率

$$\text{城乡居民长期护理保险待遇领取人群} = \text{城镇45岁及以上总人口数} \times \left(1 - \text{城镇职工参保率}\right) + \text{农村45岁及以上总人口}$$

三、测算结果

低方案、中方案和高方案测算结果如表 5.16 所示，从表中可以看出，2025～2050年江苏省无论城乡居民长期护理保险基金还是城镇职工长期护理保险基金都呈现出不断增加的趋势，其中城乡居民长期护理保险基金中居家护理从 2025 年的均为 40 亿元增加到 2050 年的 96 亿～108 亿元；机构护理从 2025 年的均为 52 亿元增加到 2050 年的 151 亿～174 亿元。城镇职工长期护理保险基金中居家护理从 2025 年的均为 15 亿元增加到 2050 年的 119 亿～129 亿元；机构护理基金支出从 2025 年的均为 21 亿元增加到 2050 年的 198 亿～221 亿元。长期护理保险基金支出大幅增加，对基金的治理效能和使用效率提出了更高的要求。总体而言，未来长期

---

① 根据国务院《关于整合城乡居民基本医疗保险制度的意见》（2016 年）的规定，2016 年我国原有的新型农村合作医疗保险（以下简称"新农合"）和城镇居民医疗保险进行合并，组成新的城乡居民医疗保险。因此本书计算起始年度 2021 年城乡居民医疗保险城镇无工作人群和农村人群具有合并的基础。

护理保险基金支出中绝大部分比例将为城镇职工机构护理服务支出，且无论城乡居民长期护理保险还是城镇职工长期护理保险，居家护理服务基金的支出与机构护理服务基金的支出比正常维持在1∶1.5左右的关系。

表5.16　　　2025~2050年江苏省长期护理保险基金支出测算　　　单位：亿元

年份	方案	城乡居民居家护理基金支出	城乡居民机构护理基金支出	城镇职工居家护理基金支出	城镇职工机构护理基金支出
2025	低	40	52	15	21
	中	40	52	15	21
	高	40	52	15	21
2030	低	52	71	26	36
	中	53	71	26	36
	高	53	72	26	37
2035	低	66	92	40	59
	中	67	94	41	60
	高	68	96	41	61
2040	低	79	115	60	92
	中	80	118	61	94
	高	83	124	62	98
2045	低	90	134	85	136
	中	92	139	88	141
	高	97	149	91	147
2050	低	97	151	119	198
	中	101	159	123	208
	高	108	174	129	221

资料来源：根据本书第五章表5.13至表5.15以及相关公式计算所得。

表5.17进一步列出了低方案、中方案、高方案下2025~2050年江苏省城乡居民长期护理保险基金中居家护理、机构护理，以及2025~2050年江苏省城镇职工长期护理保险基金中居家护理、机构护理分别针对中度失能人员以及重度失能人员的基金支出状况，从表5.17中可以看出，无论是城乡居民还是城镇职工，针对重度失能人员的基金支出增长率都要高于针对中度失能人员的基金支出增长率，表明未来随着人口老龄化的不断加剧，重度失能人员在整个失能人员中所占的比重将不断上升。

表 5.17　　　　2025～2050 年江苏省长期护理保险基金支出测算　　　　单位：亿元

年份	方案	城乡居民				城镇职工			
		居家护理基金支出		机构护理基金支出		居家护理基金支出		机构护理基金支出	
		中度失能	重度失能	中度失能	重度失能	中度失能	重度失能	中度失能	重度失能
2025	低	33	7	34	18	12	3	13	8
	中	33	7	34	18	12	3	13	8
	高	33	7	34	18	12	3	13	8
2030	低	43	9	46	25	21	5	21	15
	中	43	9	46	25	21	5	22	15
	高	44	9	47	25	21	5	22	15
2035	低	54	12	60	33	32	8	34	25
	中	55	12	61	33	32	9	35	25
	高	56	13	62	34	32	9	35	26
2040	低	64	15	74	42	47	13	52	40
	中	65	15	75	43	47	13	53	41
	高	67	16	79	45	48	14	55	43
2045	低	72	17	85	49	66	19	76	60
	中	74	18	88	51	67	20	78	62
	高	78	19	94	55	69	21	81	66
2050	低	78	19	95	56	90	29	108	90
	中	81	20	100	60	93	30	112	96
	高	86	22	109	66	97	32	118	103

资料来源：根据本书第五章表 5.13 至表 5.15 以及相关公式计算所得。

第四节　江苏省目前长期护理保险制度待遇给付所存在的问题及改进建议

江苏省长期护理保险待遇给付虽然取得一系列成绩，包括待遇给付覆盖人群不断增多、待遇给付条件逐渐完善、待遇给付项目不断标准化、待遇给付标准不断提升、逐渐建立辅助器具租赁服务和驻外人员给付等。但仍存在待遇给付人群覆盖缺失、待遇给付项目不全、待遇给付形式有缺位、待遇给付比例僵化、地区发展不平衡、失能待遇给付"碎片化"、待遇给付没有考虑特殊人群情况、长期护理服务人员供给不足等问题，需要在后续改革中进一步完善。

一、长期护理保险待遇给付人群仍需要扩围

目前江苏省各地市长期护理保险待遇给付人群存在差异。例如，有部分地市长期护理保险既覆盖城镇职工医疗保险参保人群，又覆盖城乡居民医疗保险参保人群，而部分地市长期护理保险仅仅覆盖城镇职工医疗保险参保人群，即使有部分地市长期护理保险覆盖城镇职工参保人群，也仅仅限于市区范围，而不包括下面的县区。此外还有部分地市长期护理保险仅仅覆盖重度失能人群，而没有覆盖中度失能人群。就长期护理保险待遇给付人群的全覆盖来说，长期护理保险应该既覆盖城镇职工参保人群，又覆盖城乡居民参保人群；待遇给付对象应该既包括重度失能人员，也包括中度失能人员。建议还没有实现长期护理保险全覆盖的地市加紧制度扩面进程，尽早使制度惠及辖区内所有人群。

二、长期护理保险待遇给付项目需要扩围

目前江苏省长期护理保险刚刚设立，待遇给付项目仅仅局限于基本的护理照护服务项目，如生活护理、医疗护理和护理辅助器具租赁补偿，同时只有部分地市长期护理保险照护服务项目拓展至医疗护理，以及增设额外的护理辅助器具租赁补偿项目，绝大部分地市长期护理保险待遇给付项目仍然仅仅局限于生活护理。借鉴全国其他试点城市的经验，就增加服务版图完整性和满足居民多样化护理服务需求的角度来说，江苏省长期护理保险的待遇给付项目仍需要拓展，如没有增设医疗护理的城市应该增设医疗护理项目，以及没有增设护理辅助器具租赁补偿的城市应该增设护理辅助器具租赁补偿项目，这些都是失能人群使用长期护理服务所必需的项目。同时建议增加预防性护理、康复护理和心理疏导等服务内容，积极响应《关于开展长期护理保险制度试点的指导意见》对长期护理保险制度构建的整体要求，满足群众对于长期护理服务心理咨询、精神慰藉等需求。

三、长期护理保险待遇给付形式需要统一标准、全覆盖

总体而言，江苏目前各地市长期护理保险待遇给付形式虽然都包括居家护理、机构护理、医疗护理，其中居家护理既包括专业人士的上门照护也包括非专业人士的居家亲情护理；同时绝大部分试点方案支付养老院或护理院提供的机构护理服

务，部分地市还支付医疗机构提供的护理服务，基本实现待遇给付形式的全覆盖，部分地市还探索了不同待遇给付形式组合的服务项目包形式，具有一定的创新意义。但是不同地市就具体的待遇给付形式选择并不相同，因而对于不同地市而言，长期护理保险待遇给付的形式则是呈现出不完整的形态。如有部分地市长期护理保险居家护理的待遇给付仅仅针对居家上门照护，而没有针对居家亲情照护，以及机构护理仅仅针对养老服务机构照护，而没有针对医疗护理。因此，建议长期护理保险待遇给付形式有缺位的地市进行补齐。

四、长期护理保险待遇给付比例需要依据经济实力不同而调整

江苏省各地区长期护理保险待遇给付比例设置为70%左右，之所以设置这一待遇支付比例，完全是参照人力资源社会保障部的规定而设置的，而并没有考虑长期护理保险制度独特的内在制度属性。根据全国其他城市试点的经验，长期护理保险的待遇给付比例应体现随着经济实力不同的灵活调整原则，例如，经济较为发达的地区长期护理保险待遇给付比例也应该相应地调高，而经济欠发达地区长期护理保险待遇给付的比例也应该相应调低，没有必要设置全省各地统一都是70%的给付比例要求。相反，如果全省长期护理保险待遇给付比例统一都是70%，那么全省不同地市根据自身经济发展实力不同调整待遇给付的方式就会是通过设置不同的、差异化的待遇给付标准，而不是通过不同的待遇给付比例来调节各地区经济实力的差异，这是导致目前江苏省各地市长期护理保险待遇给付标准非常混乱且没有统一标准的重要原因，因此基于制度公平性视角出发正确的做法是在全省各地市针对不同服务项目设置统一的长期护理保险待遇给付标准，然而通过后端不同的待遇给付比例来调节各地区因为经济实力差异而导致的待遇给付额差异，这有助于全省长期护理保险制度的统一和整合。例如，对于苏南经济发达地市而言，长期护理保险待遇给付比例仍有较低的嫌疑，国际上经济发达国家的长期护理保险待遇给付比例都比较高，设置居家护理服务个人和家庭5%的自付比例限制，以及机构护理个人和家庭10%的自付比例限制，一方面充分体现长期护理保险制度有效减轻个人及家庭财务负担的保障功能，另一方面体现长期护理保险制度支付比例限制的引导激励功能。

五、建立不同地区之间长期护理保险调剂基金

针对江苏省各地市长期护理保险发展不平衡问题，建议江苏省不同地区之间参

照养老保险，建立长期护理保险调剂基金，这一点对于经济欠发达地区正常有序发展长期护理保险是非常必要的。设立不同地区间长期护理保险调剂基金的学理依据在于：经济欠发达地区的经济基础之所以薄弱，本身是因为欠发达地区人口存在对发达地区人口的正向流入，从而产生驻外人员支付事宜，即长期护理保险缴纳关系在辖区内，但人员流动到外地，在外地享受长期护理保险待遇。由此导致的严重问题是，导致原本发展较差的地区由于人口外流而导致长期护理保险参保基础更为薄弱，同时由于流动人口享受待遇在外地经济发达地区，导致待遇支出刚性上涨。变相来说是用经济欠发达地区的长期护理保险资金逆向补贴经济发达地区的养老产业增长，导致经济欠发达地区本地住院医疗费用下降，养老服务机构和护理机构业务订单来源大幅降低和大量倒闭，同时需要支付的医保基金和长期护理保险基金数量却不断增加。长此以往，必将导致"贫者越贫、富者越富"的现象出现，进一步加剧财力因素对地区长期护理保险发展的限制。因此需要省级政府或中央政府出面建立面向不同地区的长期护理保险调剂基金，形成经济发达地区对于经济欠发达地区的正向补贴。

六、整合原先失能待遇支付的"碎片化"格局

改变原先失能待遇支付的"碎片化"格局，整合失能人群的待遇给付。可将原先由不同部门、不同机构所提供的失能人群待遇给付标准进行整合，如可将原先由残联、民政部提供的失能人群的待遇给付标准进行整合，规定享受长期护理保险待遇支付的，不可再享受由残联、民政部所提供的失能人群待遇支付。

七、整合待遇给付碎片化格局后，待遇给付还需要考虑特殊人群情况

长期护理保险待遇给付的特殊人群包括新参保人群、其他非老年失能人群（如残疾人）以及已经失能老人人群等。需要在统一制度之外制定额外的制度规定。

（1）江苏目前还没有针对新参保人员待遇享受的特殊规定。考虑很多人是为了享受长期护理保险待遇而临时参加长期护理保险制度，此种做法会加剧长期护理保险制度的逆向选择风险，建议江苏参照目前全国其他试点地市的规定，针对新参保人员设置额外的待遇享受等待期，如规定新参保人员必须连续缴费满2年以上才可享受待遇。同是针对参保人员中断缴费的，恢复缴费后设置待遇享受等待期等，鼓励参保人员连续缴费。

（2）针对其他非老年失能人群如残疾人，由于数量比较少，建议直接由政府财政为该部分人群的护理服务缴费，有效减轻困难人群长期护理保险的缴费负担。

（3）长期护理保险待遇给付没有体现已经失能老人的财政补贴责任。对于已经失能老人的长期护理保险待遇给付，目前的政策规定仍然是照顾性政策，即为了使已经失能老人的长期护理财务损失能够得到及时补偿，在制度实施的初期，承认了历史债务，承认"老人"对上一代失能老人护理财务费用责任的历史现实，对已经失能的"老人"建立视同具有参保资格条件的机制，但是对已经失能老人的待遇给付仍然从长期护理保险基金中予以支出，不符合长期护理保险缴费和享受待遇的"权利－义务"对等原则，对于历史欠账，正确的做法是应该由政府财政补贴这部分资金。

八、护理服务人员供给不足

制约江苏省长期护理保险待遇给付和服务供给的另一个主要矛盾就是护理服务人员供给不足，多数地市护理服务机构基本均为长期护理保险政策实施后新组建，其招聘的护理专业人员较少，现有护理人员普遍存在年龄偏大、文化程度偏低、专业能力偏弱等情况，要提升整个长期护理保险事业的服务水平，当务之急是大力培养专业护理人才。同时由于市场覆盖人群有限，护理机构加强护理人员专业技能培训的主动性不足。护理机构专业技能不足，参保人员认可度偏低，将会导致护理机构的生存空间进一步缩小，不利于整个康养产业的发展。需要由政府或民间组织牵头，持续推进护理人员专题培训工作，对护理服务机构强化监督指导，提高护理服务机构的专业服务能力，持续提升失能人员的获得感和满意度。

第六章　江苏省长期护理保险筹资研究

党的二十大报告提出，要实施积极应对人口老龄化的国家战略，以促进人口高质量发展，支撑中国式现代化建设。为应对日益严峻的养老危机，推动老年人口高质量发展，中国通过建立长期护理保险制度，不断完善社会保障体系，为老年人提供更全面的长期照护服务。在此背景下，人力资源社会保障部于2016年正式启动长期护理保险制度试点工作，并在初期试点成效显著的基础上，于2020年进一步扩大了试点范围。两次政策文件均明确要求，探索建立互助共济、责任共担的多渠道筹资机制，以促进长期护理保险制度的可持续发展。可见，构建科学高效的长期护理保险筹资机制是保证制度可持续运行的核心问题。

第一节　长期护理保险筹资的机理分析

一、长期护理保险筹资的重要性

长期护理保险是由国家立法强制实施，为参保人因年老导致机体功能受损、生活无法自理且需长期康复治疗或护理时，提供现金、物质补偿或相关服务的社会保险制度（孙洁、蒋悦竹，2018）。一项社会保险制度要能够正常且可持续运转，稳定且可持续的筹资来源是制度设计的关键。筹资来源的稳定性不仅关系到基金的长期平衡，还直接影响参保人对制度的信任和参与积极性。因此，长期护理保险制度设计中应充分考虑筹资结构的公平性和效率性，建立多元化、弹性的筹资机制。同时，需要通过科学的精算和动态调整机制，确保基金能够适应社会经济发展变化，避免因资金短缺而影响待遇给付。

二、长期护理保险筹资的基本原则

（一）收支平衡原则

长期护理保险基金应坚持收支平衡原则，以确保制度的可持续运行。这不仅要求合理设计缴费和待遇标准，还需建立科学的精算机制，对未来人口老龄化趋势、护理需求增长以及经济发展水平进行综合测算，从而确保基金收入能够覆盖支出。同时，应加强基金管理，严格控制不必要的支出，防止资源浪费。通过加强对护理服务质量的监管，提高服务效率，避免因低效或不合理的服务造成的基金支出过快增长。此外，长期护理保险基金可以通过适当的投资运营，实现保值增值，以增强抗风险能力。政府还应完善政策支持，为基金提供必要的补贴或政策倾斜，以应对突发性或不可预见的支出压力。通过坚持收支平衡原则，长期护理保险基金不仅能够保障参保人权益，还能为全社会提供稳定的养老服务支持[1]。

（二）与经济社会发展需求相适应

长期护理保险的筹资必须综合平衡经济社会发展需求，既要确保基金筹集的充足性，又要避免加重社会负担。筹资设计应充分考虑各地区经济发展水平、人口结构和老龄化趋势，因地制宜地确定筹资标准和缴费比例，避免"一刀切"造成不公平或不可持续的局面。同时，应兼顾个人、企业和政府三方责任，形成合理分担机制，确保筹资来源的多元化与稳定性。在筹资过程中，还需注意与其他社会保障制度的协调，避免重复覆盖或资源浪费。可以探索通过个人储蓄账户、商业保险等多种方式补充筹资渠道，提高制度灵活性。此外，政府应加强对低收入群体的支持，为他们提供必要的缴费补贴，确保长期护理保险的普惠性和公平性。通过综合平衡经济社会发展需求，长期护理保险筹资才能实现既稳健可行，又具备促进社会公平与发展的目标（万谊娜，2023）。

三、长期护理保险筹资机制的关键要素

构建科学合理的长期护理保险筹资机制需要解决"由谁负责筹资（筹资主体）"、"对哪些对象进行筹资（参保主体）"、筹资多少（筹资水平）、以什么样的方式进行筹资（保费筹集方式）以及制度筹资的财务模式等问题。以上五个关键

要素是长期护理保险基金筹集能够正常运行且实现制度可持续发展的重要保证。因而，如何科学合理地设计以上五个关键要素是长期护理保险基金筹资需要解决的关键问题（雷晓康、冯雅茹，2016）。

（一）筹资主体

长期护理保险的筹资主体是指在长期护理保险筹资过程中承担特定职责并参与整体运作的相关对象，包括政府、用人单位、个人以及社会资源。政府通过财政预算拨款，为低收入和失能人群提供基础性护理保障；用人单位按工资总额比例缴费，履行社会责任；个人根据收入水平承担自我保障责任，并可选择购买商业长期护理保险；社会资源则通过公益基金、慈善捐助及商业保险补充筹资体系。构建多元化筹资机制需明确各主体责任，通过政策和法律保障其合理分工。政府应承担公平性保障职责，为基本护理服务提供资金；用人单位和个人根据比例分担费用，形成公平的筹资基础；社会资源作为补充，填补公共资金与个人支付能力间的缺口。同时，应分级设定保障水平，确保政府覆盖基础需求，用人单位与个人结合商业保险满足更高护理需求。为激励多元参与，可通过税收优惠政策鼓励个人购买商业保险，并吸引社会资源参与长期护理事业。最后，根据经济发展和人口老龄化动态调整筹资比例和结构，以实现筹资机制的长期可持续性（林宝，2016）。

（二）参保主体

长期护理保险的参保主体是指参与长期护理保险体系，并通过缴费或享受服务形成运行基础的相关群体或机构，其范围及机制设计直接影响保险制度的公平性和可持续性。主要参保主体包括个人、单位、政府及社会组织等。个人参保主体覆盖城镇职工、城乡居民及其他具有缴费能力的人群，按政策缴费后在失能或达到特定护理条件时享受保障；单位参保主体则指企业、事业单位等用人单位，为职工缴纳保险费用，与个人共同构成保险资金的主要来源；政府作为公共服务的提供者，承担无力缴费的特殊困难群体参保责任，如低收入家庭、残疾人和失能老人，并通过补贴及兜底保障作用支持保险的运行；此外，商业保险公司、公益慈善机构等也通过补充保险计划或项目捐助成为辅助性参保主体。长期护理保险的参保机制多样化，主要包括强制参保、灵活参保、补充参保、政府资助及分级保障机制等。强制参保机制通过纳入社会保险体系确保广泛覆盖与资金稳定性，适用于职工和城乡居民等主要人群；灵活参保机制为未纳入单位参保的灵活就业人员和个体工商户提供自主选择参保档次和缴费方式的渠道；补充参保机制则借助商业保险满足高端护理需求，为个性化需求提供服务支持；政府资助机制针对低收入或无收入群体提供资助，使其能够享受护理服务，体现了保障公平性；分级保障机制通过"基本保障＋

补充保险"模式,基础保障由社会保险覆盖,补充服务由商业保险或自费承担。通过对参保主体和参保机制的合理设计,长期护理保险不仅能满足不同群体的需求,还能兼顾公平性和可操作性,为老龄化社会提供强有力的护理保障支持(尹海燕,2020)。

(三)筹资水平

长期护理保险的筹资水平是指为保障保险制度正常运行,各主体按照政策规定需缴纳的资金标准,其高低直接关系到基金稳定性和参保主体的经济负担能力,是影响保险覆盖范围和保障水平的重要因素。长期护理保险制度的筹资水平会受多种因素的影响,包括居民人均收入水平、居民的参保率、地区的财政盈余状况等。这些因素共同决定了筹资标准的设定是否科学合理,既要满足护理需求,又需确保参保群体的经济承受能力,同时保持保险基金的长期稳定性和可持续性。根据国际经验,德国、日本等国长期护理保险筹资比例一般为工资总额的1.5%~2.5%;在中国试点地区,职工筹资比例多在0.2%~0.4%,城乡居民则按固定金额缴费,每年几十元到上百元不等。总体而言,长期护理保险的筹资水平应与经济发展、人口结构、护理需求相适应,并结合动态调整机制,实现收支平衡和保险体系的可持续运行(田勇、殷俊,2019)。

(四)筹集方式

长期护理保险的保费筹集方式主要包括固定费率、差异费率和固定金额三种,各具特点。固定费率是指参保人按收入比例统一缴费,通常以工资或收入总额的一定比例为基准,广泛应用于政府主导的社会长期护理保险。其优点是公平性强、便于管理,但对个体风险差异考虑不足,可能影响低风险人群参保积极性。差异费率根据参保人的年龄、健康状况等设定不同缴费水平,更适用于商业保险或补充保险,强调风险与需求匹配。其优点是公平分摊风险、激励健康行为,但管理复杂度较高,对高风险群体可能带来较大缴费负担。固定金额则按统一金额缴费,不与收入或风险挂钩,适合收入不稳定的城乡居民和低收入人群,多用于基础性长期护理保险计划。其优点是缴费简单、管理成本低,但对高收入人群显得不公平,且缺乏对实际风险和需求的考量。三种方式各有适用场景,固定费率适合普惠性社会保险,差异费率用于满足精准化和多样化需求,固定金额则便于城乡居民参保。合理设计并搭配这些方式,有助于实现长期护理保险筹资的公平性、效率性和可持续性(华颖,2021)。

(五)财务模式

社会长期护理保险基金的财务模式主要是现收现付制,现收现付制是一种以代际转移方式运作的保险模式，即当前工作人口缴纳的保费直接用于支付当期受益人的护理费用，而非通过长期积累基金进行支付。这一制度的优势在于资金流动性强，能够迅速响应护理需求，同时管理成本较低，不需要复杂的投资运营。此外，该模式对通货膨胀的适应性较强，缴费和支出可以根据经济情况进行动态调整。然而，其主要缺陷在于对人口结构高度依赖，若老龄化加剧，缴费人减少而受益人增加，则可能导致资金缺口，影响制度可持续性。此外，若缴费不足，政府可能需要财政补贴，加重公共财政负担。同时，该模式也存在代际公平问题，年轻一代需承担老一代的护理费用，未来保障水平的不确定性较大。目前，德国、日本和法国等国家采用此制度，并结合税收或社保缴费进行调节，以维持制度平衡（郭瑜、谢雨凝，2024）。

第二节　典型国家长期护理保险筹资模式比较

　　当前世界主要国家特别是经济合作与发展组织（OECD）国家，大多都建立了长期护理保险制度，但是各个国家在长期护理保险制度选择上却存在显著差异。当前已建立长期护理保险的国家的制度模式大体可以分为四类：一是德国、日本等采取的法定护理保险制度；二是英国、澳大利亚等采取的公费负担的护理津贴制度；三是美国等采取的商业保险制度；四是新加坡等采取的准社会医疗保险模式（杨翠迎、程煜，2019）。不同的长期护理保险制度会采用不同的长期护理保险筹资模式，本书从以下几个方面对典型国家的长期护理保险筹资模式进行国际比较。

一、长期护理保险筹资模式分类

　　李长远等（2018）以"艾斯平－安德森"的三分法，将国外典型国家的长期护理保险筹资模式划分为三种类型，即长期护理社会保险筹资模式、长期护理商业保险筹资模式和长期护理津贴财政筹资模式。长期护理社会保险筹资模式适用于法团主义福利体制，这种模式强调强制性参与和广泛覆盖，通过社会化的筹资机制，将政府、用人单位和个人的责任相结合，形成多主体分担的资金来源。政府通常承担低收入群体的兜底保障，用人单位按工资比例为职工缴费，个人则根据收入水平缴纳保费，确保筹资公平性与可持续性。长期护理社会保险通过收入再分配机制，体现福利的普惠性和互助性，特别适合老龄化程度较高、经济较发达的国家或地区。此外，该模式依托社会保险管理体系，具备较强的资金统筹能力和支付稳定性，有助于实现代际平衡和护理资源的优化配置。

长期护理商业保险筹资模式强调市场化运作，资金主要由个人自费承担，政府则为低收入群体提供补贴，确保基本护理服务的可及性。该模式具有灵活性和个性化特点，个人可根据自身经济能力和护理需求选择不同的保险产品。商业保险公司通过精算定价和风险评估，提供多样化的护理保障方案，以满足不同层次的需求。此外，商业模式强调效率和竞争，通过市场机制优化资源配置，提升服务质量。然而，该模式对低收入群体的覆盖不足较明显，需要政府的补贴政策和监管机制加以弥补，以防止福利不公平和护理资源分配不均的问题。

普惠型长期护理津贴的财政筹资模式是社会福利体制下的一种典型形式，其核心是以国家为主体，通过财政资金确保全体国民的护理需求得到满足。该模式覆盖范围广泛，任何有护理需求的国民在通过评估后，均可根据需求层次享受现金津贴或各类护理服务，而家庭或子女对老人的照护不属于法定责任。这种模式强调国家的责任担当，长期护理所需资金主要依赖于税收收入，体现了普惠性和福利公平性。得益于国家雄厚的财政实力，老年人能够获得高质量、待遇优厚的长期护理服务。与此同时，该模式通过公共资源的统一管理和分配，确保护理服务的公平与效率，为个人和家庭减轻经济和护理负担，尤其在高福利国家中具有显著优势。

二、典型国家长期护理保险筹资模式特点

（一）筹资对象实现全民覆盖

韩国、日本、德国和荷兰均实行政府主导的强制性的长期护理保险制度。其中，韩国、荷兰和德国的长期护理保险制度均实现了覆盖全体国民；而日本则将参保对象限定为40岁以上的国民，突出针对中老年群体的保障特点。这种强制参保的制度设计，体现了各国对长期护理需求的重视，同时在不同范围内适应各国国情和人口结构的特点。韩国、德国和荷兰的长期护理保险制度主要覆盖医疗保险的参与者，社会医疗保险的参保者根据相关法律法规会统一强制参加长期护理保险。即使高收入人群不愿意参加社会长期护理保险，也必须选择参加一项商业长期护理保险，即所有人群都需要参加长期护理保险。作为一项社会保险，长期护理保险要求参保对象缴纳规定的保险费用，这使得低收入和无收入群体可能面临参保困难。为提升长期护理保障的普及性和可及性，德国、荷兰等国家采取了一系列针对弱势群体的扶持措施。例如，德国通过政策规定，低收入家庭的儿童和无业配偶可随有收

入的一方免费参保;失业人员的保险费用由失业保险金暂时代缴;大学生则享受较低的费率,以减轻其经济负担。这些举措有效降低了弱势群体的参保门槛,确保更多人能够享受到长期护理服务的保障,充分体现了社会保险的公平性与普惠性(尹海燕,2020)。

(二)多元与独立的筹资渠道

多元化和独立的筹资渠道是确保长期护理保险资金可持续运转的核心要素。在德国,长期护理保险资金主要依赖于社会保险费和个人支付;而荷兰、日本和韩国则采用三方筹资模式,将长期护理保险费、政府财政支持和个人自付作为主要资金来源。尽管各国的具体筹资方式有所差异,但其共同点在于长期护理保险的筹资与医疗保险资金来源保持相互独立,确保基金之间互不挪用,从而维护长期护理保险的独立性。从费用分担来看,长期护理保险基金和政府财政往往是总支出的主要承担方,而个人自付比例相对较低,这有效减轻了个人和家庭的经济负担,体现了社会保险的公平与普惠属性(张盈华,2015)。

(三)科学厘定筹资标准并实现动态调整

长期护理保险的筹资水平主要由缴费基数和费率决定,各国在这些方面采取了不同的策略,以适应本国的经济条件和社会需求,同时维持基金的长期平衡。在缴费基数方面,德国以工资收入为缴费基数,相对较窄,仅涵盖雇员和雇主的工资贡献;荷兰则将社会成员的所有收入纳入缴费基数,范围更广,增加了筹资来源,分散了单一群体的负担。日本和韩国则以医疗保险缴费基数为基础,与工资收入挂钩,借助现有的医疗保险体系为长期护理保险筹资提供稳定支持。在费率的确定上,德国基于成本控制的目标,通过精算动态调整费率,费率从1996年的1.7%逐步上调至2015年的2.35%,当前为工资收入的2.55%,无子女的雇员还需额外缴纳0.25%。荷兰依据"最低两组所得级距"的课税标准设定费率,注重社会公平性和累进性。日本则将参保人划分为第一类(65岁以上老人)和第二类(65岁以下年轻人),费率按工资比例计算,2015年第二类参保人的费率为1.58%。日本还遵循"以支定收"的原则,每三年根据长期护理费用支出和经济形势调整费率,确保基金平衡。从总体上看,各国长期护理保险的筹资政策体现了灵活性和动态调整机制,缴费基数和费率的设置与调整有效保障了基金的稳定运行,同时因地制宜地满足了人口老龄化背景下的社会需求(赵斌、陈曼莉,2017)。

(四)确定明晰且合理的筹资责任分担机制

长期护理保险制度的建立源于失能风险从个人和家庭责任向社会风险的转化。由于多数家庭难以负担高昂的护理费用,国家通过制度化方式分散风险,筹资责任的分担机制随之形成。在国际经验中，多数国家采用雇员、雇主和政府财政共同分担的模式。其中，日本长期护理保险由第一类被保险人（65岁以上老人）和第二类被保险人（在职员工）共同负担。在职员工的保险费由雇员与雇主各承担一半，政府财政投入由国家、都道府县、市区町村共同分担，比例分别为25%、12.5%和12.5%。德国公共长期护理保险也采用雇员和雇主各承担一半保费的模式，以公平分担个体负担为核心。韩国则与德国类似，在职职工和雇主同样按照各自承担50%的方式筹资。通过上述国家的经验可以看出，个人与用人单位的筹资责任界定清晰，既保障了保险制度的可持续性，也分散了个体和企业的压力。同时，政府财政在长期护理保险中扮演了重要角色，合理分担各级政府的财政责任是支持制度运行的关键。在国家层面，财政投入不仅缓解了资金压力，也确保了护理资源的公平分配。这种多方分担的模式在风险分散与筹资稳定之间取得了良好平衡，为长期护理保险的可持续发展奠定了基础（景跃军、孟石、李元，2018）。

第三节　中国试点城市长期护理保险筹资现状研究

为了应对人口老龄化，切实推进健康中国战略建设，中国在2016年开启第一批长期护理保险试点，并在2020年启动长期护理保险的扩大试点，目前全国共有49个城市进行长期护理保险试点。各个城市在长期护理保险筹资方面存在显著差异。不同城市根据经济发展水平、人口结构和医疗资源配置情况，探索了多元化的筹资模式，既体现了政策的因地制宜，也反映了地方财政能力。本节将从长期护理保险筹资对象、长期护理保险筹资来源以及长期护理保险的缴费比例三个方面进行中国试点城市长期护理保险筹资现状分析。

一、长期护理保险覆盖对象

由于中国试点城市长期护理保险的典型特征是跟从医疗保险，因而试点城市的长期护理保险覆盖对象与医疗保险的覆盖对象相一致。在全国49个长期护理保险试点城市中（见表6.1），不同城市对参保人群的覆盖范围存在显著差异，反映了各地经济发展水平、医疗保障体系和护理需求的不同特征。根据统计，22个试点城市仅覆盖城镇职工基本医疗保险参保人群，占比高达45%，显示出职工医保参保人群在试点初期作为核心保障对象的普遍性。这类城市多集中在经济较发达地区，职工医保参保率高、资金结余充裕，为长期护理保险提供了相对稳定的筹资基础。例如，上海、广州等城市选择优先保障职工医保人群，通过重点覆盖失能职工参保者，逐步积累经验并优化政策设计（巴曙松等，2024）。

表6.1　　　　　　　　　　　试点城市长期护理保险覆盖对象

参保范围	第一批试点城市	第二批试点城市
城镇职工	承德市、齐齐哈尔市、安庆市、淄博市、枣庄市、烟台市、泰安市、威海市、临沂市、德州市、聊城市、重庆市	天津市、晋城市、盘锦市、福州市、开封市、湘潭市、南宁市、昆明市、汉中市、甘南藏族自治州
城镇职工＋城乡居民	长春市、吉林市、通化市、松原市、梅河口市、珲春市、上海市、苏州市、南通市、宁波市、上饶市、济南市、青岛市、东营市、潍坊市、济宁市、日照市*、滨州市*、菏泽市*、荆门市、广州市、成都市、石河子市	北京市石景山区、呼和浩特市、黔南布依族苗族自治州*、乌鲁木齐市

注：*日照市只在岚山区开展居民长期护理保险试点工作；滨州市只在阳信县、惠民县开展居民长期护理保险试点工作；菏泽市在牡丹区、巨野县、单县、成武县四个区县开展居民长期护理保险试点工作；黔西南布依族苗族自治州在兴义市、兴仁市开展居民长期护理保险试点工作。
资料来源：根据王可心（2024）的研究整理而得。

此外，27个试点城市将覆盖范围扩大至城镇职工和城乡居民基本医疗保险参保人群，占比约55%。这一做法既体现了政策的普惠性取向，也进一步拓展了长期护理保险的服务对象。然而，在这27个城市中，仍有部分地区未能完全实现城乡居民的全覆盖。例如，日照市、滨州市、菏泽市、黔西南布依族苗族自治州等地仅在个别区县开展了居民医保参保者的长期护理保险试点工作，这表明城乡居民长期护理保险全面覆盖仍面临区域性发展不平衡的问题。

一些试点城市对居民参加长期护理保险作出了特殊规定，体现出差异化政策设计。例如，上海市仅将参加居民医保的60周岁及以上人员作为"第二类人员"纳入长期护理保险参保范围；广州市则将年满18周岁的居民医保参保人员纳入长期护理保险范围；石河子市未包括18周岁以下居民和大中专院校在校学生。

总体来看，职工医保参保人群仍是大多数试点城市的主要覆盖对象，而城乡居民医保参保人群的纳入则为长期护理保险进一步扩大覆盖范围提供了实践基础。未来，全国推广长期护理保险政策需注重缩小不同地区之间覆盖范围和保障水平的差异，尤其是在经济欠发达地区逐步实现对城乡居民的广泛覆盖。这不仅能够满足更多居民的长期护理需求，还将有助于提升社会保障体系的公平性和可持续性，为全面应对人口老龄化挑战打下坚实基础。

二、长期护理保险筹资来源

长期护理保险试点城市普遍采用现收现付制的财务模式,即当年筹集的基金直接用于当年待遇的支出。这种财务模式具有灵活性,但也对筹资的可持续性提出了较高要求。在现收现付制下,长期护理保险基金的筹资高度依赖医保基金和财政补助,这构成了其主要资金来源。

从职工长期护理保险的筹资结构来看,各试点城市主要采取两种方式(见表6.2)。一种方式是"个人缴费/医保个人账户+医保统筹基金",即通过职工医保个人账户划拨资金,并结合医保统筹基金实现筹资。这种模式直接利用已有的医保体系资源,较为稳健。另一种方式则是"个人缴费/医保个人账户+医保统筹基金+财政补助",即在前一种方式的基础上,由政府提供额外的财政补助,进一步增强基金的稳定性和保障力度。值得注意的是,职工长期护理保险中个人缴费部分大多直接来源于医保个人账户,这能够有效盘活医保个人账户的沉淀资金,提升医保个人账户的利用效率(戴卫东等,2022)。

表6.2　　　　　　　　　　城镇职工长期护理保险筹资来源

筹资来源	试点地区
个人缴费/医保个人账户+医保统筹基金	吉林市、通化市、松原市、梅河口市、珲春市、北京市石景山区、天津市*、盘锦市、福州市、开封市、湘潭市、乌鲁木齐市、承德市、长春市、苏州市、南通市、宁波市、枣庄市、潍坊市、广州市、重庆市
个人缴费/医保个人账户+医保统筹基金+财政补助	青岛市、晋城市*、呼和浩特市、黔西南布依族苗族自治州、昆明市*、汉中市、甘南藏族自治州*、齐齐哈尔市、安庆市*、上饶市、淄博市、东营市、烟台市、济宁市、泰安市、威海市、日照市、临沂市、德州市、聊城市、滨州市、菏泽市、荆门市、成都市
医保统筹基金+财政补助	济南市
个人缴费/医保个人账户+单位缴费	南宁市
医保统筹基金	上海市
个人缴费/医保个人账户	石河子市

注:*天津市比较特殊,个人缴费部分从其缴纳的城镇职工大额医疗救助费中按月划出;晋城市、昆明市的财政补助主要面向退休人员;甘南藏族自治州的财政补助主要面向属地化机关和事业单位;安庆市个人缴费部分是随职工大病医疗救助费一并征收的,而不是从个人账户扣缴。

资料来源:根据王可心(2024)的研究整理而得。

相比之下,居民长期护理保险的筹资方式更加多样化,试点城市主要采用以下四种模式(见表6.3)。第一,"个人缴费+财政补助",即参保居民通过个人缴费积累基金，同时由政府提供财政支持，这种方式较为常见于经济欠发达地区；第二，"个人缴费＋医保基金＋财政补助"，在个人缴费的基础上，通过医保基金的划转以及政府补助实现筹资平衡；第三，"医保基金＋财政补助"，完全免除居民个人缴费负担，通过医保基金与财政补助联合筹资；第四，"医保基金"，即完全依赖医保基金作为唯一筹资来源，这种模式相对较少。

表6.3　　　　　　　　　城乡居民长期护理保险筹资来源

筹资来源	试点地区
个人缴费＋财政补助	吉林市、梅河口市、珲春市、北京市石景山区、黔西南布依族苗族自治州、乌鲁木齐市、长春市、宁波市、东营市、成都市、石河子市
个人缴费＋医保基金＋财政补助	呼和浩特市、南通市、上饶市、济宁市、荆门市
医保基金＋财政补助	济南市、青岛市、潍坊市、日照市、滨州市、菏泽市、广州市
医保基金	通化市、松原市、上海市、苏州市

注：2022~2023年，黔西南布依族苗族自治州居民个人无须缴费，所需保费由启动基金承担，2024年以后的缴费原则是"个人缴费＋财政补助"。
资料来源：根据王可心（2024）的研究整理而得。

总体来看，无论是职工长期护理保险还是居民长期护理保险，各试点城市的筹资渠道均依赖于基本医疗保险基金，这在一定程度上体现了医保体系的基础性作用。然而，居民长期护理保险的筹资几乎无一例外地需要财政补助作为支撑，显示出其在资金来源上对政府支持的依赖性。这既反映了长期护理保险作为一项公共福利性政策的特点，也提出了对财政能力和医保基金可持续性的挑战。

为了保障长期护理保险的长期稳定运行，各地需根据实际情况优化筹资结构。一方面，应进一步提高个人缴费的参与度，建立合理的缴费机制，避免基金过度依赖医保基金和财政补助；另一方面，应探索引入社会资本，通过商业保险或其他市场化机制分担资金压力。此外，完善资金使用监管机制，确保筹集的基金能够高效用于失能人群的护理服务，是实现长期护理保险可持续发展的关键。

三、长期护理保险筹资标准

各地长期护理保险的筹资标准存在显著差异，总体水平普遍较低，难以完全覆盖护理需求支出。据统计，2022年49个试点城市中，人均筹资水平仅为143元/年，这种筹资与支出之间的巨大差距对基金的可持续性构成了严峻挑战。

从筹资方式来看，部分试点城市采用定额缴费。例如，盘锦市按12元/人·月筹资，其中单位和职工各承担6元/月；黔西南布依族苗族自治州按80元/人·年筹资，其中单位和职工各承担35元/年，财政补助10元/年；汉中市按100元/人·年筹资，具体分为个人缴费50元/年、单位缴费30元/年以及财政补助20元/年。这类定额缴费模式简便易行，但在筹资金额与护理服务需求的匹配性上存在不足（陈奕男，2023）。

另一些城市则采用定比缴费方式，根据职工医保缴费基数划转一定比例的资金至长期护理保险基金。例如，吉林市从单位缴纳的医疗保险费中按月划转0.075%，同时从职工医保个人账户中按月划转0.075%。这种方式结合了单位和个人的缴费能力，但比例较低，难以满足护理服务的长期资金需求。

此外，个别城市根据参保人员的年龄实行差异化缴费标准，体现了一定的风险分担机制。例如，成都市40岁以下职工按0.1%的费率从个人账户划转长期护理保险基金，40岁及以上未退休人员按0.2%费率划转，退休人员则按0.3%费率划转。这种模式在一定程度上体现了对年龄差异的精细化管理，但仍然受限于整体缴费水平较低的问题。

总体而言，各地长期护理保险的筹资标准和方式虽有创新与差异化，但普遍水平偏低，且难以覆盖不断增长的护理服务需求。未来，需要在提高筹资水平的同时优化筹资结构，探索更加可持续、更加公平的长期护理保险筹资模式，以应对人口老龄化的挑战。

第四节　江苏省长期护理保险筹资现状

自2016年南通市启动长期护理保险试点以来，江苏省目前已经实现了长期护理保险试点城市的全省覆盖，但各地级市在试点过程中采用了不同的筹资标准，覆盖人群也存在较大差异。作为全国经济较为发达的省份，江苏省长期护理保险的筹资现状在全国范围内具有一定的代表性和借鉴意义。具体来看，江苏省长期护理保险的覆盖人群、筹资来源和筹资标准在省内各地呈现出多样化的发展特点。

一、长期护理保险覆盖人群差异较大

江苏省长期护理保险主要依托基本医疗保险的体系开展参保，覆盖人群主要包括城镇职工医保参保人群和城乡居民医保参保人群。然而，由于各地经济发展水

平、政策导向以及资源配置的差异，地级市在参保人群的覆盖范围和结构上存在显著不同。其中，南京、无锡、徐州、常州、苏州、南通、扬州、盐城、泰州9个城市实现了城镇职工和城乡居民的全覆盖，展现出较为均衡的保障模式。这些城市的长期护理保险制度在设计上更加注重公平性，确保职工和居民群体的护理需求均得到相应保障。

相较之下，镇江（扬中市除外）、连云港、淮安和宿迁的长期护理保险则仅覆盖了城镇职工医保参保人群，城乡居民医保参保人群尚未纳入保障范围。这一差异反映了经济发展水平和医保基金结余能力对政策推进的直接影响。在这些城市，由于财政能力有限或城乡居民医保基金结余较少，优先保障城镇职工成为初期政策实施的主要选择。这种模式尽管在一定程度上确保了资金的可持续性，但也使得城乡居民在护理保障方面的需求未能完全覆盖。

从参保人群的构成来看，南京、无锡、常州、苏州等经济发达地区，职工长期护理保险参保人数普遍多于城乡居民参保人数。这一现象主要源于职工医保参保人数较多，且其支付能力和医保基金结余较为充足，使得这些城市在覆盖职工人群方面具有更强的能力。同时，职工医保参保群体的护理需求相对明确，更容易成为政策实施的优先对象。

另外，在徐州、南通、扬州和泰州4个城市，城乡居民长期护理保险参保人数则多于城镇职工。这些城市通常具有较大规模的农村人口，城乡居民医保参保人群占总人口的比重较高。城乡居民长期护理保险的扩面不仅增强了政策的普惠性，也体现了对经济欠发达地区特殊人群的政策倾斜。

总体而言，江苏省长期护理保险在参保人群覆盖方面呈现出显著的地域性差异。发达地区更注重职工医保群体的覆盖，而农村人口较多的地区则更加倾向于扩大城乡居民的参保范围。这种差异化的政策选择为全国推广长期护理保险制度提供了重要的实践经验。然而，也必须看到，不同参保群体在覆盖范围和保障水平上的差异可能导致政策效果的不均衡。未来，江苏省需进一步优化长期护理保险的覆盖策略，逐步缩小职工与居民之间的保障差距，以实现全省范围内更加公平、更加可持续的长期护理保障体系，为全国其他省份提供可参考的模式样本。

二、长期护理保险筹资来源多样化

江苏省13个地级市的长期护理保险在筹资模式上呈现出多元化的特点，各市根据经济水平和政策需求，形成了不同的筹资渠道组合，主要分为以下几类。

（一）个人缴费+医保统筹基金划拨

"个人缴费+医保统筹基金划拨"模式以个人缴费和基本医疗保险统筹基金划拨为主要来源，强调个人责任与医保基金的共同作用。代表城市有南京、苏州，这些城市更多依赖医保统筹基金划拨，同时个人缴费承担相应的份额。这类模式具有较强的资金运转能力，适合经济发达地区，能够在较低财政补助需求下维持基金的稳定性。

（二）个人缴费+医保统筹基金划拨+财政补助

"个人缴费+医保统筹基金划拨+财政补助"模式是江苏省内最为普遍的筹资模式，覆盖了大多数地级市，包括无锡、徐州、常州、南通、扬州、镇江、泰州、盐城、连云港、淮安、宿迁等。这种模式通过整合个人缴费、医保统筹基金和财政补助，实现了资金来源的多元化，特别是在保障特殊困难群体（如低保对象和特困人员）参保时，财政补助起到了重要作用。这种组合模式具有较强的包容性，既能够保障经济困难人群的参保权益，又能通过医保统筹基金划拨缓解财政压力，是大多数地级市的首选模式。

江苏省的长期护理保险筹资模式以"个人缴费+医保统筹基金划拨+财政补助"为主流，多数城市采用这种全方位的筹资结构，兼顾了基金的稳定性与普惠性。同时，"个人缴费+医保统筹基金划拨"的模式在发达地区较为普遍，通过减少财政补助，提高资金使用效率。未来，随着长期护理保险覆盖范围的扩大，各地需进一步优化筹资结构，合理调配医保基金和财政资源，并探索社会资金捐助的潜力，确保制度的公平性与可持续性。

三、长期护理保险筹资标准差异大

江苏省13个城市的长期护理保险筹资标准具有明显的差异化和多元化特点，总体上体现了因地制宜、分层保障、重点支持的原则。这些城市的筹资标准主要围绕个人缴费、医保统筹基金划拨和财政补助三大核心要素进行设计，不同城市根据经济发展水平、医保基金结余情况和财政能力进行了适应性调整，形成了较为灵活的标准体系。

（1）个人缴费方面，江苏省13个城市均要求参保人员缴纳一定费用（见表6.4），其中职工医保参保人员通常通过个人账户划转的方式缴纳费用，居民医保参保人员则多在缴纳居民医保费时一并完成缴费。各城市的个人缴费标准普遍较低，20～30元/人·年不等。部分城市（如宿迁市和连云港市）针对困难人群，如低保对象、特困人员和重度残疾人,提供个人缴费部分的全额财政补助,进一步减轻弱势群体的负担。这种低标准个人缴费模式既降低了参保门槛,也符合长期护理保险作为普惠性社会保险的定位。

表 6.4　　　　　　　　　江苏省长期护理保险筹资情况

城市	覆盖人群	筹资来源	筹资标准
南京	职工+居民	个人缴费+医保基金划拨	医保基金划拨标准:60岁及以上90元/人;60周岁以下70元/人 个人缴费部分:60岁及以上40元/人;60岁以下20元/人
苏州	职工+居民	医保基金划拨+个人缴费	职工医保60元/人,居民医保30元/人 试点第二阶段:财政补助暂免,个人缴费暂免
无锡	职工+居民	医保基金划拨+个人缴费+财政补助	居民人均可支配收入的0.3%,即100元/人·年;个人缴费(30元/人)、政府补助(30元/人)、基金划拨(40元/人)
南通	职工+居民	个人缴费+医保基金划拨+财政补助+社会捐助	个人缴费30元,职工按3%、居民按1.5%的比例分别从职工医保和居民医保基金筹资总额中划转,财政补助按40元/人·年的标准补助居民医保人群
常州	职工+居民	医保基金划拨+个人缴费+财政补助	100元/人·年,其中,个人缴费30元/人·年、政府补助30元/人·年、医保基金40元/人·年
镇江	职工(全市)居民(扬中)	职工:个人+医保基金划拨 居民:个人+医保基金划拨+财政补助	职工:个人缴费30元,医保基金划拨70元 居民:个人负担30元,医保统筹基金负担40元,财政负担30元
扬州	职工+居民	医保划拨+个人缴费+财政补助	职工:医保划拨60元+个人缴费20元 居民:个人缴费20元+医保划拨40元+财政补助20元
泰州	职工+居民	医保基金划拨+个人缴费+财政补助	个人缴纳20元/年,医保统筹基金划拨30元/年,财政补助30元/年
盐城	职工+居民(市区)	医保基金划拨+个人缴费+财政补助	个人缴费、政府财政补助、基本医疗保险统筹基金收入按3:4:3的比例年度筹集,筹资标准为100元/人·年
淮安	职工	医保基金划拨+个人缴费+财政补助	80元/人·年,其中个人缴费10元/人·年、财政补助10元/人·年、医保统筹基金划拨60元/人·年
宿迁	职工	个人缴费+医保基金划拨	80元/人·年,其中个人20元/人·年、医保统筹基金划拨60元/人·年
徐州	职工+居民	医保基金划拨+个人缴费+财政补助	个人缴纳20元,医保统筹基金筹集30元,政府补助20元

续表

城市	覆盖人群	筹资来源	筹资标准
连云港	职工	医保基金划拨＋个人缴费＋财政补助	个人缴费标准为30元/人·年、财政补助标准为20元/人·年、职工基本医保统筹基金每年按上年度职工基本医保统筹基金收入的2%划拨

资料来源：由江苏省13个地市医保局网站的相关政策及文件整理所得。

（2）医保统筹基金划拨方面，这一来源是江苏省长期护理保险筹资的重要组成部分，各城市通常将职工医保和居民医保统筹基金按人均一定比例划转至长期护理保险基金。多数城市的划拨标准集中在30~70元/人·年，例如，苏州划拨60元/人·年，南通划拨70元/人·年，连云港按职工医保收入的2%划拨至长期护理保险基金。这种设计充分利用了医保基金的结余能力，为长期护理保险基金提供了稳定的资金支持。但也需警惕长期运行中可能对医保统筹基金造成的压力，特别是在基金使用效率和结余不足的城市。

（3）财政补助方面，江苏省大部分城市采用政府财政补助作为重要的资金来源，补助金额通常为10~40元/人·年不等。其中，对困难群体的财政补助覆盖较为广泛。例如，徐州对低保对象、特困供养人员、70岁以上老人及农村计划生育特殊家庭成员实行全额补助；扬州针对居民医保参保学生儿童减半征收保费，并通过财政补助弥补差额。一些城市还结合福利彩票公益金、残疾人就业保障金等专项资金支持长期护理保险基金运行，探索了更为多元化的补助渠道。

总体来看，江苏省长期护理保险筹资标准呈现出以下特点：一是低标准、广覆盖，个人缴费和财政补助标准普遍较低，为大多数群体尤其是困难人群提供了参与的可行性；二是医保基金为核心，医保统筹基金划拨占据筹资主体地位，通过充分利用医保资源支持长期护理保险运行；三是灵活性与普惠性并重，各地结合实际调整筹资标准，并通过财政补助对困难群体实施差异化扶持，体现了政策的公平性与可持续性。江苏省的这种筹资标准设计，不仅有助于推动长期护理保险制度在全省范围内的普及，还为其他地区提供了经验参考。未来，随着人口老龄化的加剧和护理需求的提升，各地需在确保公平性的同时，进一步优化筹资结构，提高资金使用效率，为长期护理保险的可持续发展奠定更加坚实的基础。

四、江苏省长期护理保险基金运行情况分析

2023年江苏省13个城市长期护理保险基金运行情况统计表的数据显示，各城

市在基金收入、支出和结余方面存在显著差异，这与城市的经济水平、医保基金结余能力及政策执行情况密切相关（见表6.5）。

表6.5　　　　　　　　2023年长期护理保险基金运行情况　　　　　　单位：亿元

地区	基金收入	医保基金划拨	财政补贴	个人缴费	基金支出	基金结余	基金累计结余
南京	5.69	3.95	—	1.74	4.79	0.9	5.69
无锡	6.22	3.5	1.28	1.44	3.26	2.96	6.22
徐州	6.62	2.84	1.89	1.89	5.38	1.24	6.62
常州	4.96	1.87	1.6	1.37	31.24	1.83	4.96
苏州	11.86	7.73	—	1.85	7.82	4.04	11.86
南通	8.74	4.8	1.81	2.14	6.79	1.95	8.74
连云港	0.41	0.24	0.1	0.07	0.02	0.39	0.41
淮安	0.16	0.16	0	0	0.01	0.15	0.16
盐城	2.27	0.72	0.96	0.6	0.76	1.52	2.27
扬州	2.33	1.54	0.21	0.58	1.27	8.96	2.33
泰州	2.79	1.13	0.94	0.71	1.47	0.82	2.79
镇江	0.43	0.26	0.04	0.13	0	0.43	0.43
宿迁	4.46	4.38	0	0.08	0.01	4.45	4.46

资料来源：根据江苏省各地级市医保局提供资料整理获得。

（一）基金收入结构差异明显

在基金收入方面，苏州市以11.86亿元的当年基金收入居首，显示出其在长期护理保险筹资能力上的显著优势。这得益于其较大的医保基金划拨和个人缴费规模。相比之下，淮安市（1594.53万元）和镇江市（4325.8万元）收入较少，主要因为参保人口较少、参保基数较低且地方经济实力有限。整体来看，医保基金划拨是基金收入的核心来源，各城市的医保划拨金额占总收入的比重普遍较高，如苏州达到7.73亿元，占总收入的65%以上。财政补助和个人缴费则作为补充来源，其中财政补助在部分城市如常州、无锡、南通中占据重要地位，而个人缴费在南京、徐州等地贡献较大。

（二）基金支出差异与需求分布有关

基金支出方面，各城市的支出规模差异较大，反映了护理服务需求的不同。常州支出高达31.24亿元，显著高于其他城市，这可能与其服务范围的扩展及护理需

求的集中有关。相比之下，淮安（61.91万元）和镇江（34.5万元）支出规模较小，表明这些城市的护理需求尚未完全释放或服务供给仍处于初期阶段。

（三）基金结余情况稳定但分布不均

在基金结余方面，苏州市累计结余14.90亿元，位居第一，显示出其基金管理的稳健性和可持续性。无锡、常州、南京等地的累计结余也较为充足，分别为8.75亿元、11.80亿元和3.65亿元。然而，淮安和连云港的累计结余较低，仅为1532.62万元和3873.90万元，表明这些城市在基金储备方面仍有较大压力。

（四）财政补助和个人缴费的作用

财政补助在部分城市的基金收入中发挥了重要作用。例如，无锡的财政补助金额达1.28亿元，占总收入的20%以上，而常州和南通的财政补助金额也较为显著。相比之下，淮安和盐城等城市的财政补助力度不足，对基金收入的贡献相对较小。个人缴费方面，南京（1.74亿元）和徐州（1.89亿元）表现突出，表明这些城市在调动个人参与积极性方面成效显著。

总体来看，江苏省13个地市在长期护理保险基金运行中的筹资和支出能力具有明显差异，呈现出"强者恒强"的特点。苏州、常州等经济较发达城市不仅收入规模大，而且基金结余充足，为服务供给提供了坚实基础。而淮安、连云港等经济相对落后城市在基金收入和结余上面临较大压力，需进一步优化筹资结构，加大财政支持力度。同时，高支出城市如常州需关注基金可持续性问题，防范因护理需求快速增长导致的基金压力，为长期护理保险制度的长期稳定运行提供保障。

第五节　江苏省长期护理保险筹资预测

长期护理保险基金收入是保障长期护理保险制度可持续运行的基础，其充足性和稳定性直接决定了该制度对参保人护理需求的长期保障能力。在江苏省这样一个经济发达、人口老龄化程度较高的地区，科学预测长期护理保险基金的收入状况尤为重要。随着老龄人口比例的不断上升，对长期护理服务的需求将显著增长，而这将对基金的筹资和管理提出严峻挑战。基于此，本书以人口预测数据为依据，并遵循独立筹资原则，对江苏省2025~2050年长期护理保险基金收入进行详细预测。通过分析人口结构变化、参保覆盖率的动态调整以及筹资标准的变化趋势，探索未来可能的基金收入规模及其发展态势。研究不仅关注基金收入的总量，还将重点探讨其增长是否能够匹配护理服务需求的扩张以及制度运行的资金平衡。通过基金收入的长期预测，不仅可以为政府制定合理的筹资政策提供依据，还能够为基金支出的规划和调控提供指导。更为重要的是，这一预测有助于及时发现潜在的基金运行风险，确保江苏省长期护理保险制度能够在老龄化挑战中持续发挥其保障功能，从而实现全社会的长期福祉与制度可持续性。

一、江苏省长期护理保险筹资模式选择

当前，江苏省各地级市在长期护理保险筹资模式和筹资标准方面存在较大差异，不同地区根据自身经济发展水平和实际需求制定了各自的筹资政策。这种差异性不仅影响了全省范围内长期护理保险的公平性和统一性，也在一定程度上增加了制度运行的不确定性。与此同时，全国范围内的长期护理保险试点地区也未形成统一的筹资模式，特别是部分城市依托医疗保险基金筹资的模式，虽然具有一定的现实可行性，但从长期来看，可能对医保基金的可持续性造成威胁。这种依托医保的筹资方式难以有效应对人口老龄化所带来的护理需求激增，更可能削弱医疗保险本身的保障功能和风险防控能力。

在国际实践中，以独立筹资模式为基础的长期护理保险运行机制被普遍认为是更加可行且可持续的选择。德国、韩国和日本等国家长期护理保险制度的成功运行为独立筹资模式提供了有力佐证。此模式将长期护理保险作为独立的"第六险"，在筹资来源上通常包括单位缴费和个人缴费两个部分，既减轻了医保基金的压力，也有利于保障长期护理服务的资金来源稳定性和独立性。独立筹资模式能够更精准地反映护理服务需求与供给之间的关系，并确保长期护理保险的资金使用效率。针对江苏省的实际情况，本书建议将长期护理保险筹资模式转向独立筹资，并基于全省统一的筹资标准进行规范化设计。基于此，本书采用"独立筹资"模式对2025～2050年江苏省城镇职工长期护理保险和城乡居民长期护理保险筹资状况分别进行预测。

二、参数设置

（一）人口预测

本书以第七次全国人口普查数据为基础，利用Padis-INT人口预测软件对2020～2050年江苏省的人口发展趋势进行分城乡分年龄分性别的模拟预测。为全面分析未来人口变化可能对长期护理保险制度运行的影响，本书采用高、中、低三种方案

分别对江苏省未来城乡人口变化进行模拟预测，具体的预测方法、参数设置以及预测结果见本书第三章。

（二）长期护理保险参保人口预测

基于人口预测结果，本书将职工长期护理保险的覆盖人口设定为参加城镇职工基本医疗保险的人口。2025~2050年城镇职工基本医疗保险人口的预测基于2023年职工医疗保险参保率[①]的基础数据进行预测，通过查询《2023年江苏省医疗保障事业发展统计快报》，可以计算获得2023年江苏省城镇人口中职工医疗保险的参保率为54.34%。由于江苏省职工医疗保险参保率的增长率近年呈现逐步下降趋势，2023年江苏省职工医疗保险参保率的增长率为0.8%，本书设定每5年职工医疗保险参保率的增长率下降0.2%，即到2050年江苏省职工医疗保险参保人口占城镇人口的比例为65.44%。基于人口预测数据中获得的高、中、低三种方案下的城镇人口数据，即可获得2025~2050年江苏省职工医疗保险参保人口的预测数据，同时也是职工长期护理保险的参保人口预测数据，具体如图6.1所示。

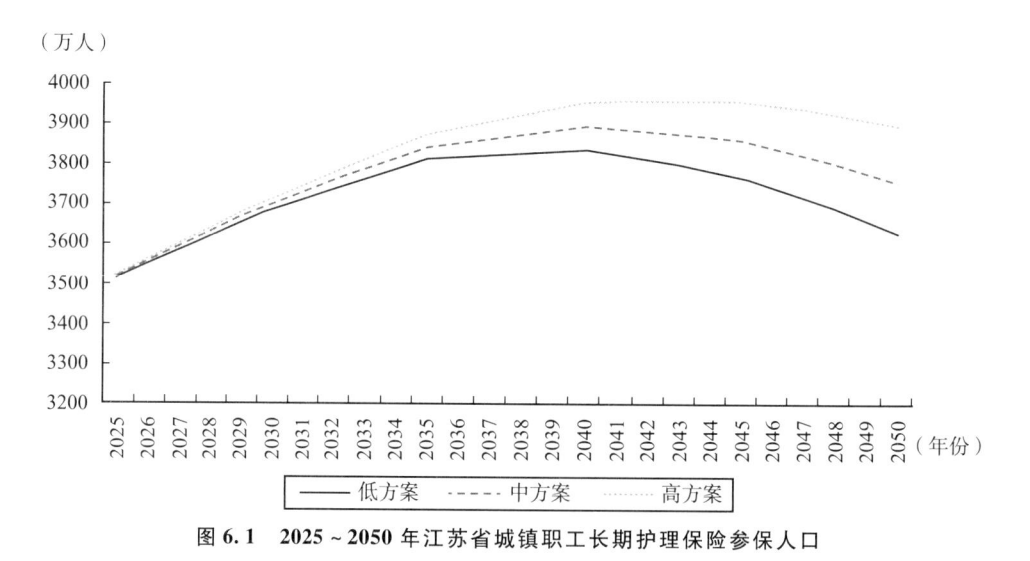

图6.1　2025~2050年江苏省城镇职工长期护理保险参保人口

资料来源：基于2023年职工医疗保险参保率的基础数据进行预测所得。

由图6.1可知，高、中、低三种方案下，职工长期护理保险参保人口在2040年均达到顶峰，然后逐步呈现下降趋势。至2050年，高、中、低三种方案下的江苏省职工长期护理保险参保人口分别达到3895万人、3754万人和3628万人。

---

① 本部分所指的职工医疗保险参保率是指职工医疗保险参保人口占城镇人口的比例，而不是参保人口占应参保人数的比例。

同时，城乡居民长期护理保险的参保人口被划分为两大部分：一是农村居民人口；二是未参加职工医保的城镇人口。由此可知，"城乡居民长期护理保险参保人口＝农村居民参保人口＋城镇人口－城镇职工长期护理保险参保人口"，2025～2050年江苏省城乡居民长期护理保险参保人口预测数据如图6.2所示。

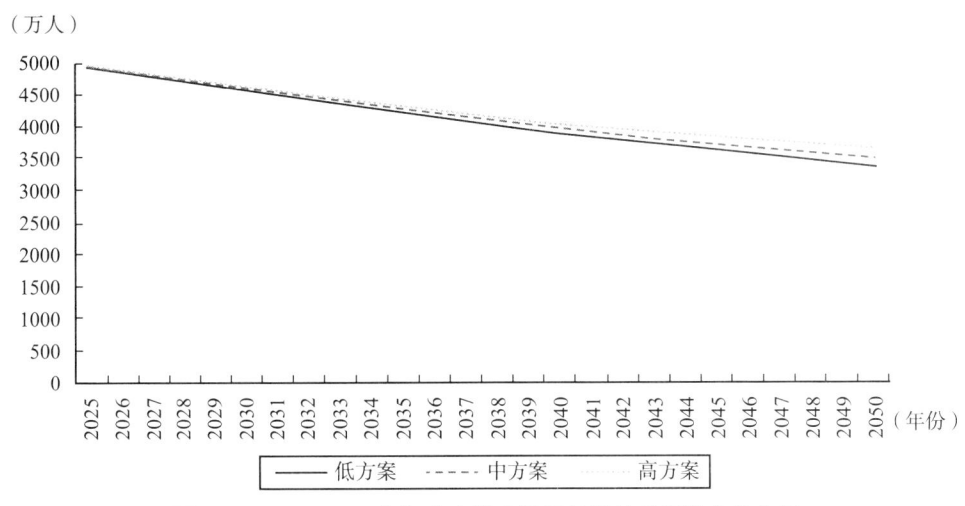

图6.2　2025～2050年江苏省城乡居民长期护理保险参保人口

资料来源：由本书预测结果计算所得。

由图6.2可知，高、中、低三种方案下，江苏省城乡居民长期护理保险参保人口自2025年以后将呈现逐步下降的趋势，并在2050年三种方案下的参保人口将分别达到3634万人、3478万人和3351万人。这主要是由于部分城镇居民将由居民长期护理保险转为职工长期护理保险，而且随着城镇化的发展，农村人口逐步减少，农村居民参加长期护理保险的人口也将减少。

（三）长期护理保险缴费标准的设定

虽然当前江苏省大多数地级市在设置长期护理保险筹资标准的时候，是按照定额制来设置的，但是定额制存在筹资负担不公平、无法反映缴费负担等问题，而且国际上大多采用比例制筹资方法，因而，本书在江苏省长期护理保险基金独立筹资方面主要采用比例制筹资缴费。本书将采用两种方案来确定江苏省长期护理保险的缴费标准，第一种方案是按照以支定收的原则，即通过本书第五章江苏省长期护理保险基金支出预测数据来反向测算长期护理保险的筹资比例。但是这种筹资比例存在一定的缺陷，即每年度的筹资比例都是在变动的，这不利于长期护理保险政策的稳定性、政策执行以及政策宣传。因而，本书将基于第一种方案预测的筹资比例结果构建一个时间段内（5年）稳定的筹资比例，然后基于此种筹资比例对江苏省长期护理保险基金的收支状况进行预测。筹资模型的构建主要包括两个参数，具体如下：

1. 筹资缴费基数

本书将城镇职工长期护理保险的筹资缴费基数设置为与职工医疗保险一样，即采用当年度江苏省社会人员平均工资作为缴费基数，而城乡居民长期护理保险的缴费基数则基于当年度的江苏省人均可支配收入。

2. 缴费基数增长率

本书假定江苏省社会平均工资增长率与GDP增长率保持同步，2024年江苏省GDP增长率为5.8%，考虑到未来江苏省经济增长将进入缓行区间，本书假定2025年江苏省GDP增长率降低到5.5%，此后GDP增长率每5年下降0.5%，本书同时假定江苏省居民可支配收入增长率每5年下降0.5%。

3. 总缴费比例设定

本书依据"以收定支"原则，通过本书第五章计算的江苏省职工长期护理保险基金支出规模和江苏省城乡居民长期护理保险基金支出规模来反向测算具体的总缴费比例，代入以上相关参数，可以获得高、中、低三种不同方案下城镇职工长期护理保险和城乡居民长期护理保险的最优总缴费比例，具体数据如图6.3所示。

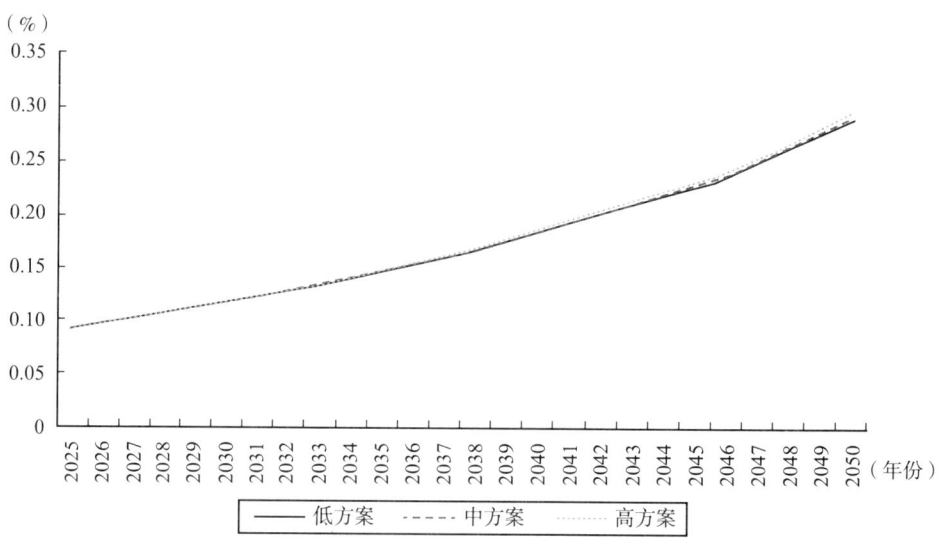

图6.3 2025~2050年江苏省城镇职工长期护理保险最优缴费比例

资料来源：由本书预测结果计算所得。

由图6.3可知，在高、中、低三种不同的方案下，江苏省职工长期护理保险总缴费比例的变化呈现相同的趋势，即不同方案下各方案的最优总缴费比例是一样的。具体到最优总缴费比例方面，2025年江苏省职工长期护理保险的最优总缴费比例是0.09%，即缴纳江苏省社会平均工资的0.09%即可维持职工长期护理保险的收支平衡。2025~2050年江苏省职工长期护理保险最优缴费率将呈现上涨趋势，至2050年，职工长期护理保险最优总缴费率将上涨到社会平均工资的0.30%，才可以保持基金收支平衡。

由图6.4可知，高、中、低三种方案下，江苏省城乡居民长期护理保险最优总缴费比例都呈现逐步增长的趋势，2025年三种方案的最优总缴费比例都为0.32%，即缴纳居民人均可支配收入的0.32%即可维持基金收支平衡。至2050年，高、中、低三种方案的最优总缴费率将上涨到居民人均可支配收入的0.50%、0.48%和0.47%。

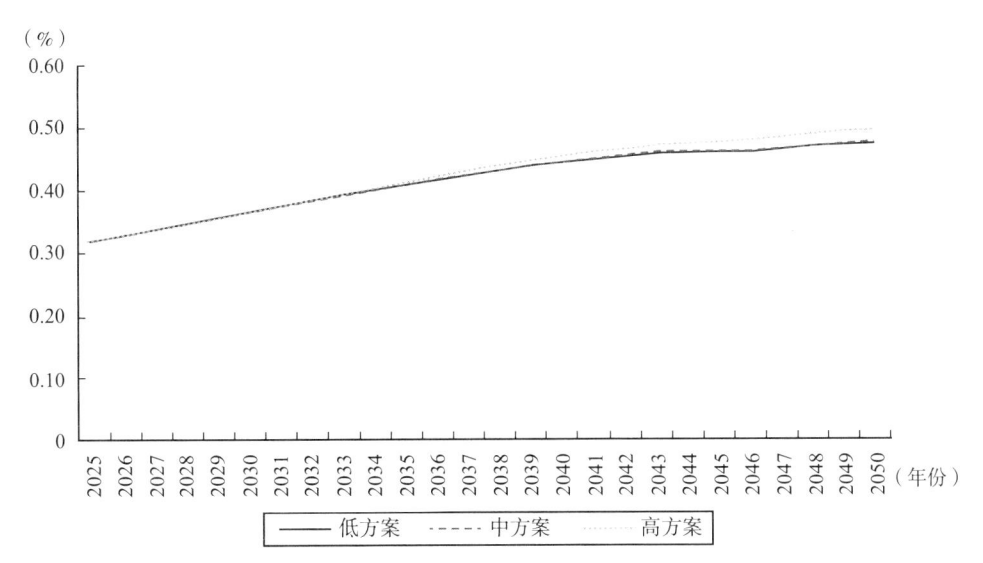

图6.4　2025~2050年江苏省城乡居民长期护理保险最优总缴费比例

资料来源：由本书预测结果计算所得。

4. 个人缴费比例

国外长期护理保险的典型国家如德国、韩国、日本等国家的筹资来源主要是雇主、个人以及财政补助，当前江苏省各地级市的筹资来源也主要是这三种渠道。其中，雇主缴纳部分从医保基金划拨，个人缴纳部分从个人账户划拨。考虑到未来长期护理保险独立筹资的需要，因而本书设定职工长期护理保险基金由单位和个人按照1∶1比例共同缴纳，职工长期护理保险不享受财政补助，居民长期护理保险基金由居民个人和财政补助按照1∶1的比例缴纳。据此，我们可以计算出职工长期护理保险和居民长期护理保险的个人缴费比例，具体数据如图6.5所示。

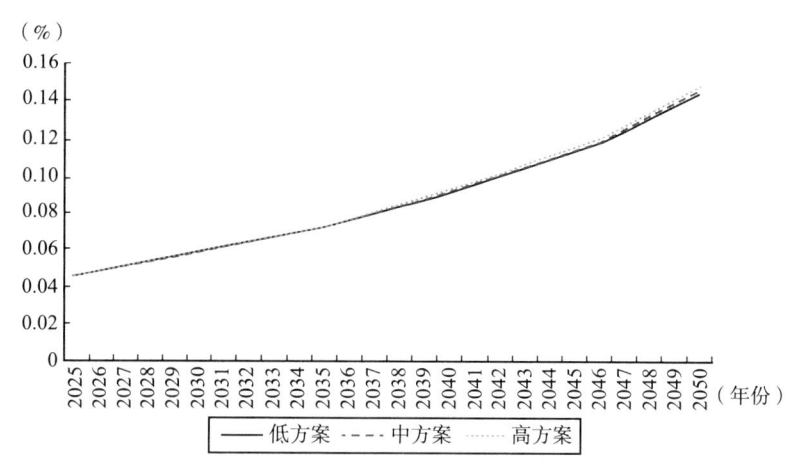

图 6.5　江苏省职工长期护理保险最优个人缴费比例

资料来源：由本书预测结果计算所得。

由图 6.5 可知，高、中、低三种不同方案下，江苏省职工长期护理保险最优个人缴费比例呈现逐步上涨趋势，2025 年三种方案的最优个人缴费率为 0.05%，即职工需要缴纳社会平均工资的 0.05% 即可实现基金收支平衡。到 2050 年，高、中、低三种方案下，职工最优个人缴费率分别上涨到 0.15%、0.15% 和 0.14%。

由图 6.6 可知，高、中、低三种不同方案下江苏省居民长期护理保险最优个人缴费率呈现逐步上涨趋势，2025 年三种方案下的居民最优个人缴费率皆为 0.16%，即居民个人缴纳江苏省居民人均可支配收入的 0.16% 即可维持基金收支平衡。至 2050 年，高、中、低三种方案下的居民最优缴费率分别上涨到居民人均可支配收入的 0.25%、0.24% 和 0.24%。

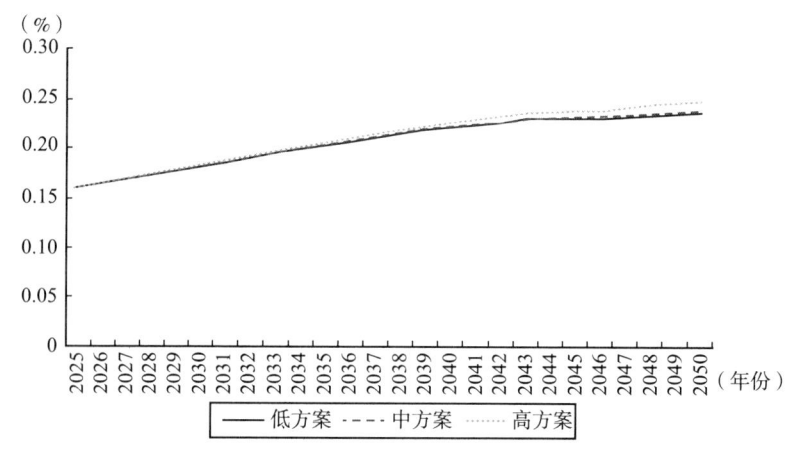

图 6.6　江苏省居民长期护理保险最优个人缴费率

资料来源：由本书预测结果计算所得。

第六节 江苏省长期护理保险收支预测

前文中,本书基于"以支定收"原则测算出了 2025~2050 年江苏省职工长期护理保险和居民长期护理保险最优总缴费率和最优个人缴费率。由于最优缴费率在每年度均发生变化(严格实现年度内的收支平衡),这将不利于长期护理保险政策的稳定性、政策执行以及政策宣传。为了保持缴费率在一定时间段内的稳定性,本书基于最优缴费率设计了固定缴费率,并依据固定缴费率测算江苏省城镇职工和城乡居民长期护理保险基金收支状况,具体情况如下。

一、固定缴费率以及缴费基数的设定

本书基于最优缴费率来设定固定缴费率,固定缴费率坚持每五年一调整,具体的固定缴费率参数设定如表 6.6 所示。

表 6.6 长期护理保险固定缴费率设计方案 单位:%

项目	城镇职工	城乡居民
缴费基数	社会平均工资	居民人均可支配收入
2025~2029 年	0.11	0.34
2030~2034 年	0.15	0.39
2035~2039 年	0.19	0.44
2040~2044 年	0.23	0.49
2045~2050 年	0.27	0.54

资料来源:本书计算模拟获得。

本书设计的职工长期护理保险缴费率和居民长期护理保险缴费率无论高、中、低方案均采取统一费率,其中职工长期护理保险和居民长期护理保险实行不同的缴费率。为了保证政策的稳定性,缴费率的调整实行每五年调整一次的政策,职工长期护理保险缴费率从 2025 年的 0.11% 逐步上调到 2050 年的 0.27%,居民长期护理保险缴费率从 2025 年的 0.34% 逐步上调到 2050 年的 0.54%。本书仍然将职工长期护理保险的缴费基数设定为就业人员社会平均工资,将城乡居民长期护理保

的缴费基数设定为居民人均可支配收入。

二、长期护理保险基金收支预测

(一) 江苏省职工长期护理保险基金收支预测

由图6.7可知，在本书设定的固定缴费率下，高、中、低三种方案下的江苏省职工长期护理保险基金短期结余呈现波折趋势，当固定缴费率大于最优缴费率时，基金短期结余就为正，而当固定缴费率小于最优缴费率时，基金短期结余就为负。由图6.7可知，基金短期结余在2029年以及2049~2050年出现负值，其他年份皆为正值。

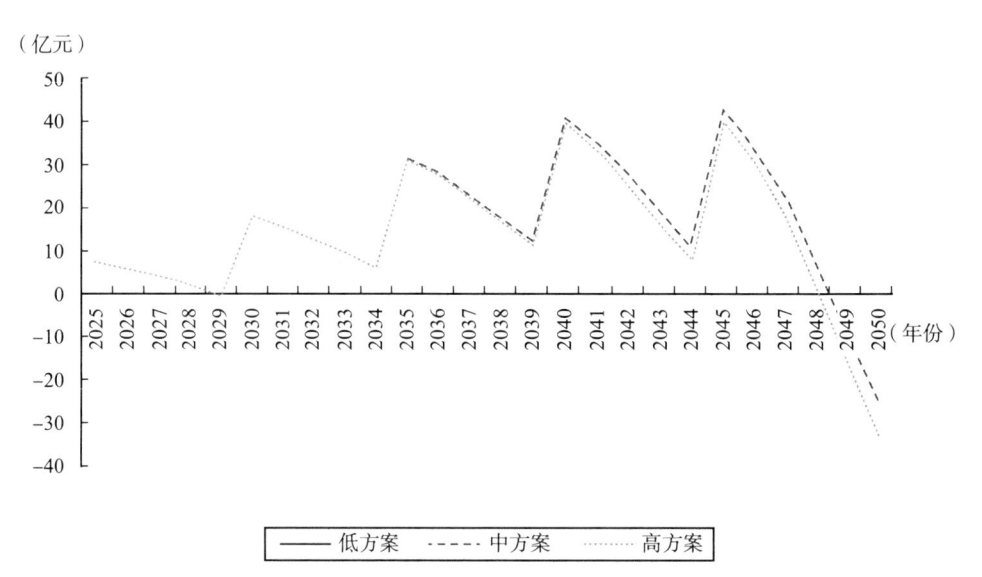

图6.7 江苏省职工长期护理保险基金收支年内结余

资料来源：由本书预测结果计算所得。

图6.8展示了江苏省职工长期护理保险基金累计结余情况，累计结余情况能够更真实地反映基金的可持续运营情况。由图6.8可知，在本书设定的固定缴费率下，高、中、低三种方案的职工长期护理保险基金累计结余均为正值，即在2025~2050年内，在本书设定的固定缴费率下，职工长期护理保险基金不会出现收不抵支的情况。其中，低方案和中方案下，基金累计余额在2048年达到顶峰，此后累计余额逐步呈现下降趋势。而高方案下，基金的累计余额一直呈现增长的趋势。

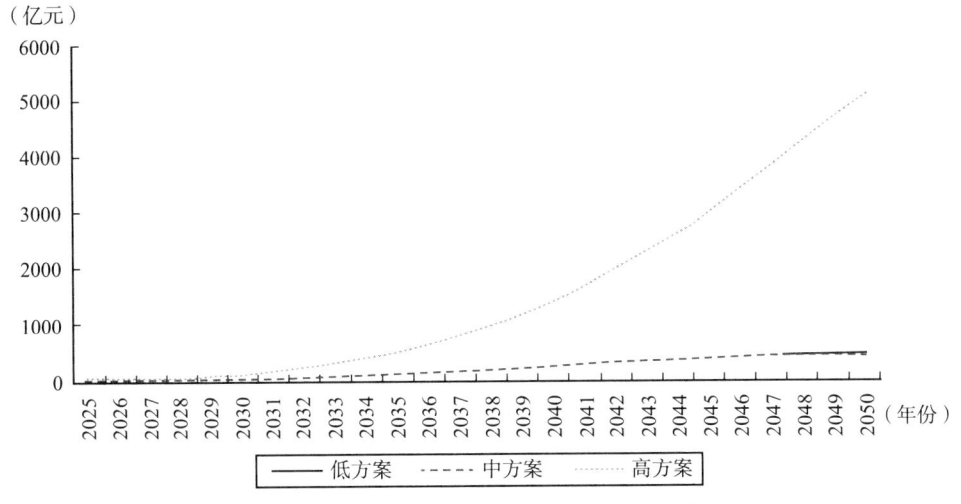

图 6.8　江苏省职工长期护理保险基金收支累计结余

资料来源：由本书预测结果计算所得。

（二）江苏省居民长期护理保险基金收支预测

图 6.9 展示的是江苏省居民长期护理保险基金年内收支状况，预测结果显示基金年内收支余额呈现波动趋势，当固定缴费率大于最优缴费率时，年内收支余额为正，而当固定缴费率小于最优缴费率时，年内收支余额为负。预测结果显示，2028 年、2029 年以及 2034 年，基金年内收支余额为负，其他年份基金年内收支余额皆为正。

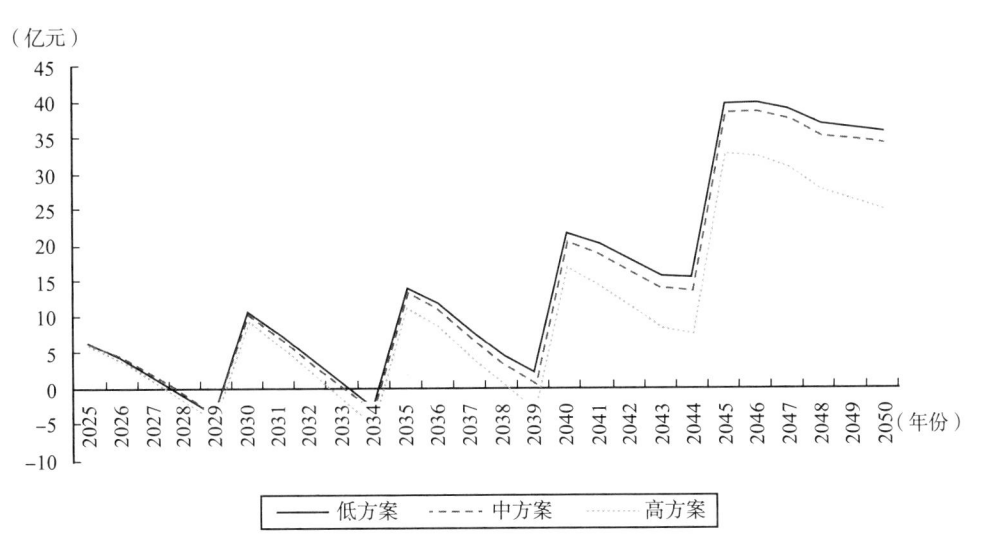

图 6.9　江苏省居民长期护理保险基金年内收支余额

资料来源：由本书预测结果计算所得。

图 6.10 展示的是江苏省居民长期护理保险基金累计收支余额状况，由预测结果可知，在本书设计的固定缴费率下，2025~2050 年，江苏省居民长期护理保险基金不会出现赤字，且基金累计收支余额一直呈现上涨的状态。至 2050 年，高、中、低三种方案下，基金的累计余额分别达到 269 亿元、359 亿元以及 385 亿元。

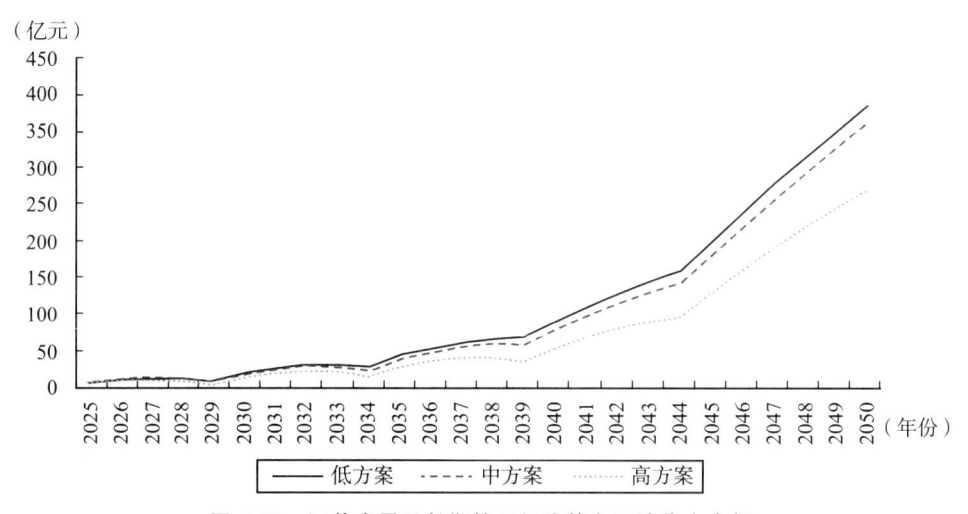

图 6.10　江苏省居民长期护理保险基金累计收支余额

资料来源：由本书预测结果计算所得。

第七节　江苏省长期护理保险财政负担研究

由于城乡居民长期护理保险基金 50% 的筹资需要政府财政补助，因而本书将进一步研究城乡居民长期护理保险的财政补贴规模以及财政负担程度，以进一步评估城乡居民长期护理保险基金的可持续状况。

图 6.11 展示的是江苏省城乡居民长期护理保险基金财政补贴规模情况，由预测结果可知，高、中、低三种方案下 2025~2050 年江苏省城乡居民长期护理保险基金财政补贴规模一直呈现上涨状态。从财政补贴的具体数额来看，2025 年高、中、低三种方案下的财政补贴额度分别为 49.08 亿元、49.02 亿元以及 48.97 亿元，至 2050 年，三种方案下的财政补贴规模将分别上涨至 153.57 亿元、146.94 亿元以及 141.61 亿元。

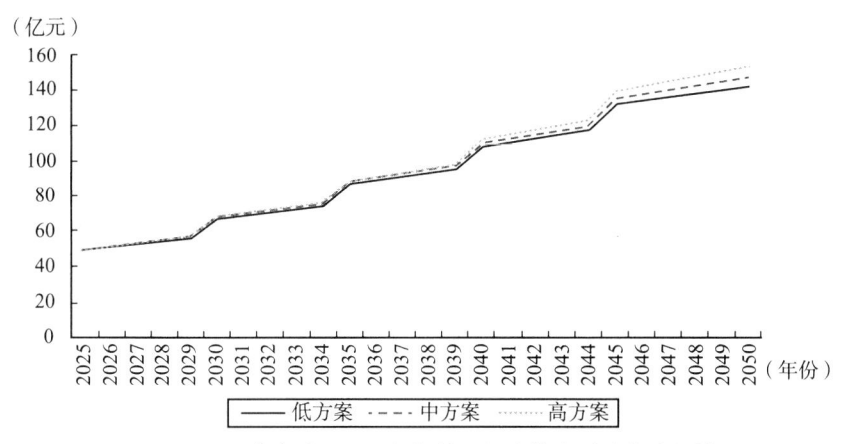

图 6.11　江苏省城乡居民长期护理保险基金财政补贴规模

资料来源：由本书预测结果计算所得。

图 6.12 展示的是江苏省城乡居民长期护理保险基金财政负担率的预测结果，财政负担率是指城乡居民长期护理保险财政补贴规模占当年度江苏省财政收入的比例。本书假定江苏省财政收入增长率与 GDP 增长率保持一致，据此预测 2025～2050 年江苏省的财政收入规模，并进而计算基金的财政负担率。由预测结果可知，2025 年江苏省城乡居民长期护理保险的财政负担率在高、中、低三种方案下均维持在 0.46% 的水平，即基金财政补贴规模占江苏省财政收入的 0.46%。即使到 2050 年，高、中、低三种方案下的财政负担率也维持在 0.54%、0.52% 和 0.50% 的水平内，财政负担相对较小，财政有能力维持城乡居民长期护理保险基金的可持续运行。

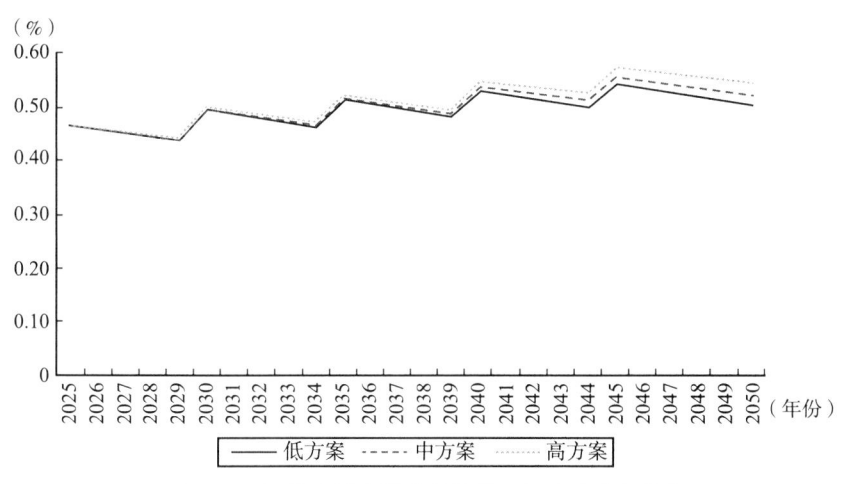

图 6.12　江苏省城乡居民长期护理保险财政负担率

资料来源：由本书预测结果计算所得。

本书通过设计江苏省长期护理保险固定缴费率并对2025~2050年江苏省长期护理保险基金的收支状况与财政补贴状况进行预测，研究发现江苏省职工长期护理保险缴费率在2025~2029年应设置为社会平均工资的0.11%，此后缴费率每5年上涨0.04%。城乡居民长期护理保险缴费率在2025~2029年应该设置为居民人均可支配收入的0.34%，此后每5年上涨0.05%。按照这种水平的总缴费率进行长期护理保险收入的征缴，长期护理保险基金在2050年内能够实现可持续发展。此外，职工长期护理保险实现单位和个人1∶1比例缴纳，居民长期护理保险实行个人与政府补贴1∶1比例缴纳。居民长期护理保险的财政补贴额度在2025年占江苏省财政收入的0.46%，即使到2050年财政补贴负担率也不会超过0.54%，财政有能力维持江苏省长期护理保险基金的可持续运行。

第八节　江苏省长期护理保险筹资政策建议

一、扩大覆盖面，实现城乡居民全覆盖

扩大覆盖面，实现城乡居民全覆盖是江苏省长期护理保险制度发展的重要方向。当前，部分地区长期护理保险仍以覆盖城镇职工为主，城乡居民特别是农村居民尚未全面纳入，导致保障范围和普惠性受限。为此，应完善顶层设计，出台全省统一的政策框架，明确覆盖对象、筹资模式、保障范围和待遇标准，逐步推动城乡居民全面纳入。针对城乡居民筹资能力较弱的问题，需加大财政支持力度，通过分阶段提高财政补贴比例，特别是对低收入和困难群体提供专项补助，降低参保门槛。同时，优化宣传和服务，加强对城乡居民特别是农村人口的政策宣传，提高参保意识，并通过简化流程和强化社区服务，提升参保便利性。在政策实施中，注重试点先行，通过总结经济条件较好地区的试点经验，逐步推广成功模式，实现从局部到整体的稳步推进。通过以上措施，江苏省可有效扩大长期护理保险覆盖面，实现城乡居民的全面保障，满足老龄化社会下日益增长的护理需求，助力社会保障体系的公平普惠发展。

二、建立长期护理保险独立筹资机制

建立独立的长期护理保险筹资机制，是确保长期护理保险制度可持续运行的关

键举措。当前，部分地区长期护理保险主要依托基本医疗保险基金进行筹资，虽然在制度初期具有一定的便捷性，但长期来看，这种模式可能对基本医疗保险基金的可持续性造成威胁，不利于长期护理保险制度的独立性和长期发展。因此，构建独立的筹资机制，使长期护理保险成为独立运行的"第六险"，是优化筹资模式、增强资金保障能力的必然选择。

首先，独立筹资有助于长期护理保险基金的专款专用和管理透明化。独立的筹资机制能够明确长期护理保险的资金来源和用途，使基金的使用更加规范和高效，避免与医疗保险基金之间的相互挤占和资源错配。同时，独立筹资可以增强长期护理保险的风险调控能力，使其能够更灵活地应对人口老龄化带来的护理服务需求增长。

其次，筹资来源应多元化，以单位缴费和个人缴费为主要来源，同时辅以财政支持和社会捐赠等补充机制。单位缴费部分可以根据社会平均工资按一定比例缴纳，确保企业在保障职工权益方面发挥积极作用；个人缴费部分则按照收入水平设定分档标准，体现筹资的公平性和普惠性。对于经济条件较差的困难群体和农村居民，财政应加大补贴力度，适当减轻其缴费负担，确保制度覆盖的广泛性和公平性。

最后，独立筹资机制的建立需要完善的法律和政策保障。建议通过地方立法明确长期护理保险的独立地位和筹资机制的基本原则，健全基金监督管理体系，确保资金运行的安全和透明。通过以上措施，江苏省可实现长期护理保险的独立筹资，有效应对人口老龄化带来的挑战，为制度的长效发展奠定坚实基础。

三、实行比例制的缴费标准

实行比例制的缴费标准是优化长期护理保险筹资机制的重要改革方向。当前，部分地区长期护理保险采用定额制缴费标准，即每人每年固定缴纳一定金额。这种模式在制度初期具有便捷性，但随着经济发展水平的提升和护理需求的增长，定额制缴费的弊端逐渐显现。一方面，定额制未能充分体现参保人收入差异和支付能力，容易导致低收入群体缴费压力较大，而高收入群体的缴费负担相对较轻，未能实现筹资的公平性。另一方面，定额制在护理成本快速增长的背景下缺乏弹性，难以适应制度扩展和待遇水平提升的资金需求，从而对基金的可持续性构成威胁。

相比之下，比例制缴费标准能够更好地兼顾公平性和可持续性。比例制以参保人收入或工资总额为基数，按一定比例计算缴费金额，高收入群体缴纳更多费用，低收入群体缴纳较少费用,从而实现不同收入群体间的负担公平。同时,比例制缴费标准能够随着收入水平的增长而动态调整,确保筹资规模与经济发展和护理需求的变化相匹配。对于企业和单位缴费部分,比例制还能有效激励用人单位参与,强化社会共同责任,为长期护理保险筹资提供稳定来源。

实行比例制缴费标准还能够增强制度运行的灵活性和适应性。在实施过程中,可根据不同人群特征设置差异化比例。例如,对农村居民或困难群体设定较低的缴费比例,并通过财政补贴弥补资金缺口;对高收入群体适当提高缴费比例,促进收入再分配效应。同时,随着经济发展和护理服务标准的提升,可逐步提高缴费比例,以保障基金收入的持续增长。

在政策实施层面,推进比例制缴费需要明确法律依据和技术支撑,确保缴费基数的准确性和缴费过程的透明性。通过实行比例制缴费标准,江苏省长期护理保险将更具公平性和可持续性,为应对老龄化社会下的护理需求挑战提供坚实保障。

四、实行缴费标准的动态调整

实行缴费标准的动态调整是确保长期护理保险制度可持续运行的重要保障措施。在当前经济社会快速发展和人口老龄化程度不断加深的背景下,长期护理保险的筹资需求和护理服务成本会随着时间发生变化,固定缴费标准难以适应这些变化,可能导致基金收入增长不足以满足护理服务需求,威胁到制度的稳定性。因此,建立动态调整机制,根据经济发展水平、人口结构变化以及护理服务需求的实际情况,对缴费标准进行适时调整,是长期护理保险制度运行的必然选择。

动态调整机制应以人均可支配收入和护理服务成本为核心参照标准,确保缴费标准与经济发展水平和居民支付能力相适应。同时,应综合考虑护理服务需求的变化,尤其是在老龄化加剧和重度失能人口增加的背景下,动态调整缴费比例以匹配服务扩展和保障水平提升所需的资金规模。

在实施过程中,动态调整机制需保持透明和科学,充分运用数据监测和评估结果,定期发布调整计划并广泛征求社会意见。此外,应设置调整上限,避免短期内缴费增长过快对参保人群造成经济负担,并通过财政补贴等方式,保障低收入群体的基本权益。通过实行缴费标准的动态调整,江苏省长期护理保险制度将更具灵活性和适应性,为满足未来护理需求和实现基金收支平衡提供制度保障。

第七章 江苏省长期护理保险经办管理分析

第一节 长期护理保险经办管理：一个理论分析框架

长期护理保险经办管理是长期护理保险运营流程中的一个重要环节，但是目前单纯研究长期护理保险经办管理的文献较少，仅有的研究见于田然和屈海龙（2024），韩金和王净净（2023），盛政、何蓓和朱蕾艳（2020）的研究。华颖（2021）研究指出不同国家长期护理保险经办管理模式并不一样。翟绍果、贺晓迎和张星（2024）研究了长期护理保险经办服务与监督管理的国外经验与启示。根据既往学者的研究，报告对长期护理保险经办管理的概念和理论框架作出界定。

所谓长期护理保险经办管理，是指具体承办长期护理保险经营过程中的经办流程、保障对象资格认定、评估标准、待遇给付、信息管理等业务环节。医疗保障管理部门毫无疑问是整个长期护理保险经办管理的核心，负责制定经办管理政策、指导经办管理工作的实施以及具体负责某些业务的经办工作。在医疗保障管理部门之外，人力资源社会保障部和国家医疗保障局于2016年和2020年出台的《关于开展长期护理保险制度试点的指导意见》和《关于扩大长期护理保险制度试点的指导意见》明确指出，"社会保险经办机构可以探索委托管理、购买以及定制护理服务和护理产品等多种实施路径，在确保基金安全和有效监控的前提下，积极发挥具有资质的商业保险公司等各类社会力量的作用，提高经办管理能力"。从国家政策层面鼓励了社商合作（杜朝运，2023；肖艳琳等，2023；张宁，2021），以提高长期护理保险经办管理能力。2021年国家银保监局《关于规范保险公司参与长期护理保险制度试点服务的通知》中指出，明确具有基本医保或大病保险承办经验的保险公司可以按照要求投标参与长期护理保险项目。除了商业保险公司参与经办管理之外，政府亦规定失能评估机构等第三方机构也可以参与部分业务流程的经办管理，因此目前长期护理保险的经办管理除医保管理部门之外，还充分吸收了参保人、评估机构、照护服务机构、商业保险公司等多元主体共同参与到经办管理中来。经办管理主要包括以下四个组成部分：参保管理、失能等级评定管理、待遇支付管理、商业保险公司管理。具体分析框架如图7.1所示。

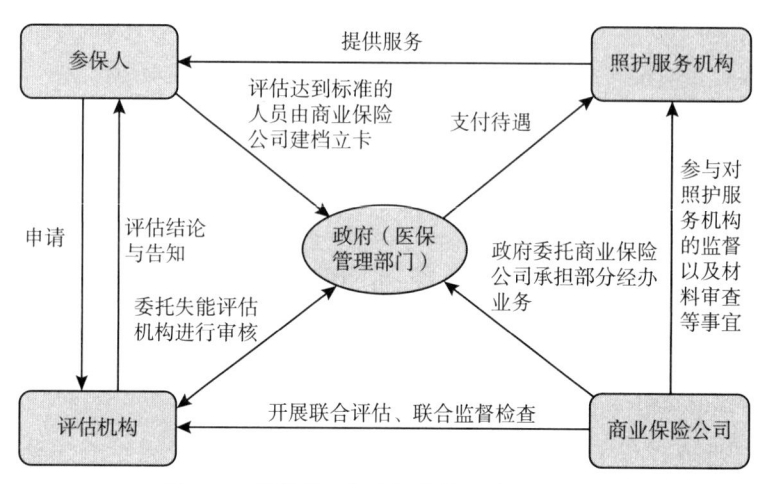

图 7.1 长期护理保险经办管理的分析框架

资料来源：笔者整理而得。

一、参保人员管理

参保管理主要是长期护理保险参保人向经办机构（目前是医疗保障经办机构）缴纳保费，负责为参保人建档立卡，录入参保人员信息，建立资金结算账户，长期护理保险资金筹资机构为参保人及其长期护理服务运行提供充足的资金保障，并对长期护理保险基金进行统筹运营，以实现保值增值目标。总体而言，长期护理保险参保管理的流程包含：第一，了解长期护理保险服务对象和申请条件；第二，筹集保险费用（主要包含政府补贴、医保基金划转以及个人缴费等构成来源）；第三，提出申请；第四，机构初评和现场评估以及享受待遇。参保人了解地区长期护理保险政策，进行参保后，提出失能等级评估申请主要由评估对象或其监护人、委托代理人自愿向地区医疗保障经办机构提出评估申请，提交相关材料。提交的材料主要包括申请人有效身份证或参保凭证、长期护理保险失能等级评估申请表、住院病历或诊断书等。

二、失能评估管理

失能评估经办管理是指对定点评估机构进行管理、明确各方主体职责、确定评估人员资质以及明确评估机构和评估人员退出机制的过程。

(一) 明确评估机构的准入条件

一般而言，开设第三方评估的地市，都会制定评估机构的准入标准，即使医保局没有设立第三方评估而是自己评估，也会明确相应的评估基本条件和要求。通常规定在地区范围内依法独立登记的民办非企业单位或企事业单位，符合下列条件的，可在规定时间内向医保经办机构申请作为定点评估机构。

(1) 各级医疗机构、社区卫生服务中心（乡镇卫生院）或经营业务范围包含失能评估相关项目的机构，且3年内无医保、人社、民政、卫健等长护险相关管理部门行政处罚（处理）记录。

(2) 具有稳定的评估人员、办公场所、良好的财务资金状况，具备完善的人事管理、财务管理、档案管理、评估业务管理、质量控制管理等制度；具有组织、管理和监督评估人员能力，自愿申请作为长护险定点评估机构。

(3) 符合要求的评估人员总数。例如，评估人员不少于10人，其中：专职人员不低于50%；副主任医师及以上评估人员不少于2人；等等。

(4) 定点评估机构负责人和评估人员必须无相关违法违规等不良记录。

(5) 定点评估机构的法定代表人、主要负责人、实际控制人非长期护理保险定点护理机构或承办商保机构法定代表人、主要负责人、实际控制人，即不得兼任。

(6) 配备符合地区要求的长护险信息系统联网要求的软、硬件设备，明确相应管理和操作人员。

(7) 依法与其从业人员签订劳动合同并缴纳社会保险费；以及其他的失能评估相关要求等。

(二) 评估机构的筛选

评估机构的筛选既可由医保部门负责，亦可由承办的商业保险公司负责。评估机构的筛选流程通过包括初步审核、综合审核、结果告知、协商谈判、社会公示、履行协议等流程。

(1) 初步审核。各地市规定，评估机构向经办机构提出定点申请，经办机构受理申请后，应及时组织初步审核。对申请材料内容不全的，应当一次性告知需补齐的材料；对不符合申请条件的，应当及时告知并说明理由。

（2）初步审核通过后，经办机构应采取书面查验、现场核查、集体评议等形式，组织对申请机构进行综合审核，并在收到申请单位递交全部材料之日起规定时间内完成评估机构审核确认工作。

（3）经办机构应将审核结果向同级医疗保障行政部门备案。审核通过的，应将其纳入拟签订评估服务协议评估机构名单，并向社会公示。审核未通过的，应告知其理由。

（4）经办机构与通过审核、公示的评估机构通过协商谈判，自愿签订评估服务协议，明确双方的责任、权利和义务，并向同级医疗保障行政部门备案。

（5）经办机构应向社会公布签订评估服务协议的定点评估机构名单。

（6）定点评估机构应严格履行评估服务协议，加强内部建设，优化服务，提升人员素质能力，强化质量控制，确保评估质量和评估结论准确性。

（三）明确失能评估经办管理中各方主体的职责

尽管目前江苏各地市定点评估机构开展失能等级评估的经办管理流程基本保持一致，但是各地市关于评估机构准入条件、评估筛选以及评估人员雇佣的经办管理工作则有差异，差异之处在于失能评估经办管理工作在商业保险公司和医保经办部门之间分工的不同，以及商业保险公司介入长期护理保险失能评估经办管理程度的不同，报告将其概括为如表7.1所示的形式。

表7.1　　　　　　江苏不同地市失能等级评估管理规定

地市	评估机构准入条件	评估机构筛选	评估人员雇用
南京	医保部门	医保部门	医保部门
盐城	医保部门	医保部门	医保部门
淮安	各级医疗保险经办机构（以下简称"经办机构"）负责失能等级评估的经办服务，包括长护险定点评估机构的准入、协议管理、指导考核、失能等级评估工作的实施，评估人员库组建及评估人员的管理工作等	符合条件的机构，自愿向经办机构提出定点申请并提交相关材料。经办机构受理申请后，应及时组织初步审核	1. 评估机构应将符合条件的失能等级评估人员信息录入长护险信息系统，实行实名制管理 2. 未纳入信息系统管理的人员不得从事长护险失能等级评估工作 3. 市医保经办机构负责建立评估人员库，完善档案制度，规范人员管理。定期组织考核，明确准入退出机制 4. 市医疗保障部门应会同有关部门建立健全评估人员规范化培训机制，自行组织或探索委托第三方机构等组织做好评估人员培训，提升人员队伍专业化水平

续表

地市	评估机构准入条件	评估机构筛选	评估人员雇用
苏州	由各地医保部门制定评估机构准入条件	评估机构根据自身服务能力，自愿向各地商保机构提出申请。商保机构经遴选后，与符合准入条件的评估机构签订评估服务协议，向医保经办机构备案、向社会公布评估机构名单。通过协议约定双方在履行失能等级评估过程中各自的权利义务	1. 评估人员由评估机构聘用，受评估机构委派，专职或兼职从事长护险失能等级评估工作 2. 评估机构将符合条件且培训考核合格的评估人员信息上报商保机构审核后，商保机构录入失能等级评估信息系统，未纳入信息化管理的人员不得从事长护险失能等级评估工作
无锡	1. 第三方专业评估机构。依法独立登记的民办非企业单位或企事业单位。依法取得《医疗机构执业许可证》的各级综合医院、各级中医医院、老年专科医院、康复医院、医养结合型医疗机构、乡镇卫生院、社区卫生服务机构；经依法登记并到民政部门备案的各类养老机构 2. 商保机构。承办长护保险的商保机构可建立自身专业团队，在本服务片区内开展失能等级评估工作	1. 第三方专业评估机构根据自身服务能力，自愿向商保机构提出申请。商保机构经遴选后，与符合准入条件的第三方专业评估机构签订评估服务协议，向经办机构备案、向社会公布第三方专业评估机构名单。通过协议约定双方在履行失能等级评估过程中各自的权利义务 2. 商保机构自身专业团队开展评估工作的，需向经办机构备案后实施	评估人员由评估机构聘用，受评估机构委派，专职或兼职从事长护保险失能等级评估工作
常州	定点评估机构是指与经办机构签订服务协议，从事失能评估工作，并按规定出具失能评估结论的机构	符合申请条件的机构可向经办机构（含受托机构）提出定点申请并提交相关材料。经办机构（含受托机构）应建立包括审核受理、材料审核、现场核查、公示签约等工作流程	评估人员指由定点评估机构聘用，为申请人评估（不包括复评）提供现场评估的人员
宿迁	医保局牵头建立的失能评估委员会统一负责评估事宜，不依赖市场上第三方评估机构	医保局牵头建立的失能评估委员会统一负责评估事宜，不依赖市场上第三方评估机构	医保局牵头建立的失能评估委员会负责评估专家库建设
徐州	市医疗保障部门牵头，与财政、卫健、民政等部门组建长护险失能评定委员会负责制定第三方评估机构的准入条件。长护险失能评定委员会负责建设失能评估专家库	各级长护险经办机构按照招标合同约定，委托中标承办长护险经办业务的商业保险机构组织开展评估工作，并全流程开展监督、管理、考核等工作	1. 定点评估机构按照协议约定，从专家库中随机抽取专家，按照本办法确定的评估标准、流程，具体组织开展评估工作，并出具具有法律效力的评估结论 2. 失能等级评定专家库人员由评估员和评估专家组成。评估员和评估专家应是全市各级定点医疗机构和定点评估机构中的执业医生、康复治疗师、护士等

续表

地市	评估机构准入条件	评估机构筛选	评估人员雇用
连云港	1. 医保管理部门负责制定定点评估机构的准入标准 2. 商业保险公司协助医保经办机构对定点评估机构进行监督管理	1. 医保管理部门负责定点评估机构筛选 2. 商业保险公司主要负责失能评估申请受理、初审、派单、评估结论公示及费用结算等工作	1. 医保管理部门负责建立失能评估专家库 2. 商业保险公司具体组织评估专家开展异议复评、复查抽查等工作

资料来源：由江苏省 13 个地市失能等级评估管理办法整理所得。

其中：

（1）南京市规定评估机构的准入、筛选以及评估人员雇佣主要由医保部门负责。

（2）苏州市则规定评估机构的准入条件由医保部门制定，评估机构的筛选以及评估人员的雇佣管理工作均由商保机构负责。

（3）无锡市则是规定承办地区商保机构可以作为失能等级评估机构，同时商保机构可与市场上的第三方评估机构合作，委托第三方评估机构展开评估。

（4）常州市则是规定评估机构的准入由医保经办机构负责，负责制定全市统一的准入标准；评估机构的筛选既可以由医保经办机构负责，也可以由医保经办机构委托商业保险公司按照规定的流程、标准筛选；评估人员则是由定点评估机构雇佣，商业保险公司可介入的程序仅仅是评估机构的筛选。

（5）宿迁市则是规定由医保局牵头建立的失能评估委员会统一负责失能评估事宜以及建设失能评估专家库，不再委托市场上第三方评估机构进行评估，因此也就不存在评估机构的准入、筛选工作。

（6）徐州市则规定了由医保局负责建设失能评估专家库，同时委托商保机构遴选定点评估机构、定点评估机构选择相关专家进行评估，以及评估人员由承办机构统一培训考核合格后报失能评定委员会核准的多方主体分权制衡的评估模式。

（7）连云港市则是规定了由医保管理部门负责定点评估机构的准入、筛选以及建立失能评估专家库，相比而言商业保险公司主要协助医保经办机构对定点评估机构进行监督管理。另外，医保管理部门负责失能评估申请受理、初审、派单、评估结论公示及费用结算等工作，以及具体组织评估专家开展异议复评、复查抽查等辅助性工作。

（四）制定评估人员雇用的资质要求

评估人员是指符合一定条件，经专门培训合格，具体实施失能等级评估的专业人员。评估人员既包括评估员也包括评估专家。评估员负责采集评估信息，协助开展现场评估。评估专家负责开展现场评估，提出评估结论，并承担复评工作，依据照护服务需求提出照护服务计划建议等。评估人员可以由定点评估机构聘用，也可以由失能评估委员会聘用以及商业保险公司聘用，取决于各地所实行的不同失能评估模式。受相关机构委派，专职或兼职从事失能等级评估工作。目前江苏各地市通常都要求评估人员具有如下基本条件：第一，具备医学、护理、康复、心理、长期照护、养老服务与管理等相关专业背景，从事相关专业工作2年（含）以上。第二，参加规范化培训并考核合格，掌握长期护理失能等级评估标准，熟悉评估操作要求。第三，具有良好的职业道德和操守，在工作中能够做到遵纪守法、廉洁自律、客观公正，相关行业领域无不良信用信息记录。第四，评估专家除须具备上述第二项、第三项条件外，还应具有临床医学、护理、康复、精神心理等领域中级及以上职称和2年（含）以上相关工作经历。各地市对于评估人员的要求虽然存在细微的差别，但总体是围绕上述基本要求来设定的。

（五）评估机构和评估人员的退出机制有待建立

调研中江苏省各地市由于第三方失能评估机构以及评估人员数量较少，尚没有实行评估机构以及评估人员的退出机制，但实践中规范化的长期护理保险失能评估工作应该建立评估机构和评估人员的退出机制。如建立评估机构经营绩效的审查和考核机制，对评估机构的评估质量进行审查等，并对不符合要求的第三方失能评估机构实行退出机制。同时各地市医保部门负责建立全市评估人员库，按照一人一档建立工作业绩、诚信服务、培训考核以及奖惩等评估人员个人档案。建立评估人员的年度考核机制，对连续2年考核不合格的，退出评估人员库管理，不再从事失能人员等级评估工作。建立评估人员的规范化培训机制等，在医保部门指导下定期开展对于评估人员的培训工作，集中学习长期护理保险政策法规、失能等级评定标准、操作规范、评估流程和职业道德规范等，不断提升评估人员队伍专业化水平。

三、定点服务机构管理

目前江苏省各地市护理机构定点评估工作规定应坚持公开、公平、公正原则，由经办机构组织，可参照基本医疗保险医药机构定点评估流程，通过自愿申请、现场验收、社会公示、协商签约等流程进行。但不同地市关于申请定点服务机构的基本条件、其他条件、需要提交的材料以及退出规定等并不相同，报告将其概括为如表7.2所示的形式。

表 7.2　江苏部分地市定点照护服务机构管理办法

地市	基本条件	其他条件	提交材料	退出规定
扬州	1. 取得有效的《营业执照》《民办非企业单位登记证书》《事业单位法人证书》 2. 人员配备符合行业规范，服务设施设置、财务管理、服务价格等符合国家和省、市相关规定及要求 3. 与从业人员依法签订劳动合同，按规定参加并缴纳社会保险 4. 建立健全与长期护理保险照护服务相适应的内部管理制度，明确长护保险照护服务管理部门、保险工作负责人，配备专（兼）职管理人员，落实长护保险政策宣传、照护服务质量管理工作 5. 照护服务从业人员应取得与照护服务项目相适应的合格证书 6. 提出申请前6个月（含6个月）未受到相关管理部门的经营行政处罚	1. 定点医疗机构 (1) 机构内部设置独立的照护服务区域，照护区床位不少于20张 (2) 专职照护服务从业人员与照护床位之比不低于1∶5 2. 养老服务机构 (1) 无内设医疗定点医疗机构的养老服务机构，须就近与至少1家一级医疗机构签订医疗合作协议（社区卫生服务中心）签订医疗合作协议 (2) 为入住养老服务机构的参保失能人员独立设置照护服务区域及照护床位 3. 能够提供居家上门照护服务的其他服务机构 (1) 有固定的经营活动场所 (2) 专职照护服务从业人员不低于10名	照护服务机构具备第四条规定的条件及要求，申请定点时须相应提供以下材料： 1.《扬州市长期护理保险定点照护机构申请表》 2. 下列材料的正本或副本原件及复印件 (1)《医疗机构执业许可证》及《养老机构设立许可证》 (2)《营业执照》《事业单位法人证书》《民办非企业单位登记证书》 (3) 参加并缴纳社会保险有关凭证 (4) 照护服务从业人员从业资格证书、医疗卫生专业技术人员职称及注册证 3. 照护服务区域设置意图、照护设施设备张数证明 4. 内部管理规章制度目录 5. 照护项目收费价格清单 6. 其他规定的材料	建立严格的违约处理及退出机制。经查实，定点照护机构有下列情形之一的，社保经办机构应当责令改正，并追回已由长护保险基金支付的相关费用；视违约严重程度暂停其长护保险结算关系1～6个月直至解除服务协议（社保经办机构负责，在双方签订的服务协议中明确）；涉及其他部门职责的，移送相关部门处理；涉嫌犯罪的，移送司法机关依法追究刑事责任： (1) 未按照规定核验长护保险待遇享受人基本信息，发现冒用、变造、伪造失效的长护保险凭证或为其提供服务，进行长护保险费用结算的 (2) 为不能享受参保人员制订不合理的服务计划、虚构服务，诱导参保人选择或提供不必要的服务，虚假服务，进行长护保险待遇支付结算的 (3) 未按照长护保险规定政策规定的服务项目进行长护保险费用结算的 (4) 违反长护保险政策规定，分摊收取、超标准收取自定服务标准收取长护保险费用的 (5) 通过向参保人员重复收取、骗取长护保险基金支付范围以外的服务费用的 (6) 伪造病历、资料等的 (7) 擅自暂停或者终止长护保险照护服务的 (8) 歧视、侮辱、虐待或遗弃失能人员的 (9) 私自安装、连接长护保险信息系统的 (10) 其他严重违反法律法规及长护保险政策规定等情形造成恶劣社会影响的

第七章 江苏省长期护理保险经办管理分析

续表

地市	基本条件	其他条件	提交材料	退出规定
淮安	1. 本市范围内依法成立的具备从事长期护理服务资质的医疗机构、养老服务机构、残疾人托养康复机构，以及能够提供居家护理服务的其他服务机构 2. 取得有效的《营业执照》《事业单位登记证书》《民办非企业单位证书》等护理服务资质证明材料 3. 财务管理制度健全，会计核算符合国家相关规定，服务设施设置符合护理服务要求的相关规定，包含人员有长护险培训制度、技能培训制度、费用结算制度等 4. 申请定点的地址、护理服务内容与所持证书一致 5. 人员配备符合行业规范，从业人员具备护理服务专业知识和能力；服务人员依法签订劳动（劳务）合同，且劳动（劳务）合同，依法参加社会保险，缴纳社会保险费 6. 明确长护险经办管理部门，长护险专（兼）职管理人员，建立健全人员、财务、护理服务的内部管理制度，落实长护险政策宣传，护理服务质量管理工作 7. 机构成立时间不少于3个月；提出申请前6个月内（开业不足6个月的从开业至申请之月）未受到相关管理部门行政处罚	1. 医疗机构 (1) 二级及以下医保定点康复、护理等医疗机构 (2) 机构内部设置独立的长护险服务区域和相应的设备、设施和器材等，护理区床位之比不少于10张 (3) 专职护理服务从业人员与护理床位之比不低于1:5 2. 养老服务机构、残疾人托养康复机构 (1) 具备一定的医疗护理条件，就近与护理服务机构签订医疗服务合作协议或至少与1家医保定点医院、社区卫生服务中心或独立设置护理区的机构签订协议 (2) 为入住机构的参保失能人员提供护理区域内护理服务 3. 能够提供居家上门护理服务的其他服务机构 (1) 有固定的经营活动场所，面积不低于150平方米，设有办公室、会议室、培训室、档案室等，财务不低于有独立专用的设备和固定电话服务专线 (2) 专职护理服务从业人员不低于10名 (3) 专有人负责上门护理服务范围或相关服务内容 (4) 专职护理人员持有经人社部门备案的护理员职业技能等级证书 (5) 居家护理服务网点，需有固定经营活动场所，面积不低于100平方米 (6) 有专人负责上门护理服务网点，需有固定经营活动场所，面积不低于100平方米 (7) 专职护理服务从业人员不低于5名，高持有经人社部门备案的护理员职业技能等级证书	具备第四条规定的条件及要求的护理机构，在规定的时间内向经办机构申请定点评估，并提供以下材料： 1. 长护险定点护理机构服务协议申请表 2. 下列材料的正本或副本原件及复印件： (1) 医疗机构提供《民办非企业单位法人证书》《营业执照》《医疗机构执业许可证》 (2) 养老服务机构、残疾人托养康复机构提供《营业执照》《养老机构设立登记证书》《民办非企业单位证书》 (3) 提供居家护理服务的其他护理服务机构提供相关行政部门颁发的护理机构服务区域设置示意图，护理区域床位张数证明 (4) 申请长护险定点的护理机构提供护理人员持有的卫生专业技术人员资格证、医疗机构颁发的护理员职业技能等级证书，医疗机构从业人员持有职称证明 (5) 人社部门颁发的护理员职业技能等级证书 3. 内部管理规章制度目录，服务设施备品清单及护理服务项目收费价格清单 4. 其他规定材料	建立严格的违约处理退出机制。经查实，定点护理机构有下列情形之一的，经办机构应当责令改正，并追回已由长护险基金支付的相关费用；视违约严重程度，暂停其护理服务部门至解除服务协议；涉嫌犯罪的，移交司法机关依法追究其法律责任。 (1) 未按照规定核验长护险待遇资格，诱导参保人员不合理提供或超越制订服务计划、诱导参保人员选择不必要的服务、虚构服务、进行长护险费用结算的 (2) 为失能参保人员不合理提供不必要的服务、虚构服务、进行长护险费用结算的 (3) 未按规定标准支付长护险待遇费用的或结算的 (4) 违反长护险政策规定，将长护险支付范围以外的费用，纳入长护险支付结算的 (5) 通过向参保人员重复收取、分解收取、超标准收取或自定标准收取费用等，进行长护险费用结算的 (6) 伪造病历、资料等骗取长护险基金的 (7) 擅自暂停或终止长护险服务的 (8) 歧视、侮辱、虐待或遗弃失能人员的 (9) 私自安装、连接长护险信息系统，或未做好相关人员信息系统操作的技能培训，对长护险信息系统造成严重影响的 (10) 法定代表人、单位名称、场所地址、经营内容等变更手续未及时办理或长护险协议内容变更，未主动申报引起服务政策协议的 (11) 其他严重违反法律法规或长护险政策规定等情形造成恶劣社会影响的

续表

地市	基本条件	其他条件	提交材料	退出规定
盐城	1. 照护机构依法设置，遵守国家法律法规，执行国家、省和本市规定的医疗机构、养老服务机构等照护服务的标准和规范。 2. 取得有效的《营业执照》《民办非企业单位登记证书》《事业单位法人证书》。 3. 服务设施设置要符合国家相关规定，服务设施、设备等符合国家相关规定，有其他符合照护人员管理要求的制度，包含但不限于人员管理制度、技能培训制度、照护费用结算制度等。 4. 申请定点照护服务内容与所持证照一致。 5. 人员配备符合行业规范，照护服务人员与具备照护服务专业知识和能力；服务人员依法签订劳动（劳务）合同，且依法参加社会保险，合同在有效期内，依法参缴社会保险费，及时足额缴纳社会保险费。 6. 明确照护管理部门、照护服务负责人，配备专（兼）职管理人员，建立健全与照护保险照护服务相适应的内部管理制度，落实照护保险政策宣传、照护服务质量管理工作。 7. 提出申请前6个月至申请之月（开业不足6个月的从开业至申请之月）未受到相关管理部门行政处罚	1. 医疗机构 (1) 取得基本医疗保险定点资格 (2) 机构内部设置独立的照护服务区域和相应的设备、设施和器材等，照护区床位之比应于不少于20张。 (3) 专职照护人员与照护床位之比不低于1:5 2. 养老服务机构、残疾人托养机构 (1) 具备照护服务机构的医疗护理服务条件；与养老中心或社区卫生服务中心或独立设置照护服务机构签订医疗服务合作协议 (2) 为失能的参保人员提供上门照护服务的其他机构 3. 能够提供居家上门照护服务的其他机构 (1) 有固定的经营活动场所 (2) 专职执业照护服务从业人员不低于10名 (3) 营业执照经营范围或业务范围须有居家养老、照护服务内容	具备第四条规定的条件及要求的照护服务机构，在规定的时间内向经办机构申请定点评估，并提供以下材料： 1. 照护保险定点照护机构申请表 2. 下列材料的正本或副本原件及复印件： (1)《营业执照》《民办非企业单位登记证书》《事业单位法人证书》 (2) 医疗机构提供有效的医师执业证书；养老机构提供养老、残疾人托养行政部门颁发的资质证明；其他机构提供养老、残疾人托养设立许可证或已在民政部门备案的服务协议文本。 (3) 经营用房产权证明或租赁合同、平面布局图等，照护服务区域设置示意图，照护床位张数证明 (4) 照护服务人员从业资格证明材料、业务知识和能力的证明材料，医疗卫生专业技术人员职称及注册证明 (5) 与定点医院、社区卫生服务中心或护理院签订医疗卫生服务合作协议 3. 内部管理规章制度目录、服务设施备查 4. 照护服务项目收费价格清单 5. 其他规定的材料	建立严格的违约处理退出机制。定点照护机构有下列情形之一的，承办机构经查实，视责令改正，并追回已由照护保险基金支付的相关费用；视违约严重程度，由承办机构暂停照护服务协议；涉嫌犯罪的，移送司法机关依法追究刑事责任。 (1) 不按规定核验照护待遇享受资格，发现冒用、伪造、变造、失效的照护保险待遇凭证，仍为其提供服务，进行费用结算的 (2) 为失能参保人员制订不合理的照护服务计划、诱导参保人选择或提供不必要的服务、虚构服务，进行照护保险费用结算的 (3) 未按照照护保险规定自定标准收取或分摊自定或分解费用收取，进行照护保险费用结算的 (4) 违反照护保险政策规定，遭日照护保险基金支付项目外的费用将照护保险基金支付的 (5) 通过给参保人、纳入重复收费、超标准收取或自定项目收费等行为，纳入照护保险信息系统中，进行照护保险费用结算的 (6) 伪造病历、资料等骗取终止照护保险待遇的 (7) 擅自暂停或者终止照护服务中心或服务内容或者变更、虐待或照护服务失能人员的 (8) 歧视、侮辱，虐待或照护服务失能人员的 (9) 私自安装、连接照护保险信息系统操作界面，或未做好相关人员信息系统操作技能培训，对照护业务管理造成严重影响的 (10) 法定代表人、单位名称、场所地址、经营内容等变更，未及时申报未造成照护保险定或未主动申报未能反协议的 (11) 其他严重违反法律法规或照护保险政策规定等情形造成恶劣社会影响的

资料来源：各地市长期护理保险定点服务机构管理办法整理所得。

（一）定点服务机构设立的基本条件

各地市定点服务机构设立的基本条件基本上都大致相同，包括哪些类型的服务机构可以申请成为定点服务机构、具有相应的营业执照、财务管理制度健全、人员配备服务规定、具有健全的内部管理制度、机构开设的时间等。

（1）哪些类型的服务机构可以申请成为定点服务机构方面，通常都规定在本市范围内依法成立的具备从事长期护理服务资质的医疗机构、养老服务机构、残疾人托养康复机构，以及能够提供居家护理服务的其他服务机构，可以申请成为定点服务机构。

（2）营业执照方面要求取得有效的《营业执照》或《民办非企业单位登记证书》或《事业单位法人证书》等护理服务资质证明材料。

（3）财务管理方面，要求财务管理制度健全，会计账簿及财务报表、服务设施设置等符合国家相关规定。具有其他符合长护险要求的相关制度，包含人员管理制度、技能培训制度、费用结算制度等。

（4）人员配备方面，要求符合行业规范，从业人员具备护理服务专业知识和能力；服务人员依法签订劳动（劳务）合同，且劳动（劳务）合同在有效期内，依法参加社会保险，及时足额缴纳社会保险费。

（5）管理制度方面，要求明确长期护理保险管理部门、长期护理保险工作负责人，配备专（兼）职管理人员，建立健全与长期护理保险服务相适应的内部管理制度，落实长期护理保险政策宣传、护理服务质量管理工作。

（6）同时要求机构开设满足一定时限要求，未受到行政部门处罚，等等。

（二）明晰不同类型定点服务机构配置的标准

明确不同类型定点服务机构（例如，医疗机构、养老服务机构、残疾人托养康复机构、能够提供居家上门护理服务的其他机构）的经营场所、设备配置、专业护理人员和护理床位配置标准的差异。

（1）经营活动场所。例如，要求有固定的经营活动场所，面积不低于150平方米，设有办公室、财务室、会议室、培训室、档案室等；有连接护理服务监管信息系统的设备和固定电话服务专线；等等。

（2）设备配置。例如，要求机构内部设置独立的长护险服务区域和相应的设备、设施和器材等。

（3）专业护理人员要求。例如，要求养老服务机构、残疾人托养康复机构应当就近与至少1家定点医院、社区卫生服务中心或护理院签订医疗服务合作协议；

要求提供居家上门服务的护理机构专职护理服务从业人员不低于10名；营业执照经营范围或业务范围须有居家养老、护理服务内容；护理人员需持经人社部门备案的职业技能等级认定机构颁发的护理员技能等级证书；同时有专人负责护理服务人员的培训工作；等等。

（4）护理床位要求。例如，医疗机构要求专职护理服务从业人员与护理床位之比不低于1：5；养老服务机构、居家上门服务机构专职护理从业人员与护理床位之比可相应调低。

（三）明确申请成为定点服务机构需要提交的材料

要求符合规定的条件及要求的护理服务机构，在规定的时间内向经办机构申请定点评估，并提供包括但不限于以下材料：

（1）长期护理保险定点护理机构申请表。

（2）医疗机构提供《营业执照》、《事业单位法人证书》或《民办非企业单位登记证书》及《医疗机构执业许可证》。养老服务机构，残疾人托养康复机构提供《营业执照》或《养老机构设立许可证》、《民办非企业单位登记证书》。居家护理服务的其他服务机构提供相关行政部门颁发的护理服务资质证明材料。

（3）申请长护险定点护理机构提供护理服务区域设置示意图、护理区床位张数证明。

（4）人社部门备案的职业技能等级认定机构颁发的护理员技能等级证书、医疗卫生专业技术人员职称及注册证明。

（5）内部管理规章制度目录、服务设施设备清单及护理服务项目收费价格清单。

（四）明确定点服务机构经办管理中各方主体的权责

定点服务机构经办管理中各方主体的权责比较明晰，不像失能评估的经办管理中各方主体的权责不明晰，形成了各地市多样化的经办管理模式。概括而言，江苏省各地市长期护理保险定点服务机构经办管理中通常都是由各地医保部门制定定点服务机构经营资质标准、服务项目清单，商业保险公司负责定点服务机构申报的材料经办以及与定点服务机构的服务费用结算事宜，并且承担对定点服务机构提供服务质量的监督职责。

（五）明确定点服务机构的退出规定

目前江苏省各地市关于定点服务机构都建立严格的违约处理退出机制，并追回已由长护险基金支付的相关费用。视违约严重程度，暂停定点服务机构长护险结算关系直至解除服务协议。涉及其他部门职责的，移交相关部门处理；涉嫌犯罪的，移送司法机关依法追究刑事责任。不同地市关于定点服务机构的退出规定基本相同,但存在细微差别。

(1) 未按照规定核验长护险待遇凭证或发现冒用、伪造、变造、失效的长护险待遇凭证,仍为其提供服务,进行长护险费用结算的。

(2) 为失能参保人员制订不合理的护理服务计划,诱导参保人选择或提供不必要的服务、虚构服务,进行长护险费用结算的。

(3) 未按照长护险规定的待遇支付标准进行长护险费用结算的。

(4) 违反长护险政策规定,将长护险支付范围以外的服务费用,纳入长护险费用结算的。

(5) 通过向参保人员重复收取、分解收取、超标准收取或自定标准收取费用,进行长护险费用结算的。

(6) 伪造病历、资料等骗取长护险待遇的。

(7) 擅自暂停或者终止长护险服务的。

(8) 歧视、侮辱、虐待或遗弃失能人员的。

(9) 私自安装、连接长护险信息系统,或未做好相关人员信息系统操作技能培训,对长护险业务管理造成严重影响的。

(10) 法定代表人、单位名称、场所地址、经营内容等发生变更,未及时至经办机构办理变更手续或未主动申报停止服务协议的,以及其他严重违反法律法规或长期护理保险政策规定等情形造成恶劣社会影响的。

四、商业保险公司管理

医疗保障经办机构可按照规定通过公开招标等方式选择第三方机构等社会力量参与长期护理保险经办服务,由统筹地区医疗保障经办机构与第三方机构签订合同,明确服务内容、责任、考核等。实际运营中,商业保险公司参与长期护理保险经办管理成为主流趋势(肖文惠、宋燕、卞鹰,2024;刘德浩,2023),而在调研中江苏各地市也都充分吸收了商业保险公司作为第三方机构参与经办管理。对于政府而言,吸收商业保险公司经营的优势主要在于"降成本""提效用"两个方面。

(1)"降成本"。在确保基金安全和被有效监控的前提下履行经办职责。社会保险经办机构可委托第三方经办机构参与长期护理保险政策宣传与咨询、失能等级评定工作的经办、定点护理服务机构管理、护理服务质量监督、待遇给付、费用结算等相关工作，充分发挥商业保险公司的优势，解决部分地区政府经办机构效率偏低、体制不够灵活的问题，缓解长期护理保险的经办压力。

（2）"提效用"。商业保险公司可以大力发挥基金精算、风险区分和精细服务等优势，为长期护理保险参保人提供更加专业化且精细化的服务，提高长期护理保险经办管理效率和服务质量。对于商业保险公司而言，其之所以积极参与长期护理保险经办管理更多是为了获得此类业务经办管理的经验，同时获得经办管理过程中的客户信息、数据等为后续进一步开发客户、销售产品奠定基础。另外，商业保险公司通过承办业务提升政务服务对接效率，为后续其他业务获得政府支持奠定一个良好的基础。

具体来说，商业保险公司管理包括：确定商业保险公司的经营资质、划分长期护理保险经办片区和确定经办费率、明确长期护理保险承办服务岗位和服务规程、确定商业保险公司实际承办的业务、制定商业保险公司承办服务费管理规定、明确商业保险公司退出情形等环节。

（一）确定商业保险公司的经营资质

医疗保障经办机构在具体确定商业保险公司作为承办机构时，会充分考虑商业保险公司的服务费率报价、经营状况、风险评级、项目经验、团队建设、系统支撑能力以及经办服务方案等情况。目前江苏各地市并没有统一的确定商业保险公司经营资质的标准或文件出台，由各地市在实际执行过程中灵活掌握。但就实际调研情况来看，各地市还是会对于承办长期护理保险业务的商业保险公司有一定的资质要求，比如说保险公司应按照长期健康险的经营要求完善组织架构、健全制度体系、加强专业人员配备，具有经办基本医保或承办大病保险的经验和为项目所在地提供专业化服务的能力，偿付能力充足、公司治理良好。同时保险公司应能够搭建覆盖业务全流程的信息系统，逐步推进与医保部门、养老护理机构、医疗卫生机构等相关信息平台的互联互通和信息共享，加强对信息系统的管理和维护，运用科技手段有效提升管理服务效率等。

（二）承办机构需要提交的材料

长期护理保险商业保险公司承办服务不类似于长期护理保险定点评估机构以及定点服务机构所需要提交的材料，有固定的格式样本，申请成为长期护理保险承办商业保险公司通常实行招投标管理，其具体标准通常由各地市灵活掌握，通常要求提交能够证明商业保险公司具有承办业务能力相关文件资料，如商业保险公司根据市医疗保障经办机构统一标准规范，在辖区范围内建立综合服务中心，负责政策咨询与培训、受理投诉举报、满意度调查、编写技术规范和系统需求等；派驻柜面岗位和医保机构合署办公，并根据服务需求在每个片区设立相应的服务分中心。市医疗保障经办机构以及各县（市、区）医保经办机构指导长期护理保险承办机构，根据工作需要合理配置经办力量，科学设置服务岗位，并统一规范服务场所设置和承办服务规程，以及承办人员配置和信息系统建设等。

（三）长期护理保险承办片区的划分和承办费率确定

长期护理保险承办商业保险公司数量遵循服务能力和服务需求相适应的原则，根据地区基本医疗保险参保人数按照固定比例确定。随着保障范围的扩大、市医保局根据保险覆盖人数、承担机构服务能力等实际进行动态调整。由于长期护理保险经办业务量比较大，调研地市通常都采用区域内若干家商业保险公司共保的模式来经营，共保的模式分为片区共保、份额共保（付思佳、张良文，2022），主要由头部大保险公司负责较多的经办份额比例，而其他小保险公司所负责的经办份额比例则依次减少。同时综合考虑服务人口、机构运行成本、工作绩效等因素，江苏省各地市长期护理保险承办商业保险公司的经办服务费一般不超过当年所承办片区长期护理保险实际征缴保费总额的5%，具体经过公开招标采购后确定。调研中医保局给予商业保险公司的承办费用率大概在4%～5%，平均折算下来商业保险公司每承办1个人的成本是4～5元，但即使这样，各地区仍然表示商业保险公司实际上是亏损在做。当年长期护理保险承办机构的承办服务费提取金额以合同最终约定及根据年度考核结果确定的拨付比例为准。

（四）确定商业保险公司在长期护理保险承办服务过程中实际承担的业务

就商业保险公司在长期护理保险业务中实际承担的功能来看，调研中江苏省不同地市商业保险公司在长期护理保险运营中主要承担了咨询服务、参保人材料审核、失能评估、定点机构材料审核、日常巡查、业务培训、信息系统建设以及费用结算等多流程、全领域的业务经办工作（见表7.3），几乎全领域参与长期护理保险的经办管理工作，并由于商业保险公司在不同业务环节介入力度和承担功能的不同，形成不同的、多样化的"政商合作"模式。虽然政府一直强调"坚持政府主导，构建以政府经办为基础、社会力量为补充的经办体系"，但是在实际试点城市中，在地方缺少经办经验和经办力量情况下，更多把经办主体责任向商业保险公司过渡，商业保险公司参与长期护理保险业务经办管理的环节，涉及业务的方方面面，更有地区力图将商业保险公司构筑成深度参与长期护理保险经办的主要主体。

表 7.3　　江苏省不同地市商业保险公司参与长期护理保险经办管理的业务流程环节

项目	咨询服务	参保人材料审核	失能评估	定点机构材料审核	日常巡查	业务培训	信息系统建设	费用结算
内容	政策宣传与咨询、投诉举报线索受理	配合开展参保人申请受理及材料审核工作	参与失能评估和护理需求评估等工作。如失能评估时除了评估专家外，商业保险公司会派驻长护专员监督现场评估实施，并结合护理服务建议，与定点长护服务机构和参保人员或其监护人、委托代理人沟通协调，形成护理服务计划，以及开展异议复评、重新评估等工作	商业保险公司可协助开展失能等级评估机构和长护服务机构定点申请受理、材料初审、综合审核以及失能评估费用、护理服务费用初审等事务性工作	协助开展定点评估机构和定点长护服务机构日常检查、评估结论以及参保人员失能状态抽查、服务质量检查等工作	协助做好相关业务培训以及合同约定的其他工作	调研中部分地区将地区长期护理保险信息系统建设事宜委托给商业保险公司来建设，同时协助做好信息系统运用和档案管理等工作	实践中商业保险公司还可能承担部分费用结算功能，例如，针对参保人失能人员待遇给付的结算，针对长期护理服务机构以及定点失能评估机构的费用结算，等等

资料来源：笔者整理。

（五）制定长期护理保险承办服务费管理规定和绩效考核要求

江苏省各地市长期护理保险承办服务费一般实行预付制管理，年度预付金基数以不高于长期护理保险承办商业保险公司中标金额，可每季度也可半年或年末分别按照年度预付基数的固定比例（如25%）的标准拨付给长期护理保险承办商业保险公司。长期护理保险承办服务费主要用于长期护理保险承办信息系统维护管理成本、办公场所及办公设备成本、人力成本、失能评估费、宣传培训、案件调查的交通成本等费用。同时为激励商业保险公司提升服务质量，各地市医保局一般都会预留一定比例委托承办服务费作为服务质量保证金，于年终考核后结算，具体预留比例在合同中约定；依据年度考核结果确定全年承办服务费的拨付比例，并结合年度承办服务费预付情况进行清算。

（六）明确商业保险公司的退出情形

通常，长期护理保险承办机构有下列情形之一，经市医疗保障经办机构核查情况属实的，向市医疗保障局报告，按约定解除合同并向社会进行公示，违约行为涉及行政处罚的，由相关行政部门依法处理，构成犯罪的，移交司法机关追究刑事责任，包括：套取、骗取长期护理保险基金的；泄露参保人员个人信息或将参保人员个人信息用于其他用途,造成较大社会影响的;其他严重违反国家、地区以及长期护理保险制度各项政策有关规定的情形。

第二节 江苏省长期护理保险经办管理的现状

江苏省长期护理保险在充分吸收多元主体共同参与运营的前提下,其集中性的经办管理则主要由医保经办机构负责,具体包括协议管理、基金管理、信息管理、监督管理四个模块。涉及具体长期护理保险业务经营过程中协议签定、基金拨付、信息联通、监督管理。具体业务经办过程中由于江苏省各地市充分吸收商业保险公司参与到长期护理保险业务经办管理之中,因此除却各地医保管理部门具有最高的管理权限、负责制定相关管理规定和与相关机构签订协议外,具体业务的经办则主要由商业保险公司负责,商业保险公司承担起对失能人员、定点评估机构(评估人员)、定点服务机构的基金拨付、信息系统对接以及负责对相关部门和人员进行监督是业务常态,颇具地方特色。但商业保险公司在长期护理保险业务中承担的环节和职能则因为各地市政府分工不同和商业保险介入力度不同而形成多样化的政商合作模式,如根据调研,既有政府主导的模式(商业保险公司承担辅助功能的模式),也有全权委托商业保险公司居中经办的模式,更有多元主体合作共治的模式,在此不一一赘述。

一、协议管理

长期护理保险的协议管理主要包括:定点评估机构的协议管理、护理服务机构的协议管理,以及经办机构的协议管理(包含受托机构的协议管理)。无论是对定点评估机构,还是对护理服务机构以及受托机构的协议管理,其流程都为申请受理、材料审核、集体评定、名单公示和协议签约。具体而言,目前江苏省各地市关于定点评估机构协议管理、定点服务机构协议管理、经办机构协议管理以及受托机构协议管理的具体要求,各地虽然有差别,但总体差别不大。具体而言,协议内容应明确机构管理、人员管理、服务内容、工作标准要求、费用结算、稽核管理以及双方的权利义务等(见表7.4)。

表 7.4　江苏各地市协议管理的具体要求

类别	定点评估机构协议管理	定点服务机构协议管理	经办机构协议管理	受托机构的协议管理
具体内容	1. 符合地区失能评估管理办法要求的评估机构（含受托机构），可按规定向经办机构申请作为评估机构，定点评估机构与经办机构签订协议实行协议管理。协议内容应明确双方的权利义务、工作要求、服务内容、服务标准、稽核管理以及服务合同相关部门行政执法的地区医保护部门会同相关部门制定。2. 成立地区失能评定专家库，原则上，特定评定不足时的失能评定专家从设有康复科以上医疗机构中选取。3. 定点评估机构按照"一人一档"的要求保存全部评估资料，按档案管理要求归档、备案。定点评估机构（含受托机构）向经办机构（含受托机构）从业人员加强专业技能培训，定点评估机构应按照要求配置必要的设备以及评估信息系统的应用，对应的信息连接和数据交换，确保信息安全。4. 定点评估机构等情况发生变化的，视情形开展重新评估，对不符合定点评估要求的中止或终止服务协议。	1. 符合地区长护险定点服务机构管理办法要求的医疗机构、养老机构、居家护理机构、护理辅具租赁机构等单位均可向经办机构（含受托机构）申请长护定点服务机构，与定点服务机构签订协议实行协议管理。协议内容应明确协议内容、人员管理、服务内容、费用结算、稽核管理以及服务合同相关部门行政执法的地区医保护部门会同相关部门制定。2. 定点服务机构应多渠道评估项目内容、收费标准等相关服务主管部门，服务对象和社会公众监督。定点服务人员在提供护理服务时，应核对参保人员身份，不得对享受护险待遇的人员变相提高收费标准。3. 定点服务机构应对相关服务机构人员加强服务技能培训，协助经办机构相关护理服务人员（含受托机构）开展亲情护人员护理技能再教育要求配置应有的信息以及长护险信息系统的连接和数据交换，确保信息安全。4. 定点服务人员（含受托机构）定点服务机构的地址、服务方式、服务范围、服务人员等情况发生变化的，服务能力服务质量重新要求要的，视情形开展新评估，对不符合定点服务要求的中止或终止服务协议。	1. 由地区医保中心制定全市统一的长护险经办规程和各类服务协议文本，护险经办规程应规范开展各类经办工作，建立内部风险控制机制，保障基金安全。多元化受理渠道，优化业务办理手续，提高工作效率。经办机构（含受托机构）可办理异地网点业务，经办机构（含受托机构）推进失能评定的本市发生地居住地居住地手续办理费用、参保人员在任何地居住地评定的费用，可凭有效票据到经办规定的经办机构（含受托机构）办理报销手续。2. 经办机构（含受托机构）应加强信用管理，完善评估管理方式，建立信用评估机制，提高基金使用效率，控制不合理费用。其中，对医疗保险定点护险住院护理服务费用参照本市基本医疗保险住院护理费用的结算办法进行结算，并制定相应的结算标准。3. 经办机构（含受托机构）对定点评价机构、定点服务机构开展服务质量考核、综合满意度核查、费用评价等情况，将考核结果与协议续签挂钩，并建立动态管理机制。4. 经办机构（含受托机构）应对失能评估、护理服务等人员加强业务培训，建立相关从业人员信息库，实行实名制管理。	1. 经办机构应与受托机构建立合作机制，制定双方权利义务协议，明确双方权利义务协议，约定服务范围、工作要求等内容，受托机构应按照各项规定和要求做好日常指导和监督。受托机构应按规定定时建立长护险信息管理系统，确保信息综合管理。地区医保中心应合理确定受托机构的经办绩效，人口、机构运营成本、工作机构不合因素，从长护险基金中列支经办服务费，服务费的调整由地区医保部门会商财政部门确定。2. 经办机构应对受托机构履行情况、服务对象满意度等经办情况管理，服务对象满意度等经办结果质量、效果评价，评估结果与经办费用支付、委托服务范围调整等挂钩。

资料来源：由各地市长期护理保险实施方案或实施细则整理所得。

二、基金管理

长护险基金按要求纳入财政专户，实行收支两条线管理，单独建账，单独核算，专款专用，接受审计和社会监督。基金管理的具体流程包括：结算申报、费用初审、费用复核、费用拨付，同时统筹地区经办机构应建立基金管理运行分析制度，定期对基金收支及使用情况进行统计分析。经办机构应当建立健全内部控制制度，明确对定点评估机构、定点长护服务机构和承办机构的确定、费用审核、结算拨付等岗位责任，建立完善的风险防控机制，要求创新基金管理手段，完善举报投诉、信息披露渠道，防范基金风险，接受各方监督，确保基金安全。同时地区医疗保障机构应按照规定编制下一年度长期护理保险基金预算草案，做好长期护理保险基金预算管理相关工作。具体实践中不同地市关于长期护理保险基金管理的具体做法和政策规定可能并不相同，表7.5列出了江苏各地市长期护理保险基金管理方式的差别。具体分为失能人员结算、承办机构与定点服务机构结算、经办机构与承办机构之间的结算、承办机构的服务费用结算以及评估机构的服务费用结算。不同地区在基金结算的时点、标准、预留的比例都不相同。

三、信息管理

长期护理保险业务经办信息管理系统建设初步健全。长期护理保险业务运营流程是一个链接各方主体：政府、商业保险公司、医疗服务机构、养老服务机构、第三方评估机构、专家数据库、志愿组织以及家庭和居民的复杂系统，链接主体的多元化也客观需要建立一个完善的长期护理保险管理系统来提升业务经办效率、服务效率和监管效能。江苏省各地市由于关于信息管理还没有系统化的文件出台，各地关于信息管理的操作性要求大差不差，因此报告在此进行统一概括。具体来说，信息管理包含：一体化信息平台建设、信息技术应用、移动经办服务以及信息人员配置保障等。具体如表7.6所示。

表7.5 江苏省各地市长期护理保险基金管理办法的差异

地市	失能人员结算	承办机构与定点服务机构结算	经办机构与承办机构结算	承办机构的服务费用结算	评估机构的服务费用结算
南京	符合长能保险规定服务范围和服务时间的费用，由失能保险基金支付，承办机构与照护服务机构结算。超出失能保险规定服务范围和服务时间的费用，由待遇享受人员个人承担，与照护服务机构结算	1.承办机构与照护服务机构按月结算护理费用。承办机构每月10日前按上月失能保险待遇享受人数、待遇标准与照护服务机构结算实际照护服务费用 2.承办机构应建立与服务对象满意度、照护服务质量挂钩的考核结算机制，可通过预留款等方式，根据考核结果，与评估机构、照护服务机构进行费用清算	每季度初，医疗保障部门按季度预拨给承办机构上季度支出的95%，按季结算	1.综合考虑服务人口、工作绩效等因素，合理确定承办机构的承办服务费及失能保险评估费用，从失能保险基金中支付。 2.医疗保障部门按季95%预拨给承办机构，根据承办机构履行协议的情况及年度考核结果，对承办机构的承办服务费进行年度结算	1.承办机构与评估机构按月结算评估费用 2.承办机构每月按上月实际评估的人数、评估费标准结算评估费用 3.承办机构应建立与评估对象满意度、评估质量挂钩的考核机制，可通过预留款等方式，根据考核结果，与评估机构、照护服务机构进行费用清算
无锡	逐步推进长护险服务精细化、标准化管理，制定长护保险服务标准和考核评价标准、建立与参保（监护）人满意度和服务质量考核相挂钩的结算机制。长护保险结算年度同社会医疗保险结算年度	1.长护保险服务费用中，长护保险基金支付的费用，应由长护保险经办机构按月按照享受待遇的天数结算标准，于15日（节假日可顺延）前将服务费用划拨定点护理机构，同时向经办机构报备 2.商保稽核结算费用首月编报上季度运行分析报告，报经办机构 3.由居家人或委托护理人员按月向参保人社会保障卡捆绑的银行卡发放上月的护理费用。特殊情形无法发放或发放途径变更发放渠道变更的，经核实发放变更申请后，由商保机构提出，变更发放渠道	1.经办机构预留年初的4%作为风险金，并以年初保费总额的24%风险金额为基数，按季（首月）向商保机构划年度保费余额待年度考核后一并结算 2.商保机构应加强对长护保险费用管理，建立费用结算控发制度，于每季首月编报上一季度长护保险运行分析报告，报经办机构	—	评估费用由定点护理机构向商保机构申报、商保机构审核后拨付 1.初筛费用：10元，根据初筛数量，按实划拨给定点护理机构 2.评估费用：根据评估数量，定点护理机构评估的，90元/人；上门评估的，190元/人

续表

地市	失能人员结算	承办机构与定点服务机构结算	经办机构与承办机构结算	承办机构的服务费用结算	评估机构的服务费用结算
常州	1. 参保人员在定点服务机构发生的费用，属于长护险服务项目支付范围以内的，由长护险基金按规定支付范围和支付标准按月支付；超出长护险服务项目支付范围和支付标准的，由个人承担。2. 参保人员有亲情照护需求的，可向经办机构（含受托机构）提出申请，经办机构（含受托机构）审核后，对符合规定受托机构的生活护理补助按日计算按月支付。亲情照护生活补助原则上发放至亲情照护人员社会保障卡银行账户中。3. 对办理异地居住手续的参保人员，经办机构可通过受托机构异地服务优势，推进失能发生凭有效票据到经办机构（含受托机构）办理报销手续	经办机构（含受托机构）应对定点机构、定点服务机构，综合评价定点机构评估，将考核结果与预留费用返还、服务质量、群众满意度等情况，服务绩效考核结果与协议续签等挂钩，并建立动态管理机制	经办机构与受托机构建立合作机制，制定协议，签订委托协议，明确双方权利义务、受托服务范围、工作内容，约定服务范围日常指导监督。经办机构应加强对受托业务按照要求做好各项长护协议要求，并按要求建立信息管理系统，确保信息数据安全	1. 市医保中心应综合考患服务人口、机构运营合理确定委托服务费。从长护服务的经办服务费的调整由市医保部门会商财政部门确定中列支。经办机构应对履行情况、服务质量、管理、开展年度绩效评价，意见度等与经办服务费支付、委托服务范围调整等挂钩	1. 建立失能评估费用分担机制，符合规定失能评估费用纳入长护险基金支付范围。其中，对初评、结论改变的再评估，费用由长护险基金按人每次200元标准支付；对结论改变的复评估，重新评估机构的复评费用由参保人员承担；对结论未改变的复评或再评估费用由参保人员承担。2. 长护费用标准根据评估工作绩效、参保人员评定等因素，由市医保部门会商相关部门予以调整
南通	鼓励志愿服务组织、人员为失能人员提供照护服务，探索建立志愿照护服务计分等激励办法	1. 逐步推进照护服务精细化、标准化和考核管理，制定照护服务标准和考核评价体系，建立照护服务与考核相挂钩的结算机制。2. 定点定、法制照护机构按照结算规定，按协议价格做好定点照护服务机构的监督管理机构应保证费用支付：符合规定的，每月结算费用不予扣留；不符合规定的预留金，于年终由经办机构考核结算	—	—	失能评估工作经费，参照工伤保险鉴定收费标准，从照护保险基金中支出。其中居家照护评定费每人合计最高不超过300元（副主任医师不超过150元/人，主治医师不超过100元/人；机构照护评定费为每评定一人200元

续表

地市	失能人员结算	承办机构与定点服务机构结算	经办机构与承办机构结算	承办机构的服务费用结算	评估机构的服务费用结算
徐州	1. 逐步推进照护服务精细化、标准化管理，制定照护服务标准和考核评价标准，建立照护服务质量考核与参保相挂钩的服务质量保证金相挂钩的结算与质量保证金机制 2. 鼓励志愿服务组织、人员为失能（失智）人员提供照护服务，探索建立志愿者服务计分等激励办法	1. 照护服务费用中，应当由个人承担的费用，应由参保人员支付给服务机构；应由长护保险基金支付的费用，由承办机构和服务机构、评估机构做好服务协议规定，经办机构应按月结算。经办机构和承办机构应按月结算、评估机构应当做好服务协议规定的监督管理工作 2. 不符合长护规定的，长护基金不予支付，已经支付的予以追回；符合规定的，月度结算（预留一定比例的服务质量保证金）、年终决算	经办机构按照委托承办协议规定，及时将长护保险基金拨付至承办机构。承办机构应对长护险基金单独建账、单独核算	承办机构的经办服务人口、工作绩效等因素、综合考虑服务人口、工作绩效等因素成本，按护险基金中按服务经办比例或按定额支付。经办机构与承办机构建立退出机制，预留一定比例委托经办服务费，为服务质量保证金，于年终考核后结算	失能（失智）评估、复核，每人每次不高于评次；复评按每人每次不高于200元标准（集中或通过视频鉴定模式鉴定的不高于120元），从长护险基金列支
宿迁	参保人员在护理期间发生的，符合护理服务项目和标准的护理服务费用，由承办机构和长护险从业人员长护险基金中支付；超出服务项目范围和标准的护理服务，长护险基金不予支付	承办机构与服务机构按月结算护理服务费用。承办机构按上月护理服务享受待遇人数（10个工作日内）按上月实际享受待遇时间，与服务机构结算按月护理服务费用。承办机构代办人员享受待遇的护理服务补助，建立服务对象满意度、护理服务质量挂钩的考核结算机制，经办机构对承办机构加强对服务质量和结算管理考核，通过信息化等手段进行考核。具体考核办法由市医疗保障部门另行制定	每季度初，经办机构按上季度支付的95%预拨给承办机构，承办机构按季度预支付给承办机构。次年初，经办机构根据实际报送经办机构支付情况，审核后进行结算。承办服务协议的履行情况、服务对象满意度及年度考核结果，对承办机构支出、长护保险基金年度清算进行年度清算	综合考虑服务人口、机构运营成本、工作绩效等因素，合理确定承办机构的承办服务费。承办服务费从长护保险基金中支付	1. 申请人居家进行评估的，评估费标准为200元/次；申请人入住机构进行评估的，评估费标准为120元/次 2. 评估费用由长护保险基金列支 3. 承办机构与评估机构按月结算评估费用 4. 承办机构按上月实际评估的失能标准评估人数及长护评估费标准结算评估人员费用

续表

地市	失能人员结算	承办机构与定点服务机构结算	经办机构与承办机构结算	承办机构的服务费用结算	评估机构的服务费用结算
盐城	1. 失能人员凭本人社保卡接受定点照护机构照护服务，照护服务终结后，照护服务费用通过社保卡联网结算。2. 失能人员在长护险照护服务目录和标准范围内发生的定点照护机构的照护费用，长护险基金中支付，超出照护费用项目范围和标准的照护费用，长护险基金不予支付，由失能人员个人承担并与定点照护机构直接结算	—	1. 每月15日前，承办机构应完成上月支付待遇费用的核算、对账及审核，并将费用明细、结算报表签字并报送至经办机构，同时于20日前将应支付待遇费用返还至经办机构账户。各级经办险业务部门进行复核，结算部门分别对应支付待遇费用复核无误，财务部门于25日前报财务部门，复核对账后，财务部门完成支付。2. 每年4月底前，经办机构按上年度享受长护险待遇情况对承办机构的实际照护费用清算，结余全部分返还财政专户。承办服务质量年度考核情况，根据承办服务质量年度考核结果进行考核金结算	1. 综合考虑服务人口、机构运营成本、工作绩效等因素，合理确定承办服务费从长护险基金中支付。经办机构应加强对承办机构的协议管理和监督检查，根据承办机构合同履行情况、承办服务质量、年度考核结果进行承办服务费年度结算。2. 经办机构根据上年度第四季度保费使用率，在此基础上上浮10%（如拨付的保费不足以支付当年度待遇时，可根据实际情况调整上浮标准）于每季度首月向财政部门申请当季度长护险保费（上季度保费申请有剩余，计入当季度保留规模）。经办服务费为首月承办服务费的5%作为考核服务费到账后，承办服务费及时拨付至各承办机构	1. 参保人接受机构上门评估的，评估费标准为280元/次；参保人到机构进行评估的，评估费标准为180元/次。2. 建立失能等级评估费用承担共担机制。申请人承担评估费用的20%（医疗救助人员评估基金承担80%，申请人承担费用的个人缴费免由长护险基金承担）。申请人（异议人）申请的复评结果与初评结果一致的，异议评估费用由申请人（异议人）承担；其他情形由长护险基金承担。3. 长护理费用承担从承办资金中支出。盐城管理费承担失能等级评估专家费、业务指导、抽查复审、争议复评和稽查核评费用从承办资金中支出。每月25日前，承办机构根据上月实际完成的评估人数，按照评估费标准与定点评估机构协议约定进行评估费用结算

续表

地市	失能人员结算	承办机构与定点服务机构结算	经办机构与承办机构结算	承办商保机构的服务费用结算	评估机构的服务费用结算
连云港	1. 失能人员凭本人医保电子凭证或社会保障卡接受定点护理机构护理服务。2. 失能人员在享受长护险待遇期间，发生的符合长护险标准的服务项目由承办机构与长护险定点护理机构结算，超出长护险范围和标准的护理费用、长护险基金中不支付，由失能人员个人承担，并与定点护理机构直接结算	每月初10个工作日内，承办商保机构根据上月实际评估的失能人员数目、评估费标准，按照协议约定与评估机构结算评估费用；根据上月长护险待遇享受人数、实际享受待遇时间、每季度末，承办商保机构将亲情护理补贴和护理服务补助发放至失能人员社会保障卡或银行卡账户	1. 医保经办机构应建立与服务对象满意度、评估质量、护理服务质量挂钩的考核结算机制，可通过约定质量保证金方式，年终根据考核结果进行费用清算。2. 每季度初10个工作日内，承办商保机构将上季度实际发付的医保长护险费用向医保经办机构申报结算金额、结算进度，审核通过后10个工作日内从长护险基金专户拨付。3. 长护险启动初期，医保经办机构可根据失能人员规模支付一个季度的预付金	承办商保机构长护险统筹基金的承办服务费为当年度长护险统筹基金支出总额的5%，机构运营综合成本、工作绩效等因素，合理调整承办服务费。承办服务费从长护险基金中支付。医保经办机构协议对承办商保机构建立与承办机构的协议管理和监督检查、考核经办与承办机构的协议履行情况机制。每季度初，医保经办机构按照承办协议约定拨付承办服务费预算的95%，次年初，根据承办机构的考核结果，进行年度结算	—
镇江	重度失能人员凭本人社会保障卡（医保电子凭证）接受定点护理机构护理服务，护理机构通过社会保障卡（医保电子凭证）联网结算。发生的符合人员在护理期间，规定的护理费用，由承办机构从长护险定点护理机构结算；超出护理项目范围和标准的护理费用，长护险基金不支付，由重度失能人员个人承担并与定点护理机构直接结算	承办机构每月初15个工作日内，按上月长护险定点护理机构人数、待遇享受时间，按照护理协议约定标准和实际约定服务费用；每季度末，承办机构补助服务内居家亲情护理人员的失能评估标准、评估机构结算评估费。每季度末，承办服务机构补贴人员的护理评估标准，承办服务补助任的重度失能人员长护险服务补助发放至重度失能人员社会保障卡（银行卡）账户	1. 经办机构应建立服务对象满意度、评估质量、护理服务质量挂钩的考核结算机制。2. 经办机构根据每月长护险考核基金挂钩考核结算，在预留一定额度的基础上，按月度拨付资金给承办机构。3. 承办机构每月初7个工作日内，将上月实际支付的长护险费用经办机构审核汇总后报送经办机构，经承办机构审核通过后由承办机构统一支付给相关机构或人员	1. 综合考虑服务人口、机构运营成本、工作绩效等因素，合理确定承办机构的承办服务费，并建立实际动态调整机制，承办服务费从长护险基金中支付。2. 次年初，根据承办机构协议履行情况、服务对象满意度、年度考核结果以及长护险保费和承办服务费等审计情况，进行年度清算	—

第七章　江苏省长期护理保险经办管理分析

续表

地市	失能人员结算	承办机构与定点服务机构结算	经办机构与承办机构结算	承办机构的服务费用结算	评估机构的服务费用结算
淮安	失能人员凭本人社保卡或医保电子凭证接受定点护理机构护理服务，护理费用通过社保卡或医保电子凭证联网结算	1. 失能人员在享受长护险待遇期间，发生的符合长护险服务项目范围和标准的护理费用，由承办机构从长护险基金中支付；超出护理服务项目范围和标准的服务费用，由失能人员个人承担并与定点护理机构直接结算。2. 每月初10个工作日内，承办机构按上月实际评估的失能人数、长护险结算评估费用标准，评估费用结算评估费用；按协议约定长护险待遇享受人数、待遇标准和实际享受待遇时间，按照协议约定与定点护理机构结算护理费用。3. 每季度初10个工作日内，承办机构将上季度实际支付的长护险费用情况报送经办机构。经办机构对结算金额、结算进度、结付时限等进行审核	1. 长护险保费：经办机构按季度申请划拨至承办机构指定账户，用于承办机构支付长护险待遇。次年经办机构对承办机构完成上年经考核后，按上年度享受长护险待遇的实际人数、考核结果，与承办机构进行保费清算并结算服务费余额。2. 如有结余，承办机构在10个工作日内将全额上缴至当年市财政专户；如果超支，由经办机构与承办机构按双方签订的服务协议规定进行分担	1. 经办机构应加强对承办机构的协议管理和监督检查，建立与承办质量相挂钩的考核机制。2. 长护险基金使用范围包括：长护险保费、长护险评估费和承办机构的长护险服务费。承办服务费不超过当期长护险基金收入的5%，具体标准由招标确定长护险保费和承办服务费分别建账、核算、考核。3. 承办服务费：经办机构与承办机构按照服务协议、评估、培训办公经费、信息系统建设及维护宣传费等。次年根据承办机构质量经办机构按照季度申请年度服务费的95%按季度划拨至承办机构指定账户，支付长护险经办人员薪资、办公经费、稽查稽核费用、培训宣传费等。次年根据承办机构质量履约情况，结算后结余部分返还基金，超支部分由承办机构自行承担	长护险评估费：初次失能等级评估费用由长护险基金支付；复评结论与初评结论不一致，复评费用由长护险基金支付

资料来源：由各地市长期护理保险实施方案或实施细则整理所得。

表 7.6　　江苏省各地市关于信息管理的操作性要求规定

类别	一体化信息平台建设	信息技术应用	移动经办服务	信息人员配置保障
具体内容	建立全市长护险信息系统一体化平台，推进"互联网+"大数据技术应用，推进信息系统平台实现信息共享、费用结算、服务监控等功能，满足长护险信息化发展要求	利用大数据分析、人脸识别、电子地图和位置定位系统等信息技术，为经办机构、承办机构、评估机构、定点护理机构提供智能化的管理工具，实现参保管理、待遇算法、考核评价、基金结算、基金支付和服务行为等数据的全过程、精细化动态管理，并实现全程留痕存证实时动态监管	建立移动经办一体化服务模式，通过移动端为参保人员、评估人员、护理人员以及稽核人员提供统一的经办服务入口，统一管理、分级授权，协同完成失能申请、受理审核、失能评估、待遇确定、服务管理、费用结算、费用支付等业务流程	承办机构、评估机构、定点护理机构应统一纳入信息系统管理，按要求配置必要的设备和信息管理人员，保障信息系统的连接和数据交换，按照协议要求建设长护险信息管理系统。建立评估人员库、上门护理人员库，将符合条件的评估人员、上门护理人员信息录入信息系统，实行动态管理

资料来源：由各地市长期护理保险实施方案或实施细则整理所得。

例如，就移动App系统建设来看，长期护理保险管理系统通过外挂接口与医保系统对接，系统通常包含以下几个模块（见图7.2）：第一，长期护理保险信息管理系统，通常由经办机构操作。第二，同时在长期护理保险信息管理总系统基础上，开发三款用于移动操作的手机App，与信息系统联网使用。其一是参保人员App。参保人员（申请人）通过手机App，可实现申请失能评估、个人信息变更、信息数据查询、待遇查询等相关功能。第三，评估人员App。失能评估人员、专家及工作人员，可通过App实现失能申请受理、现场失能评估、失能人员日常巡查、定点照护机构日常巡查等相关功能。第四，照护人员App。照护服务人员可通过App，实现精准、规范的照护服务，包括日常考勤、照护预约、照护项目管理、服务满意度评价等功能，目前调研地区对照护人员服务系统的功能诉求尤其强烈，不仅需要具备基础的功能，而且依托系统显示服务对象人数、服务时长、签到签退、服务人员行动轨迹、强制视频通话、人脸识别等功能，以实现服务过程客观记录、服务内容具体量化、服务时长统一监管等功能要求。调研地区根据自身需要，具有不同的模块功能设置，但总体脱离不了上述四个基本模块。但调研中发现不同地区根据自身条件不同系统可能委托不同的主体来制作，如既可能委托养老服务机构制作，也可能委托商业保险公司制作，还有可能系统则是医保局自己做。委托市场服务主体如养老服务机构、商业保险公司制作系统的可能会面临后续更换市场服务主体系统归属问题，以及客户隐私权保护、系统数据对接等复杂问题，建议非必要情况下，长期护理保险业务操作系统不要委托市场主体制作，而应控制在政府部门内部。

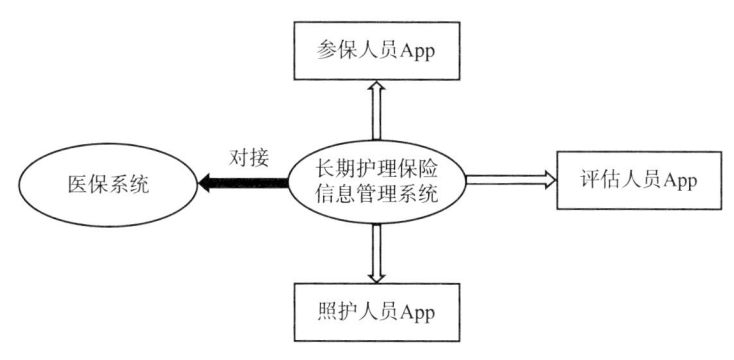

图 7.2　长期护理保险信息管理系统的模块

四、监督管理

调研中长期护理保险监督管理主要是指医疗保障经办管理部门对长期护理保险运营过程中的多元参与主体：商业保险公司、评估服务机构及长期护理服务提供过程进行监督。根据监督主体的不同，具体分为承办机构的监督管理、经办机构的监督管理、医保部门的监督管理以及信用管理和档案管理。如承办机构监督管理中的信息系统监督（主要对定点服务机构进行监督）就包含依托信息系统实现实时显示服务对象人数、服务时长、签到签退、服务人员行动轨迹、强制视频通话、人脸识别等功能，限制虚拟签到软件使用等。通过对服务内容、服务时长等服务流程进行全程监控，确保参保人获得真实优质的服务体系，保障长期护理保险基金运行安全。此外还有其他监督管理内容，具体如表 7.7 所示。

表 7.7　江苏省各地市长期护理保险监督管理的具体要求和监督机制

项目	承办机构的监督管理	经办机构监督管理	医保部门监督管理	信用管理和档案管理
内容	承办机构应在经办机构监督下建立费用审核、内部控制、日常巡查、运行分析等管理制度，通过信息系统、抽查询访、满意度调查等途径，对评估结果、定点护理机构服务质量及待遇享受等情况进行跟踪管理，按月编报长护险运行分析报告报送至经办机构	经办机构应建立举报投诉、信息披露、基金监管、欺诈防范等监督机制，确保长护险基金安全、平稳、可持续运行。加强对长护险参保人员、承办机构、评估机构、定点护理机构政策制度执行情况的督查，及时纠改长护险实施过程中存在的问题。经办机构应加强协议管理，实施严格的退出机制，对违反服务协议的，应根据协议约定进行处理	1. 各级医保部门应通过实地检查、抽查、智能监控、大数据分析等方式对医保经办机构、评估机构、承办机构、定点护理机构的协议履行情况、长护险基金使用情况、护理服务项目执行情况等内容开展监督稽查 2. 评估机构、承办机构、定点护理机构以及参保人员以欺诈、伪造证明材料或者其他手段骗取长护险基金支出的，由医保部门责令退回骗取的长护险基金；构成犯罪的，依法追究刑事责任；违反其他法律、行政法规的，由有关主管部门依法处理	1. 探索建立长护险信用管理制度，对失信行为按照国家有关规定实施惩戒 2. 经办机构指导承办机构按照档案管理有关规定，将参保人员的失能评估申请和评估资料整理归档，包括失能评估申请表、初次评估结论、现场情况记录、问询记录、复评估结论及相关视频影像资料等

续表

项目	承办机构的监督管理	经办机构监督管理	医保部门监督管理	信用管理和档案管理
监督工具	1. 费用审核 2. 内部控制 3. 日常巡查 4. 运行分析 5. 信息系统监控 6. 抽查询访 7. 满意度调查 8. 考核评比 9. 动态退出机制	1. 举报投诉 2. 信息披露 3. 基金监管 4. 欺诈防范 5. 专项稽核巡查 6. 考核评比 7. 动态退出机制	1. 实地检查 2. 抽查 3. 智能监控 4. 大数据分析 5. 基金追缴 6. 法律制裁	1. 信用体系建设 2. 档案资料留存

资料来源：笔者整理。

第三节 江苏省长期护理保险经办管理存在的问题及改进建议

长期护理保险的经办管理涉及参保人、评估人员、照护人员、保险公司、医保系统连接的各个运营流程环节，因此在长期护理保险运营管理中所出现的问题都可能成为长期护理保险的经办管理问题，根据对江苏省各地市的实际调研，报告将其概括为如表 7.8 所示的形式。

表 7.8　江苏省长期护理保险业务经办过程中的问题分析

主体	问题	问题成因
综合	经办模式选择混乱	调研中不同地区关于长期护理保险经办模式选择混乱，既有政府主导的模式，也有商业保险公司居中调停的模式，更有多元主体合作共治的模式，模式选择的混乱不利于统一的长期护理保险经办服务标准的出台
参保人	逆向选择	参保人基于对自身身体状况的了解，当预测到具有较高的长期护理风险时选择参保，形成"劣币驱逐良币"的现象
参保人	道德风险	参保人故意隐瞒疾病真实程度，在身体机能好转后仍然享受护理服务
服务机构	市场竞争有待加强	服务机构数量有限，同一机构在同一辖区内长期服务，容易形成利益链条纠葛
服务机构	服务规范标准有待出台	目前各地区虽然关于失能等级评估有统一标准，但是不同服务项目在服务过程中的标准细则迟迟没有出台和统一，导致服务质量难以监管
评估人员	评估人员资质欠缺	失能评估人员库建设标准不一，素质参差不齐，同时各地区所接受的失能评估鉴定培训有差异
评估人员	评估结果造假	评估以问卷调查形式为主，存在主观性；评估人员与评估对象有亲属或利害关系，或与评估对象所在定点护理机构有利害关系

续表

主体	问题	问题成因
经办部门	保险公司经营获利甚微	社商合作过程中的政府强势地位,导致商业保险公司在业务经营中话语权较低,保险公司获利甚微甚至亏本经营,缺乏长效合作机制
经办部门	经办服务质量不高	商业保险公司承办人员数量有限,少数人员负责庞大辖区内的长期护理保险经办业务,导致经办服务质量不高,影响服务质量
经办部门	经办过程监管不到位	商业保险公司作为市场主体其经营逐利性较强,且鉴于其多方联系、居中协调的特征,以及经营人员素质问题,容易出现违规操作,监管成本和难度大
政府部门	多头监管	实践中长期护理服务涉及多个部门,医保、民政、残联等部门都有居家上门照护项目,同时都有各自的补助政策。护理服务项目和补助政策有重叠的情况,存在碎片化现象,统筹推进力度不够,未能实现各部门护理服务政策有效衔接

资料来源:笔者整理。

一、经办管理模式混乱

调研中江苏省各地市长期护理保险经办管理最为严峻的问题就是经办管理模式混乱。既有医保经办机构居中经办的模式,也有全权委托商业保险公司经办的模式,还有医保经办机构与商业保险公司合作经办的模式。回顾中国长期护理保险试点的历程,由于国家层面没有明确商业保险公司应当承担的职责和具体工作,在很多地区实际上都采用商业保险公司全流程经办,更有地区甚至将长期护理保险信息系统的建设全权委托给商业保险公司负责,商业保险公司承担的业务从失能标准制定、评估组织实施、护理服务管理、基金结算支付甚至信息系统建设。后续虽然在2021年国家开始出台统一评估标准和流程,要求评估、监管等环节与经办分离,体现出长期护理保险经办工作的专业性,但时至今日,商业保险公司所承担的职责仍然非常多且杂,不符合商业保险公司的量能负担原则。反思目前商业保险公司所承担的职责,有很多是不应该由商业保险公司承担而应该是政府管理部门(或医疗保障经办机构)来承担的职责,例如,基金结算、信息系统建设等,尤其是基金结算由商业保险公司负责经办会诱致商业保险公司与定点评估机构以及护理服务机构合谋套利的行为;而信息系统建设由商业保险公司负责经办则会导致商业保险公司的市场竞争以及准入、退出机制流于形式,也不利于其他经办机构系统的对接。从长期护理保险作为"社保独立第六险"的视角来看,这些基本、核心的经办工作应该由医保经办部门全权负责,而不能委托给商业保险公司。同时坚持"政府主导、规范统一"的总思路,改变商业保险公司过去在长期护理保险经办服务过程中的越权越位现象,将商业保险公司的作用定位为辅助角色,以此统一规范江苏省的长期护理保险经办服务标准。

二、部分环节经办管理操作办法需要统一

统一江苏省各地区经办管理模式,明晰政府、市场、社会各方主体的权责定位后,需要在部分环节将江苏省原先各地市混乱的经办管理操作办法进行统一,比如说在失能评估机构管理(评估机构准入条件、评估机构筛选、各方主体权责、评估人员雇佣及资质、评估机构和评估人员的退出)、定点服务机构管理(基本准入条件、明晰不同类型定点服务机构配置的标准、提交材料、各方主体权责以及退出条件)、承办机构管理(确定商业保险公司经营资质、招投标规范、确定经营片区和经办费率、确定具体承办业务环节、确定费用管理规定及绩效考核要求、明确商业保险公司退出机制)以及协议管理、基金结算管理(失能人员结算、承办机构与定点服务机构结算、经办机构与承办机构之间的结算、承办机构的服务费用结算以及评估机构的服务费用结算)、信息管理、监督管理等环节,目前大部分地市都在上述某一个环节或几个环节存在政策文件缺失、政策规范不足,需要补足。尤其是失能评估机构和评估人员退出机制、商业保险公司承办管理方面,几乎普遍缺乏统一的政策文件规定,更需要花费大力气及早出台相应的政策文件规定;同时各地在协议管理、基金管理、信息管理、监督管理方面也由于长期护理保险初期试点的特征,并没有出台相应的专门性的政策文件规定,相应政策文本散见于各地市的长期护理保险实施方案和实施细则中,也需要补足,以统一具体操作管理办法,尽早使江苏长期护理保险经办管理工作走上规范化、标准化的发展路径,更改过去试点混乱的格局。

三、没有针对参保人的监督措施

江苏省长期护理保险实施过程中的监督举措几乎都无一例外是针对护理服务机构、评估机构、经办部门而制定的,而对于参保人在经办管理过程中可能出现的风

险和违规行为却疏于管理。参保人在长期护理保险经办管理过程中容易出现的风险主要是：逆向选择和道德风险，其中逆向选择是参保人基于对自身状况的了解，当预测到自身有可能发生长期护理风险时才选择参保，形成"劣币驱逐良币"的现象。道德风险是指参保人故意隐瞒疾病真实程度，虚报疾病，或者在身体好转时隐瞒身体真实状况，仍然享受护理服务。逆向选择和道德风险会对长期护理保险基金产生严重侵蚀，建议政府在长期护理保险实施规定和细则中增加对参保人逆向选择和道德风险的识别条款，制定逆向选择和道德风险的违规惩罚操作细则，同时采取一系列措施如定期复评、制定长期护理保险连续缴费享受待遇的规则等，对参保人的行为形成引导，最大限度规避风险。

四、市场竞争及服务标准规范有待加强

调研中江苏省各地市长期护理保险市场运行存在的比较尖锐的问题就是市场竞争程度不高，无论对于照护服务机构、评估机构抑或是长期护理保险经办机构而言都是如此，导致服务标准规范缺位（张瑞雪等，2024；韩丽、陈艳，2023）。

（1）照护服务机构标准有待出台。由于市场照护服务机构数量不足，导致同一辖区内通常由少数几家固定的照护服务机构提供服务，难以通过市场的竞争机制对照护服务机构的服务质量形成有效监督，也使得每3年经营周期评比的"优胜劣汰"举措难以落到实处，对于照护服务机构的监管流于形式。建议地区政府尽快出台优惠举措，通过提供土地、设施、设备、租金优惠、税收政策优惠、贴息贷款等多种形式支持照护服务机构发展，并尽快出台政策，制定照护服务机构的服务标准、服务章程、服务项目细则、监督检查标准，对照护服务机构的服务质量形成有效监督。

（2）失能评估机构的评价标准有待出台。由于市场发展的初级阶段特征，对于失能评估机构公信力、权威性、专业性评估缺失，建议由政府组织，建立由市场上第三方专业的评估机构或评级机构主导的失能评估机构及人员评价标准，对失能评估机构的准入门槛、人员专业性、行为准则、操作要求进行明文规定，严格禁止因评估人员与评估对象有亲属或利害关系，或与评估对象所在定点护理机构有利害关系的评估造假行为，规范失能评估市场的健康稳定运行。

（3）长期护理保险经办机构的服务标准有待出台。商业保险公司因为经营逐利性、居中协调和人员素质等问题，非常容易出现经办服务"偷工减料"等现象。调研中有地区反映商业保险公司开标所允诺的条件与中标后实际配备的人员、条件

等存在不相符情况，但由于辖区内商业保险公司数量有限，即使后续通过3年重新招标，新公司也不熟悉长期护理保险业务经办工作，而且还要重新制作系统对接各方主体，因此更换服务公司的成本非常高昂，后续衔接工作也不好做，因此在实际运营中各地区试行长期护理保险通常都由固定的商业保险公司经营，导致商业保险公司的市场化、竞争化经营和更新淘汰机制流于形式，对商业保险公司的服务质量也难以形成客观有效的监督。建议政府在长期护理保险经办管理中加入经办机构的政策业务培训及考试，以及安装系统及目录维护等流程，解除因为系统原因对于商业保险公司的绑定，通过对招标商业保险公司进行业务培训以及系统对接维护，增强商业保险公司经办机构的市场竞争力，同时出台政策举措对经办机构的服务质量、服务标准、服务流程作出明确规定，制定奖惩措施，确保经办机构的行为运行在合法、合规的制度框架之内。

五、信息化手段运用有待提高，解决异地申请、评估等问题

调研中发现长期护理保险经办管理的另一个尖锐问题就是经办管理机构的信息化手段运用不足，长期护理保险经办管理作为涉及多方主体、全流程的业务体系，更加需要信息化手段来建立、健全多方主体之间的信息沟通机制。目前虽然已有地区建立起包含参保人员App、评估人员App、服务人员App以及医保系统、长期护理保险信息管理系统在内的多种信息系统管理模块，但是所建立的信息系统通常局限于区域范围之内，跨地区之间尤其是全省的长期护理保险经办管理系统还没有建立，导致异地申请、评估以及异地享受待遇等问题迟迟难以解决。

六、服务机构的盈利基础薄弱

调研中发现长期护理保险经办管理中另一个比较尖锐的问题是服务机构的盈利基础薄弱，无论对于照护服务机构、失能评估机构还是商业保险公司而言都是如此。政商合作过程中经办管理机构盈利基础薄弱，很大一部分原因是政府的强势地位（赵琨、王子苏、苏昕，2021），目前长期护理保险制度仍然依托医疗保险基金运行，致使长期护理保险制度摆脱不了医保部门政策干预的宏观背景，而无法走向独立筹资、独立建制的道路。政府为了保证长期护理保险制度经营的公益性以及尽可能惠及更多的人群，会损害市场主体经营的获利诉求，导致经办管理机构的获利

基础薄弱，难以长期可持续经营。归根结底是没有形成经办管理机构提供服务的市场化定价机制，要形成经办管理机构的市场化定价机制，又与经办管理机构的服务标准及规范措施出台、增强经办管理服务的市场竞争性紧密相关，因而是一个系统工程，需要长期推进。

七、政府监督需要到位

长期护理保险业务运营涉及多元主体，同样，其业务监督管理也涉及多个政府部门，未来如何处理好不同政府部门之间的相互关系也是制度设计尤其需要考虑的一部分。调研发现，长期护理保险制度运行涉及医保、财政、民政、卫生健康、工信、人社、税务等职能部门。其中，医保部门负责制定长期护理保险政策，牵头组织实施长期护理保险工作，加强基金使用监督管理。财政部门负责长期护理保险基金和风险金管理，以及适当财政投入等工作。民政、卫健、工信三个部门除了共同负责长期护理服务相关标准制定，遴选定点服务机构和智慧养老服务质量监管外，民政部门还负责配置养老服务资源，加快养老机构护理型床位建设；卫生健康部门负责加强护理院（护理站）、康复医院等接续性医疗机构建设，推进医疗机构加快发展机构护理、社区护理、居家护理等服务供给；工信部门负责指导电子健康产品生产，推进智慧养老服务。人社部门统筹行业主管部门开展护理服务人员职业技能培训，负责护理服务职业技能等级认定工作。税务部门负责长期护理保险保费征缴，以及相关服务机构的税收优惠政策实施等工作。除此以外，长期护理保险在运行过程中还涉及残联、市场监督、教育、国土资源、住房城乡建设、公安（消防）、银保监会、中国老龄协会等相关协同部门的通力合作（见表7.9）。例如：市场监督管理部门涉及民营机构的注册；教育部门涉及高等教育和职业教育中养老服务与管理人员的专业教育培养；国土资源、住房城乡建设和公安（消防）等部门直接负责养老机构开设的选址、建设标准和安全设施配备等；银保监会负责商业保险公司业务经营的行业监督；中国老龄协会负责老龄事业大政方针的调研建议和开展老龄事务的国际交流与合作；等等。因此，长期护理保险是一个比任何险种都要复杂、牵扯较多职能部门的险种（戴卫东，2023），在实际运行中更需要多部门协同配合监管，才能发挥治理合力。例如，调研中发现，医保、民政、残联等部门都有居家上门照护项目，同时也都有各自的补助政策，未来如何通过部门间的协调与沟通统一待遇补贴、加强监管，仍然是需要探索的工作。

表 7.9 江苏省长期护理保险试点过程中各政府部门的具体职责

项目	部门					
	经办机构	卫生计生部门	民政部、老龄部门	人力资源社会保障部门	市场监督部门	残联
职责 医保部门负责的组织长护险实施工作	1. 医保经办机构为长护险经办机构（简称经办机构）。地区医保中心组织实施辖区长护险经办工作，负责统筹协调市、区医保中心（分中心）按职责开展各项经办业务。经办业务包括：经办规程、管理、委托经办机构（简称受托机构）的招标和绩效评估、参保登记、失能评估、定点服务机构协议管理、费用结算、稽核管理、政策宣传、业务培训、基金运行监测、信息系统建设、数据管理等。2. 在基金安全和风险可控的前提下，医保经办机构可将部分业务按规定通过招标的方式委托受托机构经办。由市医保中心统一组织市受托机构长护险的招标工作，受托机构应按照长护险的招标架构、健全制度建设以及其他适合委托经办的业务	卫生健康部门要落实护理性床位分类管理，落实家庭医生签约服务和家庭病床制度；规划和统筹配置医疗服务资源；为失能评估和护理服务提供医疗技术指导；指导基层卫生服务机构将长护理工作与护理服务的衔接基层推进	民政部门要规划和统筹配置养老服务资源，推动养老服务产业发展；做好老年人生活护理服务的技术指导；指导养老服务机构协同医保机构将长护险服务做好与医保机构相关待遇的衔接工作	人社部门做好职责范围内护理服务人员职业技能培训管理，职业资格，促进护理服务领域的就业创业管理服务；会同医保部门做好相关待遇的衔接工作	市场监管部门做好职责范围内长护险服务价格的监督管理工作，依法查处违法行为；做好对提供护理辅具配套使用的医疗器械机构的监督管理，规范服务质量，规范机构的经营行为	残联负责做好残疾人保障工作，会同医保部门做好相关医保待遇接合工作

资料来源：笔者整理。

八、经办管理的风险预防机制缺位

江苏省长期护理保险经办管理中一个非常严重的问题是没有建立经办管理的风险预防机制。由于制度刚刚建立，没有对经办管理过程中可能出现的重大风险事项如违规套取基金、私自挪用基金、泄露客户信息，以及经办管理中的合谋套利、私相授受、贪污受贿等重大违规风险事故作出相应的应急预案，以及针对性的处理措施。应该说，这对于长期护理保险制度长期健康稳定运营至关重要。

第八章　江苏省长期护理保险发展对养老护理产业的影响

养老护理是指为老年人提供生活照料、医疗护理、精神慰藉以及促进社交互动等一系列服务，旨在保障老年人的身心健康，提高其生活质量。随着老龄化和家庭规模缩小的人口演变趋势，养老护理的产业化进程加速，2023年中国养老产业市场规模为12万亿元，同比增长16.5%，预计2024年中国养老产业市场规模为13.9万亿元，2027年市场规模有望突破20万亿元。[①] 然而，养老护理行业整体发展水平偏低，专业化水平不足，亟须强有力的政策支持来打破行业发展瓶颈。长期护理保险作为社会保险"第六险"，为广大失能、半失能老年人提供资金和服务支持，从而对养老护理产业发展产生积极影响，有望破解养老护理行业的发展困境。

江苏省13个地级市已经全面开展了长期护理保险试点工作，试点有效推动了养老护理产业的发展与改革进程。一方面，长期护理保险提升了养老护理服务的市场供给能力，带动养老护理产业的专业化和规范化发展，促进了养老护理服务资源的优化配置；另一方面，养老护理产业的快速发展，也为长期护理保险试点工作的顺利开展提供了市场支持。受制于结构性供需矛盾的深层次因素，江苏省长期护理保险与护理产业尚未实现协同发展，需要积极探索具有地方特色的长期护理保险制度框架和政策体系，通过实践创新从根本上解决结构性供需矛盾问题。

---

① 艾媒咨询《2024—2025年中国银发经济投资前景分析报告》。

第一节 长期护理保险对养老护理产业的促进作用

长期护理保险既是护理产业的资金供给方，也是护理产业的服务需求方。从产业链角度来看，长期护理保险主要赋能养老护理产业重点领域，为其提供持续的、制度性的资金支持和服务需求，从而促进养老服务业的快速发展。如图8.1所示，长期护理保险的实施，有效引导了护理服务的市场需求，影响了养老护理服务机构、居家护理服务机构、支持性器具服务机构、失能等级评估机构、智能化科技服务机构、长期照护师培训机构等重点领域，打通了养老护理产业的上游、中游和下游，为养老护理产业高质量发展奠定基础。

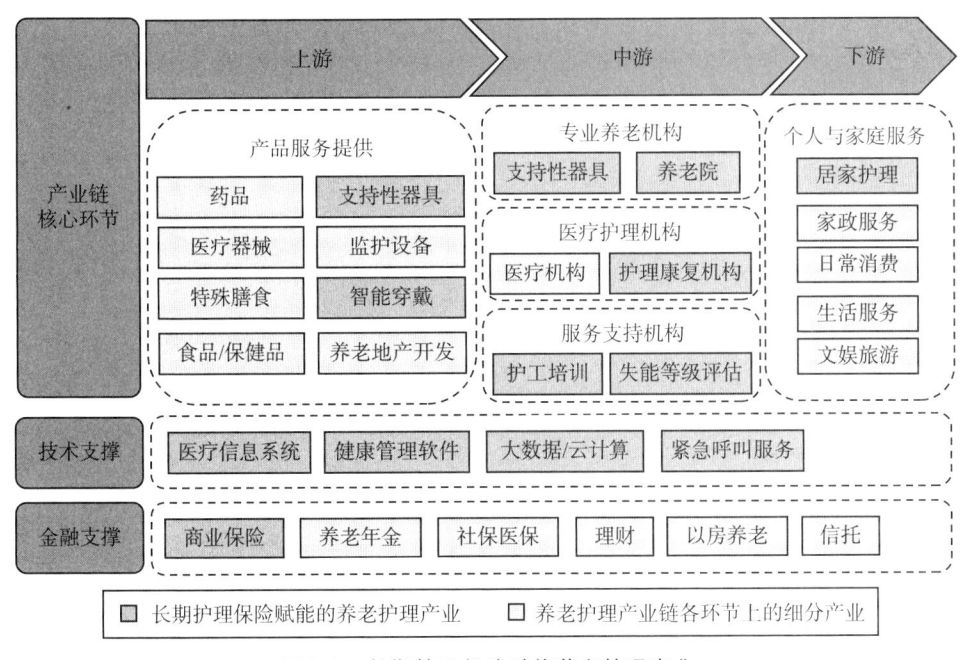

图 8.1 长期护理保险赋能养老护理产业

资料来源：笔者整理所得。

一、长期护理保险有利于提升养老护理服务的供给能力

长期护理保险通过保险机制，实现政府、用人单位和个人多方筹资，有效解决了养老护理服务产业资金难题，将家庭养老潜在需求转化为有效需求。有效需求拓

展了养老护理服务的市场空间，降低了相关服务机构的建设和运营风险，有利于提升养老护理产业的供给能力。自2016年以来，长期护理保险先后在北京、山东、江苏、上海、成都等49个城市开展试点，长期护理保险基金负担了70%以上的个人照护支出，形成了以"居家养老为基础、社区服务为依托、机构照护为补充"的发展路径，探索了以医养实体连锁化运营模式加速布局养老护理产业发展，促进了失能评估、照护服务、支持性器具租赁、健康预防等新业态产业链的形成与发展。从照护内容来看，长期护理保险形成了包括生活照护、医疗护理、机构照护、支持性器具服务、社区护理服务等多种护理服务类型和项目清单，为照护对象提供多样化、可选择的养老护理服务，极大提高了居民的参保意愿。长期护理保险的覆盖对象逐步从城镇职工走向城乡居民，截至2024年10月，全国参保人数达到1.8亿人，累计有230万人享受长期护理保险待遇。①

二、长期护理保险有利于带动养老护理行业规范性发展

2023~2024年，国家先后印发《长期护理保险失能等级评估管理办法（试行）》《健康照护师（长期照护师）国家职业标准》《长期护理保险护理服务机构定点管理办法（试行）》，统一明确了失能等级评估、服务人员和定点护理服务机构的管理工作，为养老护理行业规范性发展提供了国家层面的法律保障。在地方层面，试点地区持续优化长期护理保险经办管理与服务标准体系，完善信息系统管理及专业人员职业标准，为养老服务产业规范化建设提供了试点经验。例如：长期护理保险通过明确照护服务的流程、内容、时长和频次等标准，确保定点护理服务机构与服务人员按照统一的规范和要求提供护理服务，从而促进养老护理服务的标准化发展，保证护理服务质量。

三、长期护理保险有利于促进养老护理服务资源的优化配置

一方面，长期护理保险实现了护理机构和医院的功能重新定位和明确划分，护理机构主要满足居民的长期护理需求，医院则主要满足居民的医疗和短期照护需求，从而减轻了医院负担，提高了现有养老护理资源的利用率，实现社会资源的优

---

① 覆盖1.8亿人、超235万失能老人受益！长期护理保险试点八年成效显著［EB/OL］. 央视网，https://news.cctv.com/2024/10/28/ARTIEp59uhac09bLzt54AvhJ241028.shtml，2024-10-28.

化利用。另一方面，长期护理保险凭借资金和政府统一购买服务的优势，能够借助智慧化管理系统，实现对养老护理服务资源的统筹安排。长期护理保险通过将数字化技术和智能化应用于经办和监管，比如利用社会信息化智能化专业机构开发的长期护理保险信息系统和设备，以智能终端和 App 应用推动照护服务过程精准监管，提高经办效率，实现养老护理行业发展的降本增效。通过构建统一的数字化服务平台，支持养老服务机构线上线下融合发展，提供就近便捷的专业护理服务。另外，借助信息化和数字化技术平台，可以打破市场供给和需求之间的信息壁垒，在区域内统筹规划养老护理服务资源配置，从而实现护理服务的精准匹配，降低养老护理服务行业的投资风险

第二节 江苏省长期护理保险试点对养老护理行业的影响分析

江苏省长期护理保险试点在增强失能人员护理服务可及性的同时，为养老服务业、健康产业健康发展提供了有力支撑，引导社会资本投资养老服务产业，吸引就业困难劳动力投身护理服务行业，形成与相关产业融合发展的良好局面。目前，全省长期护理保险定点服务机构已达 2814 家，相关护理床位超过 9.4 万张，从业人员超过 6.5 万人[①]，拉动了城乡养老机构、居家养老服务机构、支持性器具行业、失能评估行业、护理人员与培训行业等相关行业的快速发展，实现了养老护理行业的资源整合。从产业集聚看，在长期护理保险试点工作的助推下，南京的养老服务业、无锡的智慧健康养老产业、常州的康复辅助器具产业、苏州的生物医药产业、泰州的大健康产业等，形成了一定的集聚度和规模效益。

一、长期护理保险试点拉动江苏省城乡养老机构的发展

（一）长期护理保险试点对城乡养老机构发展的影响分析

2023 年长期护理保险在江苏全面试点后，对长期护理服务机构实行定点管理并按规定支付护理服务费用，这会有效降低失能人员获得长期护理服务的费用门

---

① 2024 年 5 月江苏省十四届人大常委会第九次会议召开第二次全体会议《关于全面推行长期护理保险制度工作情况的报告》。

槛，也势必会刺激长期护理服务机构数量快速增长，从而带动具有护理功能的养老机构的发展，尤其是社区和农村养老服务机构的发展。

根据江苏省民政事业发展统计公报，截至2023年底，江苏省提供住宿的各类养老机构和设施达2.0万个，养老床位合计63.7万张。全省共有养老机构2235家，床位73万张，其中有70%由社会力量举办或经营，68%为护理型床位。社区养老服务机构和设施1.8万个，床位22.9万张。① 相比2022年，社区养老服务机构和设施增长了0.2万个②，打破了2020年以来全省社区养老机构数量不断下降的趋势，稳定了社区养老护理服务的供给状况。在长期护理保险试点工作的推动下，江苏省建有493个城市街道综合性养老服务中心，8145家社区老年人助餐点，330万老年人享受居家养老上门服务。③

进入2024年以后，长期护理保险加速了城乡养老机构的专业化和市场化发展程度，缩小了城乡养老机构发展的差距。一是长期护理保险提高了江苏省城乡养老机构的专业化程度。在养老机构分级管理制度下，截至2024年10月底，长期护理保险提供住宿的定点机构数量达到761家，占在业养老机构的比重为36.43%，其中二级养老机构231家，三级养老机构240家，四级及以上养老机构106家，二级以上养老机构的占比约为76%（见图8.2、图8.3）。相比之下，非定点护理机构中，二级以上养老机构的占比为57.83%。二是长期护理保险提高了江苏城乡养老机构的市场化程度。在提供住宿的定点护理机构中，事业单位法人占比为19.97%，工商企业法人占比为27.06%，民办非企业法人占比为52.97%，其社会化经营比重达到80%以上。相比之下，非定点护理机构中，民办非企业法人和工商企业法人的占比达到63.63%，其社会化经营程度远远低于提供住宿的定点护理机构。④ 除此之外，基于农村特困群体的兜底民生保障事业，长期护理定点机构在农村地区得到了快速推行。761家提供住宿的定点护理机构中，农村地区达到302家，城市地区达到416家，郊区达到43家。根据第七次全国人口普查数据，江苏农村人口比重为26.56%，而目前农村提供住宿的定点护理机构比重已经达到39.68%，长期护理保险试点明显加快了农村养老机构的发展速度，从而缩小了城乡养老护理机构发展的差距。

---

① 江苏省民政厅《2023年江苏省民政事业发展统计公报》。
② 根据江苏省民政厅《2022年江苏省民政事业发展统计公报》推算得出。
③ 金台资讯：江苏：突出人民至上把"路线图"变成"实景图"［EB/OL］. https://baijiahao.baidu.com/s?id=17924 2476855838992&wfr=spider&for=pc.
④ 江苏省民政厅. 江苏省养老服务机构查询［EB/OL］. https://ylfw.jszhmz.cn/menu1.html#/organMap.

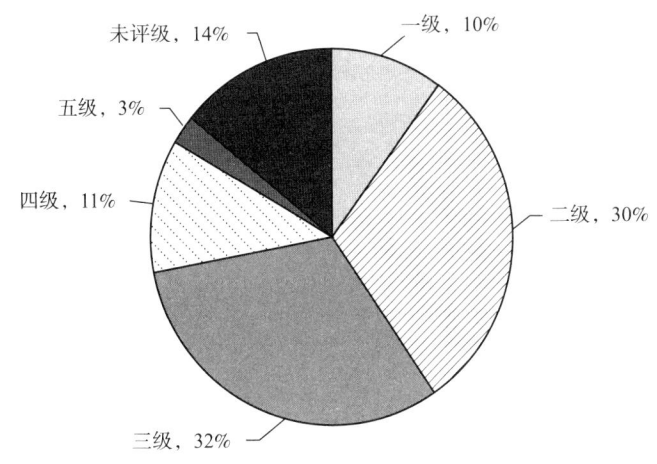

图 8.2　长期护理保险定点机构等级

资料来源：依据江苏省民政厅公布数据整理所得。

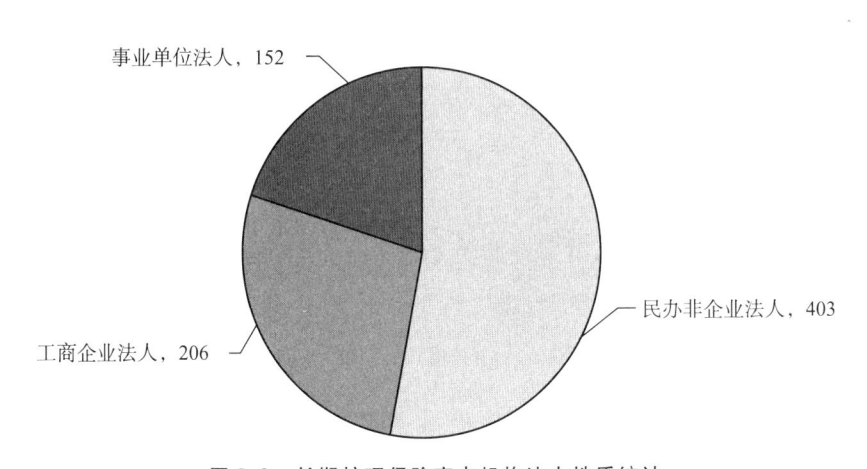

图 8.3　长期护理保险定点机构法人性质统计

资料来源：依据江苏省民政厅公布数据整理所得。

以南通市为例，2015 年底，南通市共有长期护理定点机构 26 家，其中养老院 24 家，护理院 2 家，床位数 6800 张，入住老年人 2800 人，其中 40% 为失能失智人员。2016 年初南通市长期护理保险制度开始实施，对入住护理院、养老院的失能人员纳入保障范围，重度失能人员入住护理院或养老院，分别可以享受每日 70 元和 50 元的长期护理保险补助。有了长期护理保险政策，长护机构入住的失能人员逐年增加，床位使用率明显提升，在长期护理保险政策利好的引导下，社会资本开始大量投入长护机构。南通市民政局数据显示，到 2023 年底，全市新增 104 家长期护理机构，其中护理院 60 家，养老院 44 家，床位数量从 6800 张增加到 33000

张。新增的长护机构,有新建的也有通过闲置幼儿园等资产改建而成,盘活了社会资产,总投资超过40亿元,吸纳就业8000人。由于有了长期护理保险的保障,个人入住长期护理机构,家庭经济负担明显减轻。长期护理机构入住率均保持在较高水平,已经呈现由城市向县区及农村延伸覆盖的态势。

(二) 长期护理保险试点对城乡养老机构的影响及规模预测

基于老年人口变动趋势以及老年人口的失能概率,可以预测长期护理保险将会给城乡养老机构发展带来的需求规模。根据第七次全国人口普查数据,2020年,江苏省全省60岁及以上常住老年人口1850.53万人,占总人口比例为21.84%,其中,65岁及以上常住老年人口1372.65万人,占总人口比例为16.20%。截至2023年末,江苏省60岁及以上老年人口达到2089万人,占常住人口的24.5%,高于全国3.4个百分点。65岁及以上老年人口1573万人,占比18.4%,高于全国3个百分点。[1] 据预测,"十四五"期间全省60岁及以上老年人口占比将超过26%,2030年这一比例将超过30%。第四次中国城乡老年人生活状况抽样调查数据显示,江苏省老年人日常生活照料护理需求概率为11.2%。根据2020~2023年60岁及以上老年人口实际总量的变动趋势,可预测2024~2030年江苏老年人口规模与失能人口规模。

图8.4显示了2020~2030年江苏省失能人口的变动趋势。2023年江苏省全省开展长期护理保险试点工作后,伴随人口老龄化加剧,养老护理机构的市场需求将从当前的233.97万人上升到2025年的275.12万人,到2030年增长到457.74万人。目前,养老机构的人均床位数为171个,长期护理保险试点覆盖全体居民的情况下,按照养老"9064"的规划方案,40%需要护理的老人将会选择入住专业的养老护理机构。那么,2023年长期护理保险定点机构数量应达到5473家,而目前定点机构为761家,机构缺口率高达85%以上。若长期护理保险在2025年惠及全体居民,将会至少带动6435家定点护理机构,到了2030年,长期护理保险带动护理机构的数量将会超过1万家。在此期间,失能老人对护理服务需求是刚需,长期护理保险为其提供了稳定的资金来源,将刚需直接转化为购买力,有效需求因此上涨,尤其是老年失能概率更高的农村地区,将会吸引社会力量参与养老护理行业,实现"以小撬大"的政策目标,全面提高养老护理行业的市场化和专业化程度。

---

[1] 《江苏省老龄事业发展报告(2024)》。

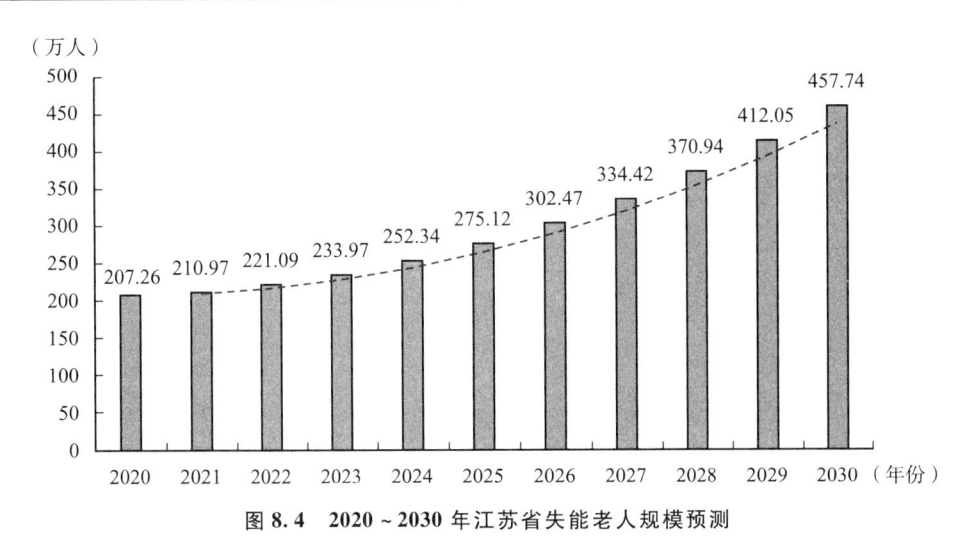

图 8.4　2020～2030 年江苏省失能老人规模预测

资料来源：对 2020～2023 年 60 岁及以上老年人口实际总量的变动趋势预测所得。

二、长期护理保险拉动居家护理服务机构的发展

（一）长期护理保险试点对居家护理机构发展的影响分析

相比机构养老，居家养老服务的市场供给水平更低，因此居民购买意愿不高，需要政策抓手。长期护理保险由于筹资和市场需求稳定，已经成为当前江苏省居家养老服务机构发展的重要政策抓手。试点城市的实践表明，在享受长期护理保险制度保障的人员中，90%左右人员更倾向居家接受服务。随着长期护理保险制度保障水平的提高和人口老龄化趋势的加深，失能人员的数量和服务需求将逐步增加，居家护理服务机构会迎来前所未有的发展机遇。失能人员家庭口碑好、管理规范、服务人员技能水平高的协议管理机构，将会在居家护理服务的赛道上走得更稳更远。

以"十四五"为重点建设周期，长期护理保险制度试点开展以后，试点城市通过社会第三方专业机构上门为失能人员提供护理服务，长期护理保险基金按照服务数量和质量支付相应的服务费用，带动了试点地区居家服务机构的快速发展。从服务能力看，居家护理服务机构在服务内容上涵盖了日常生活照料、医疗护理、康复训练、心理慰藉等各个方面。从人员队伍看，从事居家护理服务的人员主要包括护理员、护工、医生、护士和康复师等，累计培训养老护理员近 50 万人次。从收入运行看，居家护理服务机构已逐渐实现收支平衡，开始进入盈利期。在长期护理保险保障范围外，部分居家护理机构开始探索为失能老年人提供个性化服务，在短期护理、日间照料、长期护理商业保险、失能评估与康复训练、老年人康养旅居等

方面寻找新的盈利点。

在长期护理保险试点的基础上，江苏省打开了居家养老服务市场，逐步探索老年人关爱巡访制度、居家适老化改造等配套政策，以全面优化居家上门服务，提高居家服务质量，改善居家服务的市场供给状况，构建了社区养老服务综合体，建设了示范性长者幸福食堂和乡村互助养老睦邻点，并推进了家庭养老床位示范工作。2024年上半年，全省累计完成345个老年助餐点改造提升，累计服务老年人数96.24万人次、1463.67万人次，各类老年助餐服务点达到8000多个，330余万名老年人接受居家上门服务。建成标准化城市街道综合性养老服务中心493家、乡镇区域性养老服务中心236家，居家社区养老服务站点1.8万余个、示范性乡村互助养老睦邻点1043个，实现了经济困难老年人护理、服务补贴制度全覆盖。为了服务居家的失能、半失能老年人，建成标准化家庭养老照护床位2万张，并覆盖330余万老年人提供助洁、助浴等上门服务。此外，累计完成老年人家庭适老化改造14万户。[1] 除此之外，江苏省充分发挥市场配置养老服务资源的作用，鼓励社会资本尤其是居家养老服务品牌企业参与养老护理服务供给，通过城乡连锁经营，推动城乡居家养老护理服务产业发展。目前，全省已认定省级养老服务高质量发展示范企业36家，并有多项优秀产品和服务入围国家智慧健康养老产品及服务推广目录。

以苏州市为例，苏州作为全国居家养老服务改革试点城市和长期护理保险制度试点城市，为了推动居家养老服务的发展，实施了一系列政策优惠措施，旨在鼓励社会力量参与并提升服务质量。政府通过设立养老服务业发展引导基金，支持各类组织和个人以投资、捐赠、捐助等方式参与居家养老服务。长期护理保险制度试点以来，将居家护理服务作为长期护理保险保障的重点。通过制定服务项目，由定点居家护理服务机构上门提供服务，促进了服务机构的快速发展。苏州市定点居家护理服务机构发展迅速，其市区长期护理保险居家护理服务机构达到33家，居家服务总次数从2018年的3.54万次增长到2020年的269.4万次[2]，提质扩面的政策效果十分明显。

（二）长期护理保险试点对居家养老机构的影响及规模预测

随着试点工作的全面推进，长期护理保险对居家养老机构的影响效应会逐步提高。按照2023年关于养老机构与当年失能老人的预测数据，可估算具有居家护理

---

[1] 改革让幸福升温，努力为民生加码——打造新篇章，从"苏适养老"看江苏养老服务高质量发展［EB/OL］. https://mzt.jiangsu.gov.cn/art/2024/8/14/art_55087_11323685.html.

[2] 苏州推进长护险制度试点成效显著［EB/OL］. 苏州市人民政府，https://www.suzhou.gov.cn/szsrmzf/wsjkzccjssqk/202209/0d2c6c79c9bc463787720f4cbdbbe790.shtml.

服务机构需求的失能老人规模。2023年，江苏失能老人预计达到233.97万人，按照政策规划要求，失能人员中应享受居家护理服务的比重为60%~70%，其总体市场需求量位于140.38万~163.78万人，由于居家照护的人员需求较高，参考长期照护师配备比例上限为1∶7、居家护理人员的最低人数为20人，估算居家护理服务机构的服务能力为140人，则2023年长期护理保险带动居家护理服务机构发展规模位于10027~11698家。到2025年，失能人口规模达到2456.40万人，长期护理保险带动居家护理服务需求规模上升到165.07万~192.58万人，居家护理服务机构的需求量为11791~13756家。五年后，其机构需求量上升为2万家左右。具体如图8.5所示。

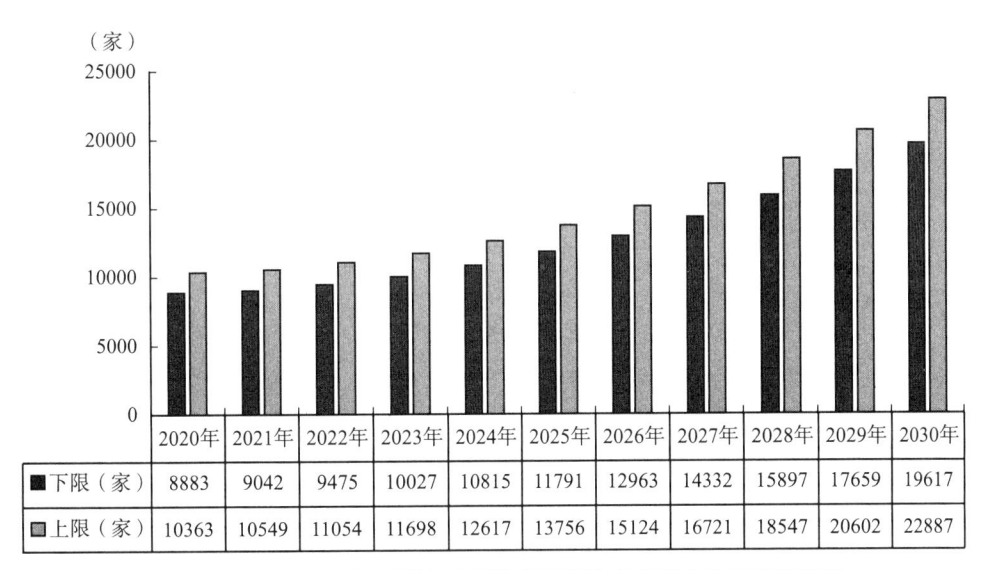

年份	2020年	2021年	2022年	2023年	2024年	2025年	2026年	2027年	2028年	2029年	2030年
下限（家）	8883	9042	9475	10027	10815	11791	12963	14332	15897	17659	19617
上限（家）	10363	10549	11054	11698	12617	13756	15124	16721	18547	20602	22887

图8.5 2020~2030年长期护理保险带动居家养老机构发展规模预测

资料来源：依据2023年关于养老机构与当年失能老人的预测数据估算所得。

三、长期护理保险拉动支持性器具服务行业的发展

（一）长期护理保险试点对支持性器具服务行业发展的影响分析

支持性器具是为弥补失能人员生理或者心理功能障碍，维持或者改善其功能状态而专门设计、制作的器具，其市场需求主要来自老年群体、残疾群体与慢性病群体。长期护理保险试点的全面推行，覆盖对象惠及失能与半失能老人，会给专业化支持性器具行业发展带来新的机遇。

目前，南通、苏州、徐州、常州、南京5个市开展了支持性器具租赁服务，针

对中度和重度失能人员提供器具租赁或销售服务，明确了个人的支付比例、费用限额、支持性器具服务内容和租赁服务周期，政策地区差异明显，如表8.1所示。

表8.1　江苏省长期护理保险试点城市支持性器具相关政策比较

城市	南通	苏州	徐州	常州	南京
费用限额	中度失能6000元/年，重度失能8000元/年	5000元/年	重度失能900元/月，中度失能600元/月，亲情补助基础上300元/月	300元/月	5000元/年
个人支付比例（%）	25	15	10	25	15
租赁类产品	照护床、轮椅车、静态防褥疮床垫5类	护理床、轮椅车、康复助行器等3类	护理机器人、护理床、轮椅车等4类	转移移位类、生活护理类、医疗防护类3大类10小类	护理床、轮椅车等3类
销售类产品	护理垫、手杖、坐便椅等9类	无	坐便器、看护垫、翻身器等7类	无	静态防褥疮床垫、翻身器、体位垫等3类
租赁服务周期	2年	不少于90天	不少于3个月	1年	3个月

资料来源：根据《南京市长期护理保险辅助器具服务实施办法（试行）》《常州市长期护理保险试点服务项目内容和标准》《关于开展徐州市长期护理保险辅助器具服务工作的通知》《苏州市长期护理保险辅助器具服务实施办法》《南通市基本照护保险辅助器具目录（2024年）》等文件相关内容整理所得。

个人支付比例在10%~25%，年度支付限额在5000~10000元，苏州和常州地区不提供销售类产品，租赁服务周期在3~24个月不等。长期护理保险覆盖支持性器具的政策尚处于探索阶段。在试点城市中，辅具租赁是支持性器具行业的主要受益形式，辅具租赁政策不仅切实减轻参保人的经济负担，能够满足参保人多层次、多样化的护理需求，而且带动了辅具租赁机构的发展。截至2024年6月，南京已有554人申请辅具租赁服务，签约享受人数达到416人，租赁辅具779件，购买销售类产品243件，定点辅具承办机构8家。同期，常州定点辅具租赁机构达到6家，武进区新增辅具租赁人员1340人，辅具租赁人员总数扩至3028人，上半年总计支付辅具租赁补贴308.38万元。相比之下，南通辅具租赁的试点时间较长，行业发展更充分。自2018年试点以来，南通市带动支持性器具机构发展21家，带动160名专业人员组成辅具适配团队，为失能老年人进行精准评估和匹配，实现城乡全覆盖。在此过程中，南通市培育了一批专业的器具租赁供应商和服务商。例如：南通华录健康养老服务有限公司作为南通首批长期护理保险辅具租赁定点服务机构后,借鉴日本介护保险的技术经验,建立了集适配、安装、清洗、消毒、仓储以及配送回收于一体的专业化支持性器具洗消运营中心。目前,其市场服务已经覆盖南通全市,在各市县区设立了 7 个服务网点,4 个仓储中心,累计上门 7 万余户次,服务 3 万余名失能失智人员,正在租赁运行的支持性器具如居家电动照护床、轮椅、防褥疮床垫等 5000 余件,保持了良好的行业发展态势。

(二)长期护理保险试点对支持性器具服务行业影响规模预测

基于老龄群体对支持性器具需求基本相同的事实,可以利用现有支持性器具使用概率来分析长期护理保险对支持性器具产业市场的影响规模。参考 2020 年长期照护调查数据,全国 65 岁及以上需要长期护理的老年人中支持性器具使用者的人数为 1102.8 万人,占 65 岁以上老年人口的 5.8%。依据江苏 65 岁及以上老年人变动趋势和支持性器具的使用概率,可以估算 2020~2030 年长期护理保险带动江苏支持性器具行业的发展规模,如图 8.6 所示。若长期护理保险每年负担支持性器具的人均费用为 5000 元,2025 年长期护理保险实现江苏居民全覆盖,届时将带动支持性器具市场的产业规模可达到 51.63 亿元,市场需求人数为 103.26 万人。若器具使用者的比重保持不变,到 2030 年,长期护理保险带动的市场需求人数将达到 136.22 万人,器具行业规模达到 68.11 亿元。

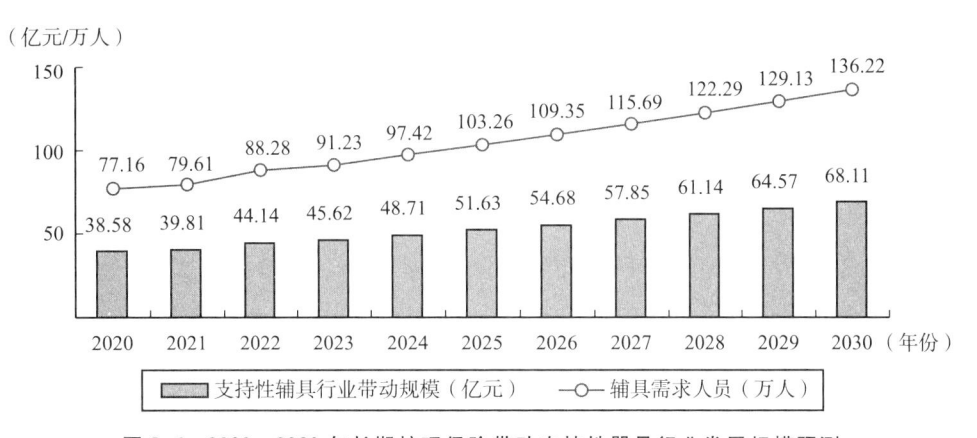

图 8.6 2020~2030 年长期护理保险带动支持性器具行业发展规模预测

资料来源:依据江苏 65 岁及以上老年人变动趋势和支持性器具的使用概率估算所得。

四、长期护理保险拉动失能评估行业的发展

(一)长期护理保险试点对失能评估行业发展的影响分析

长期护理保险制度会给失能等级评估行业的发展带来新机遇。第一,推动评

估需求量大幅度增加。长期护理保险制度的建立，每个申请长期护理保险待遇的失能人员必须经过专业评估机构的失能等级评估，评估机构将面临巨大的市场需求。第二，催生一批专业定点评估机构。未试点地区，将随着长期护理保险制度的建立，新增大批专业评估机构。采用医疗机构、专家委员会等其他方式开展评估工作的试点地区，急需专业评估机构介入失能评估工作。第三，全覆盖与持续的评估业务将促进技术创新，推动评估服务的标准化和市场化。全覆盖对评估机构的数据处理能力提出新要求，专业化、智能化的评估机构能够利用大数据、人工智能等技术提升服务水平，更具有市场竞争力。第四，以失能评估为契机，撬动多元新业务市场。除了长期护理保险失能评估，评估机构也可以向多元化方向拓展。比如为医疗、养老机构提供咨询服务，参与失能评估监查工作，提供家庭上门评估、护理方案设计、健康管理等增值服务，创造新的盈利点。

截至 2023 年底，江苏省长期护理保险的参保人数已经超过 6200 万人，累计享受待遇近 50 万人，基金支付 92 亿元，各地共成立评估机构或评估委员会 135 家。① 参考各地失能评估人数与待遇享受人数的比例 1.2∶1.5，人均失能评估成本为每次 200 元，可以估算长期护理保险对当年失能评估行业产生的影响效应。根据估算，2023 年，江苏参与失能评估的老人总量为 60 万~75 万人，给商业保险公司、社会专业评估机构等相关部门带来至少 1200 万~1500 万元的收入。

南通、苏州作为国家首批长期护理保险试点城市，其行业发展基础更好，已经培育了一批富有评估经验的商业保险公司和社会专业评估机构，培育出足够的市场主体和相关延伸行业，进入产业集聚发展阶段。以苏州中福健康养老评估有限公司为例，该公司于 2017 年 10 月开展长期护理保险评估业务，评估方向主要有两大块：机构护理等级评估、居家照护等级评估，评估内容包括身体状况、经济状况、居住状况、情绪认知、社会环境、养老服务意愿等。在成为苏州长期护理保险定点评估机构后，公司接受社保经办机构的委托，已经覆盖苏州 10 个地区，累计为 6 万参保人员提供了上门评估服务。在长期护理保险试点政策引导下，机构得到快速发展，评估业务已经从苏州逐步拓展到徐州等其他县市。

（二）长期护理保险试点对失能评估行业影响及规模预测

依据老年失能概率、老年人口和人均评估费用，可预测失能评估的最低市场需求与市场规模。全国老龄委第四次中国城乡老年人生活状况调查数据显示，2020

---

① 2024 年 5 月江苏省十四届人大常委会第九次会议召开第二次全体会议《关于全面推行长期护理保险制度工作情况的报告》。

年江苏省老年失能概率为11.2%。基于江苏省2020~2030年的老年人口预测数据，若人均评估费用为每人200元/次，老人失能等级每2年重新评定一次，以动态、准确地测度老年人的失能水平，其失能评估的市场规模如图8.7所示。当2023年全面推行长期护理保险时，江苏省当年的失能评估市场规模应不低于4.68亿元，伴随人口急速老龄化，失能评估市场需求规模稳步增长，2025年达到5.5亿元，2029年达到8.24亿元。若进一步考虑失能申请评定人数高于实际失能人数、定期重新申请失能评估、失能评估抽查工作等实际情况，则实际市场需求与规模远高于以上预期水平，其市场规模为以上预测数值的1.2~1.5倍。

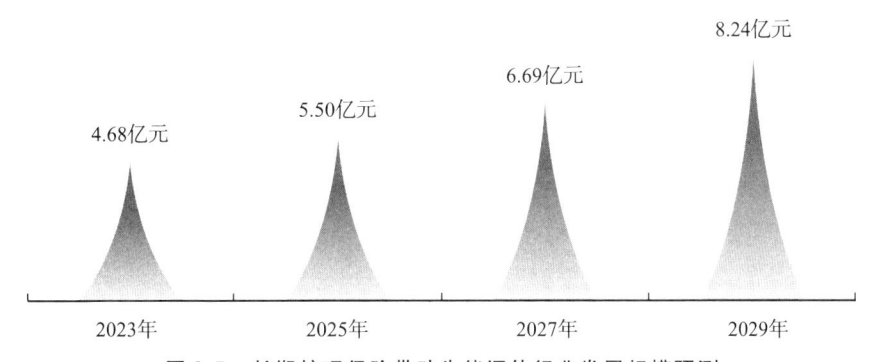

图8.7　长期护理保险带动失能评估行业发展规模预测

资料来源：基于江苏省2020年至2030年的老年人口预测数据估测所得。

五、长期护理保险拉动护理专业人员及培训行业的发展

（一）长期护理保险试点对护理专业人员及培训行业发展的影响分析

为失能失智老人提供专业、优质的照护服务，减轻家庭照护压力，是长期护理保险实施的根本出发点。目前，长期照护服务主要由养老机构的养老服务人员提供。江苏省长期护理保险试点，释放了市场需求，为养老服务人员提供了更多的工作岗位。但目前养老服务人员并不能满足长期护理保险对失能人员的专业照护服务需求，为适应制度改革需求，2024年2月，人力资源社会保障部、国家医疗保障局联合颁布《健康照护师（长期照护师）国家职业标准（2024版）》引导设立"长期照护师"新工种，以提升行业整体服务水平。该职业标准出台后，将在全国范围内掀起长期照护师培训的热潮，以高质量规范行业发展，为失能人员提供充足、优质的长期照护服务，从而为地方的技能培训、职业院校、行业协会等机构带来新的发展机遇。

长期护理保险吸引着就业困难劳动力投身护理服务行业，截至2024年6月，江苏省长期护理保险已经带动从业人员近6.5万人。① 在此过程中，江苏省将"开展失能老年人家庭成员照护培训"列入各级民生实事项目，助推长期护理保险护理员队伍的专业化建设。通过举办长期护理保险护理大赛、专业培训等方式，提高照护服务机构的整体素质和服务质量，激发养老护理员向专业的长期护理师转化。另外，长期护理保险助推养老护理服务领域产教融合，培育了一批产教融合型企业，形成示范激励效应，依托中专、大专等职业技术学校定向培养专业人才，并采用财政补贴的方式鼓励从业人员参加养老护理职称评定，从而带动了相关产业的迅速发展。

（二）长期护理保险试点对护理专业人员及培训行业的影响规模预测

根据老年人口总量、失能人口概率与护理人员配比，可预测江苏省长期护理专业人员及培训机构的市场需求，如图8.8所示。2023年江苏省老年人口总量为2089万人，其群体失能概率为11.2%，则当年江苏省老年失能人口规模达到233.97万人，参考养老机构专职养老护理员配比标准的上限，长期照护师的配备比例为1:7，则2023年长期护理专业人员的市场总需求为33.42万人。目前定点长护服务机构护理服务人员总量为6.5万人，则当年护理专业人员的市场缺口为26.92万人，参考当年职业培训机构和人次人数，大约需要992家专业培训机构参与长期照护师培训工作。

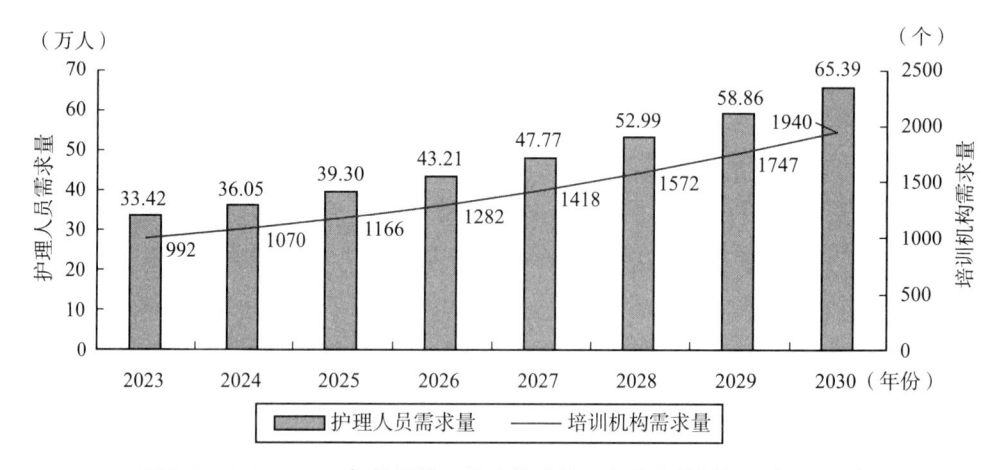

图8.8 2023~2030年长期护理保险带动护理人员及培训行业发展预测

资料来源：根据老年人口总量、失能人口概率与护理人员配比估测所得。

---

① 连云港民政：答记者问——聚焦《江苏省老龄事业发展报告（2024年）》。

随着人口老龄化加剧，预计2025~2030年，护理专业人员的市场需求规模将从39.30万人上升到65.39万人，需要1166~1747家培训机构。若政策进一步引导居家护理服务发展，加之重度失能与失智人员比重随着人口高龄化迅速提高，长期照护专业人员的配备比例会进一步上升，实际人员和培训机构的需求远高于此预测数值。

六、长期护理保险带动养老护理产业的资源整合

长期护理保险制度引导部分基层医疗机构转型发展养老服务，优化了现有医疗资源配置，促进了医、养、护的深度融合，破解了"机构不能医、医院不能养、家庭无力护"的困局。在长期护理保险试点工作的推动下，截至2024年10月，江苏在业经营的2089家养老机构中，护理型养老机构占比达到1815家，占在业养老机构的86.88%。截至2023年末，全省医疗卫生机构与养老机构规范签约率达到95%，建成"两证齐全"的医养结合机构869家。支持商业保险机构发挥风险管理、精算定价等方面的专业优势，承办长期护理保险经办业务，通过"保险+养老社区"模式提供养老护理服务。截至2023年末，商业保险机构在江苏已建成养老护理社区4个，建筑面积超过50万平方米，床位超过3000张。①

另外，长期护理保险加速了养老护理产业的智慧化进程，为行业实现进一步整合，奠定了良好的基础。长期护理保险制度的实施，从失能等级评估、定点服务机构内部管理、居家服务监督、服务技能培训到经办机构的运行，都需要有强大的智能化信息系统和智能设备作支撑。在长期护理保险的助推下，江苏省大力推进"数智+养老"护理服务模式，完善省级养老服务信息平台并鼓励互联网科技企业开发面向老年人的产品与服务，通过智慧化管理系统加强政府部门之间、政府部门与市场部门之间的协同和资源整合，为养老护理资源整合提供了坚实的保障。

第三节 江苏省长期护理保险与养老护理行业协同发展问题

养老护理行业发展是长期护理保险试点顺利推行的基础保障，同时长期护理保

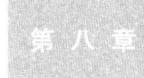

---

① 改革让幸福升温，努力为民生加码 | 打造新篇章，从"苏适养老"看江苏养老服务高质量发展 [EB/OL]. https://mzt.jiangsu.gov.cn/art/2024/8/14/art_55087_11323685.html.

险作为失能老人基本养老护理服务的购买方,其顺利推行又会加速养老护理行业的发展进程,若两者实现协同发展,会极大降低人口老龄化带来的社会风险概率。但是,目前江苏省长期护理保险与养老护理行业尚未实现协同发展,长期护理保险试点、养老护理行业各自存在诸多问题,限制了两者协同效应的发挥,亟须进一步改革。

一、江苏省长期护理保险试点中存在的协同发展问题

(一) 长期护理保险试点缺乏部门规划和统筹安排

目前,江苏省在长期护理保险试点全面推行过程中,优先保障低保、特困等传统的民政优抚对象,导致民政优抚政策、残疾人保障政策与长期护理保险政策供给交叉重叠,重度残疾、经济困难高龄老人重复或就高领取现金或服务补贴,然而长期护理保险与相关养老政策涉及部门多,存在部门交叉管理问题,各部门的职责划分并不清晰,造成长期护理保险基金和财政资金的重复投入和低效运行,政策间亦缺乏系统整合和有效衔接,难以发挥政策合力。

(二) 长期护理服务供需矛盾突出,专业化水平低

由于长期护理保险主要保障失能、半失能人员的基本护理需求,无论是机构护理还是居家护理,都严格规定了最高支付标准,为鼓励居家养老服务的发展,适度提高了居家养老服务的支付比例或支付水平。但是,长期护理服务供给面临专业人员短缺的压力,居家养老服务的成本远高于机构养老服务的成本。受家庭支付能力、从业人员供给能力的制约,参保人更倾向于选择机构养老,居家养老服务的发展滞后于机构养老。实地调研发现,部分试点地区的重度失能人员居家上门基础护理的标准为每周 1~2 次,服务价格低廉,专业人员接单的意愿不高,服务标准也不能满足重度失能人员的护理需求,供需矛盾尤为突出。即使是机构护理,依然面临前期投资大、成本回收周期长、人力成本高等运营困境,社会力量更倾向于提供低水平、低成本的护理服务,专业化、富有竞争力的护理服务市场尚未形成。另外,受到地区经济水平的影响,农村地区、苏北地区的长期护理保险供需矛盾相比城市、苏南地区更为突出,社会力量不愿意参与农村、苏北地区长期护理服务供给,存在城乡照护服务与失能老人人口分布错位、苏南苏北长期护理保险地区差异大的现实问题。

(三) 长期护理保险监管制度建设滞后

江苏省长期护理保险试点过程中,尚未形成清晰的监管思路,监管主体的定位

模糊。为弥补现有机构在长期护理保险经办能力和经验方面的不足，南通、苏州等城市委托商业保险机构、专业社会机构参与经办管理，解决当前经办能力不足的现实问题。但是，全省并未建立完善的监督管理机制，监管主体的定位模糊，经办管理存在较高风险。由于缺乏专业监管制度，单靠医疗保险机构无法形成权力制约机制，监管效率比较低。另外，试点中的政策文件也很少涉及对建立现代化的信息网络监管系统的可操作性规定，各地区长期护理保险信息服务网络建设现代化程度不一，增加了监管难度。

二、江苏省养老护理行业中存在的协同发展问题

（一）养老机构实际功能与老年人照护需求存在错位

养老机构倾向于招收生活能够完全自理的老人，其照护成本和运营风险较低，不需要巨大的医疗和护理资源投入。然而，老年人倾向于在发生失能、半失能风险时，家庭成员无力提供专业的照护服务时，才会选择入住养老护理机构或购买市场化的居家护理服务。从整体上看，养老机构的实际功能与老年人照护需求依然错位，养老机构的长期照护功能明显不足。调研中发现，正是因为养老机构服务存在低配、错配现象，市场化的养老机构入住率不高。其中，城市地区的养老机构入住率不高于70%，部分地区的入住率在50%左右，农村地区的养老机构入住率不高于50%，部分地区的入住率在20%~30%。

（二）大部分养老机构的盈利能力不足

当前，地方财政通过公建民营、公租民营等方式，向养老机构提供优厚的建设补贴和运营补贴政策，城市地区的政策优惠力度明显高于农村地区。在业养老机构依赖政府财政补贴，盈利渠道比较单一，主动寻求新的利润增长点动力不足，自身盈利能力较低，企业类型的养老机构存在独立运营困难的现实问题，影响了养老服务产业的长期可持续发展，急需加强运营管理，提高自身盈利能力。另外，城乡养老资源的区域结构性矛盾突出，社会资本呈现出"亲城市、远农村"的发展局面，农村养老服务供给短板制约了长期护理保险试点的地区均衡发展。

（三）养老护理专业人员仍面临较大缺口

养老护理人员供给关系到整个社会养老体系的正常运转。然而，目前江苏省养老护理专业人员仍然面临较大缺口，成为制约养老护理产业与长期护理保险协同发展的关键因素之一。养老护理尤其是长期照护涉及老年人的生活照料、健康护理、精神慰藉等多个方面，其工作专业性强，强度大，且学习难度高，但同时工资待遇

水平不高、职业发展空间受限，社会对其职业认同水平低，导致从业人员年龄大、技能低、数量少且流动性高，年轻的、具有专业护理能力的人才不愿意进入养老护理行业，养老护理行业的健康发展亟需解决人才供给短板。

第四节　江苏省长期护理保险与养老护理行业协同发展策略

形成具有江苏地域特色的长期护理保险制度，应重点解决长期护理保险与养老护理行业相互影响的内在问题，通过完善长期护理保险制度框架、引导养老护理产业以需求为导向优化市场供给、完善养老护理服务支持体系等措施来削减协同障碍因素的负面影响，实现长期护理保险与养老护理行业的高质量发展。

一、完善长期护理保险制度框架

（一）强化部门协同，加强标准体系和支持政策研究

为解决长期护理保险难以形成政策合力问题，江苏省应统筹规划，整合长期护理保险制度与残疾人保障、低保特困救助、老年人福利等相关福利政策，以实现制度和政策资源的优化配置。首先，应统一各部门所采用的老年人日常生活能力评估、残疾评定、失能等级评估、生活自理能力评估等一系列评估标准，进一步统一并明确长期护理保险的主要给付对象。其次，应联合卫生保健、民政、医保等相关部门推动医疗服务政策、养老服务政策、长期护理保险政策、老年津贴政策等相关政策的整合进程，明确部门责任，建立部门之间的协作与联动机制，解决现有政策相互冲突、待遇重复享受的现实问题。再次，整合各级政府在老年照护服务领域的资金投入，提高财政资金和社会保险基金的使用效率。最后，在总结试点经验基础上，研究制定统一的长期护理保险基本服务项目目录和护理服务机构定点管理办法，加强标准体系建设。

（二）完善市场竞争机制，提高长期护理保险运行效率

应积极培育市场和社会力量，促进多元主体共同进入长期护理服务领域，形成完善的市场竞争机制，在有序竞争中倒逼护理服务机构不断优化服务项目，提升护理服务质量，为居民提供价廉实惠的长期护理服务。同时，坚持经办服务供给社会化的改革思路，厘清政府、社会专业机构的责任边界，完善"政府主导、社会专

业机构经办、护理机构服务"的管理互动机制，鼓励多层次长期护理保障体系建设，满足居民多样化、个性化和分层次的长期护理服务需求。

（三）完善长期护理保险监管制度建设

基于国家医保信息系统，加强建设统一的长期护理保险信息平台，实现政府部门之间、政府部门和市场机构之间的信息共享与互联互通，通过数智化管理，为提升监管能力奠定数据基础。完善独立的第三方监管制度，鼓励具有资质的、专业的社会专业机构承担监管职能，与政府部门、经办机构、护理机构相互牵制。同时，建立统一的绩效评价和风险防范机制，健全协议管理和监督稽核制度，规范服务监管流程。

二、引导养老护理产业以需求为导向优化市场供给

（一）补齐区域性养老服务短板

为解决养老服务的地域和城乡发展差距问题，应统筹城乡养老服务规划，着力完善县乡村三级养老服务网络建设，鼓励品牌企业通过连锁经营方式，将优质、专业、普惠的养老服务延伸到乡镇区域性养老服务中心和农村互助睦邻点，促进养老服务资源在城乡之间的合理配置。在经济发展的薄弱地区，采用"党政+养老"、老少代际空间建设、社区互助养老等创新模式，弥补养老服务市场化程度低的发展缺陷，探索适合经济欠发达地区的养老服务发展道路。

（二）大力推动养老服务业优化升级

持续加大对养老服务业的政策支持力度，引导养老服务业积极开展市场调研，摸清老年人的实际养老需求，为其提供多样化、个性化、分层次、标准化的养老服务和商品，以需求为导向推动养老服务业的供给侧结构性改革，从而完善多层次养老服务体系，推动养老服务供给从"有"向"优"升级，实现"苏适养老"的建设目标。在地区层面统筹养老资源配置，实现预防、治疗、康复为一体的养老服务体系建设，从根本上降低老年人失能失智的概率。

（三）提升养老机构的盈利能力

一方面，引导养老机构从单一项目经营走向战略规划，探索生活自理能力评估、康复训练、旅居康养等新的盈利增长点，明确中长期发展规划和目标，通过多元化经营降低运营风险。另一方面，鼓励养老机构采用数智化手段和系统平台提升运营效率，实现跨行业、跨专业、跨领域的资源整合和合作，探索新的经营模式，在合作中借鉴同行或其他行业的运营经验。此外，应引导养老机构积极探索标准化

管理模式，重点开发高龄或疾病老年人专业化照护的标准流程和管理方式，从根本上提高行业竞争能力。

三、完善养老护理服务支持体系

（一）强化长期照护人才队伍支撑

充分利用农村剩余劳动力，开展长期护理服务技能培训，为其就近就业提供现金补贴、住房、教育等配套政策支持，鼓励他们就近就业，以缩小城乡长期护理服务发展差距，实现养老产业和就业的双重政策效益。持续加强养老服务职业教育和培训力度，完善养老服务技能人才、长期护理照护师等职业技能职称评定制度，通过技能竞赛、行业嘉奖等多种活动，提升养老服务人员的社会认可度，引导市场形成与养老护理技能等级相符的薪酬激励机制，从根本上提升长期护理人员的专业化水平。

（二）推动养老护理产业数智化改革

首先，基于数智技术升级养老服务供给的理念与工具。各级部门要重视老年人的个体特征与服务需求信息的采集与分析，通过引入大模型与人工智能等数智技术实现养老服务管理系统与应用系统的功能升级，建立高扩展性、高并发能力和高效查询能力的养老服务大数据库，强化数据的科学决策支撑能力和市场价值创造能力。其次，拓展养老护理产业的数智化应用场景。推进新一代信息技术以及移动终端、可穿戴设备、家居设备在机构、社区和居家等养老场景集成应用，鼓励发展安全、耐用、低成本的健康管理类、远程医疗类、安全监护类、心理慰藉类、社区活动类、家庭服务类等智能产品，打造迎合老年人需求的智慧服务模式。最后，建立健全养老服务数据综合治理机制。明确各部门数据的所有权、使用权和管理权等，搭建相关部门的数据协同和联合开发机制，打造养老服务数据集成系统，增强数据使用的共享性、适用性和可控性。

附　录

人力资源社会保障部办公厅关于开展长期护理保险制度试点的指导意见

人社厅发〔2016〕80号

河北、吉林、黑龙江、上海、江苏、浙江、安徽、江西、山东、湖北、广东、重庆、四川省（市）人力资源社会保障厅（局），新疆生产建设兵团人力资源社会保障局：

探索建立长期护理保险制度，是应对人口老龄化、促进社会经济发展的战略举措，是实现共享发展改革成果的重大民生工程，是健全社会保障体系的重要制度安排。建立长期护理保险，有利于保障失能人员基本生活权益，提升他们体面和有尊严的生活质量，弘扬中国传统文化美德；有利于增进人民福祉，促进社会公平正义，维护社会稳定；有利于促进养老服务产业发展和拓展护理从业人员就业渠道。根据党的十八届五中全会精神和"十三五"规划纲要任务部署，现就开展长期护理保险制度试点，提出以下意见：

一、指导思想和原则

（一）指导思想。全面贯彻党的十八大和十八届三中、四中、五中全会精神，以邓小平理论、"三个代表"重要思想、科学发展观为指导，深入贯彻习近平总书记系列重要讲话精神，按照"五位一体"总体布局和"四个全面"战略布局，推动探索建立长期护理保险制度，进一步健全更加公平更可持续的社会保障体系，不断增加人民群众在共建共享发展中的获得感和幸福感。

（二）基本原则。坚持以人为本，着力解决失能人员长期护理保障问题，提高人民群众生活质量和人文关怀水平。坚持基本保障，根据当地经济发展水平和各方面承受能力，合理确定基本保障范围和待遇标准。坚持责任分担，遵循权利义务对等，多渠道筹资，合理划分筹资责任和保障责任。坚持因地制宜，各地根据长期护理保险制度目标任务和基本政策，结合地方实际，制定具体实施办法和政策标准。坚持机制创新，探索可持续发展的体制机制，提升保障绩效，提高管理水平。坚持统筹协调，做好各类社会保障制度的功能衔接，协同推进健康产业和服务体系的发展。

二、目标和任务

（三）试点目标。探索建立以社会互助共济方式筹集资金，为长期失能人员的基本生活照料和与基本生活密切相关的医疗护理提供资金或服务保障的社会保险制度。利用1～2年试点时间，积累经验，力争在"十三五"期间，基本形成适应我国社会主义市场经济体制的长期护理保险制度政策框架。

（四）主要任务。探索长期护理保险的保障范围、参保缴费、待遇支付等政策体系；探索护理需求认定和等级评定等标准体系和管理办法；探索各类长期护理服务机构和护理人员服务质量评价、协议管理和费用结算等办法；探索长期护理保险管理服务规范和运行机制。

三、基本政策

（五）保障范围。长期护理保险制度以长期处于失能状态的参保人群为保障对象，重点解决重度失能人员基本生活照料和与基本生活密切相关的医疗护理等所需费用。试点地区可根据基金承受能力，确定重点保障人群和具体保障内容，并随经济发展逐步调整保障范围和保障水平。

（六）参保范围。试点阶段，长期护理保险制度原则上主要覆盖职工基本医疗保险（以下简称职工医保）参保人群。试点地区可根据自身实际，随制度探索完善，综合平衡资金筹集和保障需要等因素，合理确定参保范围并逐步扩大。

（七）资金筹集。试点阶段，可通过优化职工医保统账结构、划转职工医保统筹基金结余、调剂职工医保费率等途径筹集资金，并逐步探索建立互助共济、责任共担的长期护理保险多渠道筹资机制。筹资标准根据当地经济发展水平、护理需求、护理服务成本以及保障范围和水平等因素，按照以收定支、收支平衡、略有结余的原则合理确定。建立与经济社会发展和保障水平相适应的动态筹资机制。

（八）待遇支付。长期护理保险基金按比例支付护理服务机构和护理人员为参保人提供的符合规定的护理服务所发生的费用。根据护理等级、服务提供方式等制定差别化的待遇保障政策，对符合规定的长期护理费用，基金支付水平总体上控制在70%左右。具体待遇享受条件和支付比例，由试点地区确定。

四、管理服务

（九）基金管理。长期护理保险基金参照现行社会保险基金有关管理制度执行。基金单独管理，专款专用。建立举报投诉、信息披露、内部控制、欺诈防范等风险管理制度。建立健全长期护理保险基金监管制度，确保基金安全有效。

（十）服务管理。建立健全对护理服务机构和从业人员的协议管理和监督稽核等制度。明确服务内涵、服务标准以及质量评价等技术管理规范，建立长期护理需求认定和等级评定标准体系，制定待遇申请和资格审定及变更等管理办法。探索引入第三方监管机制，加强对护理服务行为和护理费用使用情况的监管。加强费用控制，实行预算管理，探索适应的付费方式。

（十一）经办管理。加强长期护理保险经办管理服务能力建设，规范机构职能和设置，积极协调人力配备，加快信息系统建设。制定经办规程，优化服务流程，明确相关标准，创新管理服务机制。社会保险经办机构可以探索委托管理、购买以及定制护理服务和护理产品等多种实施路径、方法，在确保基金安全和有效监控前提下，积极发挥具有资质的商业保险机构等各类社会力量的作用，提高经办管理服务能力。加强信息网络系统建设，逐步实现与养老护理机构、医疗卫生机构以及其他行业领域信息平台的信息共享和互联互通。

五、配套措施

（十二）加强与其他保障制度之间的统筹衔接。做好与其他社会保险制度在筹资、待遇等方面的政策与管理衔接。应由已有社会保障制度和国家法律规定支付的护理项目和费用，长期护理保险基金不再给予支付，避免待遇重复享受。

（十三）协同推进长期护理服务体系建设和发展。积极推进长期护理服务体系建设，引导社会力量、社会组织参与长期护理服务，积极鼓励和支持长期护理服务机构和平台建设，促进长期护理服务产业发展。充分利用促进就业创业扶持政策和资金，鼓励各类人员到长期护理服务领域就业创业，对其中符合条件的，按规定落实相关补贴政策。加强护理服务从业人员队伍建设，加大护理服务从业人员职业培训力度，按规定落实职业培训补贴政策。逐步探索建立长期护理专业人才培养机制。充分运用费用支付政策对护理需求和服务供给资源配置的调节作用，引导保障对象优先利用居家和社区护理服务，鼓励机构服务向社区和家庭延伸。鼓励护理保障对象的亲属、邻居和社会志愿者提供护理服务。

（十四）探索建立多层次长期护理保障制度。积极引导发挥社会救助、商业保险、慈善事业等的有益补充，解决不同层面护理需求。鼓励探索老年护理补贴制度，保障特定贫困老年人长期护理需求。鼓励商业保险公司开发适销对路的保险产品和服务，发展与长期护理社会保险相衔接的商业护理保险，满足多样化、多层次的长期护理保障需求。

六、组织实施

（十五）组织领导。长期护理保险制度试点工作政策性强，涉及面广，各级人力资源社会保障部门要高度重视，加强部门协调，上下联动，共同推进试点工作有序开展。为积极稳妥推进试点，从 2016 年起确定在部分地区开展试点（名单附后）。试点地区人力资源社会保障部门要在当地政府领导下，加强工作力量配备，按照指导意见要求，研究制定和完善试点方案，周密计划部署，协调相关部门，推动工作落实。新开展试点的地区要抓紧制定试点方案，报省人力资源社会保障厅批准并报人力资源社会保障部备案后，确保年内启动实施。已开展试点的地区要按照本意见要求继续完善政策。

（十六）工作机制。试点原则上以地市为单位整体实施。要建立信息沟通机制，通过简报、情况专报、专题研讨等方式，交流地方探索情况，总结推广典型经验。要建立工作督导机制，试点地区应按季度报送工作进度和试点情况。部里定期组织督导调研，研究试点中出现的新问题、新情况。要建立协作咨询机制，方案制定过程中要广泛听取各方意见，成立专家团队等协作平台，组织和利用社会各界力量。要注重加强宣传工作，大力宣传建立长期护理保险制度的重要意义、制度功能和试点成效，充分调动广大人民群众参与试点的积极性和主动性，引导社会舆论，凝聚社会共识，为试点顺利推进构建良好的社会氛围。

试点中遇有重大事项，要及时向我部报告。

附录：长期护理保险制度试点城市名单

河北省承德市、吉林省长春市、黑龙江省齐齐哈尔市、上海市、江苏省南通市、苏州市、浙江省宁波市、安徽省安庆市、江西省上饶市、山东省青岛市、湖北省荆门市、广东省广州市、重庆市、四川省成都市、新疆生产建设兵团石河子市、吉林和山东两省作为国家试点的重点联系省份

人力资源社会保障部办公厅
2016 年 6 月 27 日

国家医保局　财政部关于扩大长期护理保险制度试点的指导意见

医保发〔2020〕37 号

各省、自治区、直辖市人民政府，国务院有关部委、直属机构：

探索建立长期护理保险制度，是党中央、国务院为应对人口老龄化、健全社会保障体系作出的一项重要部署。近年来，部分地方积极开展长期护理保险制度试点，在制度框架、政策标准、运行机制、管理办法等方面进行了有益探索，取得初步成效。为贯彻落实党中央、国务院关于扩大长期护理保险制度试点的决策部署，进一步深入推进试点工作，经国务院同意，现提出以下意见。

一、总体要求

（一）指导思想。以习近平新时代中国特色社会主义思想为指导，全面贯彻党的十九大和十九届二中、三中、四中全会精神，坚持以人民健康为中心，深入探索建立适应我国国情的长期护理保险制度，进一步健全更加公平更可持续的社会保障体系，不断增强人民群众在共建共享发展中的获得感、幸福感、安全感。

（二）基本原则。坚持以人为本，重点解决重度失能人员长期护理保障问题。坚持独立运行，着眼于建立独立险种、独立设计、独立推进。坚持保障基本，低水平起步，以收定支，合理确定保障范围和待遇标准。坚持责任共担，合理划分筹资责任和保障责任。坚持机制创新，探索可持续发展的运行机制，提升保障效能和管理水平。坚持统筹协调，做好与相关社会保障制度及商业保险的功能衔接。

（三）工作目标。探索建立以互助共济方式筹集资金、为长期失能人员的基本生活照料和与之密切相关的医疗护理提供服务或资金保障的社会保险制度。力争在"十四五"期间，基本形成适应我国经济发展水平和老龄化发展趋势的长期护理保险制度政策框架，推动建立健全满足群众多元需求的多层次长期护理保障制度。

二、基本政策

（四）参保对象和保障范围。试点阶段从职工基本医疗保险参保人群起步，重点解决重度失能人员基本护理保障需求，优先保障符合条件的失能老年人、重度残疾人。有条件的地方可随试点探索深入，综合考虑经济发展水平、资金筹集能力和保障需要等因素，逐步扩大参保对象范围，调整保障范围。

（五）资金筹集。探索建立互助共济、责任共担的多渠道筹资机制。科学测算基本护理服务相应的资金需求，合理确定本统筹地区年度筹资总额。筹资以单位和个人缴费为主，单位和个人缴费原则上按同比例分担，其中单位缴费基数为职工工资总额，起步阶段可从其缴纳的职工基本医疗保险费中划出，不增加单位负担；个人缴费基数为本人工资收入，可由其职工基本医疗保险个人账户代扣代缴。有条件的地方可探索通过财政等其他筹资渠道，对特殊困难退休职工缴费给予适当资助。建立与经济社会发展和保障水平相适应的筹资动态调整机制。

（六）待遇支付。长期护理保险基金主要用于支付符合规定的机构和人员提供基本护理服务所发生的费用。经医疗机构或康复机构规范诊疗、失能状态持续6个月以上，经申请通过评估认定的失能参保人员，可按规定享受相关待遇。根据护理等级、服务提供方式等不同实行差别化待遇保障政策，鼓励使用居家和社区护理服务。对符合规定的护理服务费用，基金支付水平总体控制在70%左右。做好长期护理保险与经济困难的高龄、失能老年人补贴以及重度残疾人护理补贴等政策的衔接。

三、管理服务

（七）基金管理。长期护理保险基金管理参照现行社会保险基金有关制度执行。基金单独建账，单独核算。建立健全基金监管机制，创新基金监管手段，完善举报投诉、信息披露、内部控制、欺诈防范等风险管理制度，确保基金安全。

（八）服务管理。进一步探索完善对护理服务机构和从业人员的协议管理和监督稽核等制度。做好参保缴费和待遇享受等信息的记录和管理。建立健全长期护理保险管理运行机制,明确保障范围、相关标准及管理办法。引入和完善第三方监管机制,加强对经办服务、护理服务等行为的监管。加强费用控制,实行预算管理,探索适宜的付费方式。

(九)经办管理。引入社会力量参与长期护理保险经办服务,充实经办力量。同步建立绩效评价、考核激励、风险防范机制,提高经办管理服务能力和效率。健全经办规程和服务标准,优化服务流程,加强对委托经办机构的协议管理和监督检查。社会力量的经办服务费,可综合考虑服务人口、机构运行成本、工作绩效等因素,探索从长期护理保险基金中按比例或按定额支付,具体办法应在经办协议中约定。加快长期护理保险系统平台建设,推进"互联网+"等创新技术应用,逐步实现与协议护理服务机构以及其他行业领域信息平台的信息共享和互联互通。

四、组织实施

(十)扩大试点范围。人力资源社会保障部原明确的试点城市和吉林、山东2个重点联系省份按本意见要求继续开展试点,其他未开展试点的省份可新增1个城市开展试点,于今年内启动实施,试点期限2年。未经国家医保局和财政部同意,各地不得自行扩大试点范围。

(十一)强化组织领导。各省级人民政府要高度重视长期护理保险制度试点工作,加强对试点城市的指导。试点城市要成立试点工作领导小组,加强部门协调,共同推进试点工作有序开展。新开展试点城市要按照本意见要求编制试点实施方案,报省级医疗保障、财政部门批准并报国家医保局和财政部备案后启动实施。已开展试点地区要按照本意见要求进一步深入推进试点工作,完善政策框架,加强长期护理服务体系建设。

(十二)完善工作机制。省级以上医疗保障部门要明确专人负责长期护理保险试点工作,会同有关部门建立健全工作督导机制,跟踪指导试点进展,并按要求报送运行数据和试点情况。要建立健全评估考核机制,及时研究试点中的新情况新问题,总结好的经验做法,加强横向交流,确保试点工作均衡推进。统筹协调社会各方资源,加强协作咨询,推动试点工作稳步向好发展。试点中的政策调整或其他重大事项,省级医疗保障、财政部门要及时向国家医保局和财政部报告。

(十三)加强宣传引导。各地、各有关部门要加强宣传工作,做好政策解读,及时回应社会关切，合理引导预期。充分调动各方面支持配合试点工作的积极性和主动性，凝聚社会共识，为试点顺利推进构建良好社会氛围。

国家医疗保障局
财政部
2020 年 9 月 10 日

国家医保局　财政部关于印发《长期护理保险失能等级评估管理办法（试行）》的通知

医保发〔2023〕29 号

有关省、自治区、直辖市及新疆生产建设兵团医保局、财政厅（局）：

为加强长期护理保险失能等级评估管理，保障参保人合法权益，根据《国家医保局　财政部关于扩大长期护理保险制度试点的指导意见》（医保发〔2020〕37 号），国家医保局、财政部联合制定了《长期护理保险失能等级评估管理办法（试行）》，现印发给你们，请认真贯彻落实。

国家医保局
财政部
2023 年 12 月 1 日

长期护理保险失能等级评估管理办法（试行）

第一章　总　则

第一条　为加强长期护理保险失能等级评估管理，保障参保人合法权益，根据《国家医保局　财政部关于扩大长期护理保险制度试点的指导意见》（医保发〔2020〕37 号），制定本办法。

第二条　本办法适用于长期护理保险制度试点地区长期护理保险失能等级评估工作。

第三条 本办法所称失能等级评估，是指依据《长期护理失能等级评估标准（试行）》，对评估对象日常生活活动、认知、感知觉与沟通等方面的能力丧失程度的分级评估。依本办法作出的评估结论是长期护理保险基金支付待遇的必要依据。

第四条 失能等级评估管理应遵循公平公开、科学规范、权责明晰、高效便民的原则，不断提升评估管理专业化水平，促进评估行业发展，为参保人提供客观公正的评估服务。

第五条 国家医疗保障行政部门商财政部门拟定失能等级评估有关管理办法。国家医疗保障经办机构依据本办法制定经办规程，明确评估操作程序，拟定评估服务协议范本，指导地方做好失能等级评估相关经办管理服务等工作。

省级医疗保障部门负责指导统筹地区医疗保障部门，在本办法基础上，根据实际情况制定实施细则。统筹地区医疗保障经办机构负责具体管理工作的组织实施。

第二章 定点评估机构

第六条 长期护理保险失能等级评估机构实行定点管理。定点评估机构是指纳入统筹地区长期护理保险失能等级评估机构定点管理，依照有关规定对长期护理保险参保人开展失能等级评估的机构。

第七条 统筹地区医疗保障经办机构与定点评估机构签订评估服务协议，明确双方的责任、权利和义务。

第八条 定点评估机构应严格履行评估服务协议，加强内部建设，优化服务，提升人员素质能力，强化质量控制，确保评估质量和评估结论准确性。

第九条 定点评估机构不得同时承担依评估结论而开展的长期护理服务工作，不得同时承担长期护理保险经办工作。

第十条 鼓励支持发展独立的评估机构。暂不具备实施条件的，可依托医疗机构、劳动能力鉴定机构、商业保险机构等实施评估。随制度健全完善，逐步向独立的评估机构实施评估形式过渡。

第三章 评估人员

第十一条 评估人员是指符合一定条件，经专门培训合格，具体实施失能等级评估的专业人员。

评估人员包括评估员和评估专家。评估员负责采集评估信息，协助开展现场评估。评估专家负责开展现场评估，提出评估结论；承担复评工作；依据护理服务需求提出护理服务计划建议。

第十二条　评估员应具备以下基本条件：

（一）具备医学、护理、康复、心理、长期照护、养老服务与管理等相关专业背景，从事相关专业工作2年（含）以上；

（二）参加规范化培训并考核合格，掌握长期护理失能等级评估标准，熟悉评估操作要求；

（三）具有良好的职业道德和操守，在工作中能够做到遵纪守法、廉洁自律、客观公正，相关行业领域无不良信用信息记录。

评估专家除须具备上述第（二）项、第（三）项条件外，还应具有临床医学、护理、康复、精神心理等领域中级及以上职称和2年（含）以上相关工作经历。

第十三条　统筹地区医疗保障部门应建立评估人员库，完善档案制度，规范人员管理。定期组织考核，明确准入退出机制。

第十四条　统筹地区医疗保障部门应会同有关部门建立健全评估人员规范化培训机制，自行组织或探索委托第三方机构等组织做好评估人员培训，提升人员队伍专业化水平。

第十五条　评估人员应严格执行评估操作规范要求，独立、客观、公正地开展评估工作。与评估对象有亲属或利害关系的，应当回避。

第四章　评估标准

第十六条　国家医疗保障行政部门商财政部门制定全国统一的失能等级评估标准，明确评估量表、评估指标、等级划分等，并适时调整。探索建立评估结果跨部门互认机制。

第十七条　统筹地区医疗保障部门统一执行《长期护理失能等级评估标准（试行）》和《长期护理保险失能等级评估操作指南（试行）》。

第五章　评估流程

第十八条　失能等级评估流程主要包括评估申请、受理审核、现场评估、提出结论、公示与送达等环节。

第十九条　评估申请。评估对象或其监护人、委托代理人自愿向统筹地区医疗保障经办机构提出评估申请，提交相关材料。统筹地区医疗保障经办机构应建立方便群众办事的多元化申请受理渠道。

第二十条　受理审核。统筹地区医疗保障经办机构收到评估申请后，应及时对申请材料进行审核，反馈受理审核结果。

有下列情形的，不予受理失能等级评估申请：

1. 未参加长期护理保险的；
2. 不符合待遇享受条件的；
3. 发生护理服务费用不属于长期护理保险基金支付范围的；
4. 申报材料不全或提供虚假材料的；
5. 其他长期护理保险不予受理评估申请的情形。

第二十一条 现场评估。审核通过后，统筹地区医疗保障经办机构应组织定点评估机构开展评估工作。原则上应有至少2名评估人员上门，其中至少有1名评估专家。现场评估人员依据失能等级评估标准和评估操作指南，采集信息，开展评估。须有至少1名评估对象的监护人或委托代理人在场。

同时，可在邻里、社区等一定范围内走访调查评估对象的基本生活自理情况，做好调查笔录和视频录像，并参考医院住院病历或诊断书等相关资料，作为提出评估结论的佐证资料。

第二十二条 提出结论。现场评估人员可直接提出评估结论的，由现场评估人员提出评估结论。现场评估人员不能直接提出评估结论的，由定点评估机构组织评估专家依据现场采集信息，提出评估结论。

评估结论应经过至少2名评估专家的评估确认。

第二十三条 公示与送达。评估结论达到待遇享受条件对应失能等级的，定点评估机构和统筹地区医疗保障经办机构应当在一定范围内公示评估结论，接受社会监督。

不符合待遇享受条件的，或符合待遇享受条件经公示无异议的，定点评估机构出具评估结论书。统筹地区医疗保障经办机构向评估对象或其监护人、委托代理人送达评估结论书。

第二十四条 评估对象或其监护人、委托代理人应当积极配合开展现场评估工作。有下列情形之一的，评估终止：

1. 拒不接受失能等级评估信息采集的；
2. 无正当理由不配合失能等级评估的；
3. 其他原因导致失能等级评估终止的。

第二十五条 统筹地区医疗保障行政部门可根据失能等级确定评估结论有效期，其中重度失能等级评估结论有效期一般不超过2年。

第二十六条 统筹地区医疗保障经办机构应按照便民高效的原则，优化评估经办服务流程，明确办理时限要求，原则上评估结论书应在申请受理之日起30个工作日内送达。

第六章 其他评估情形

第二十七条 评估对象或其监护人、委托代理人对失能等级评估结论有异议的，可在规定期限内，向统筹地区医疗保障经办机构提出复评申请。复评原则上有不少于2名评估专家参加，参加初次评估的定点评估机构和评估人员须回避。复评结论为最终评估结论。

第二十八条 第三人对公示评估结论有异议的，可在公示期内向统筹地区医疗保障经办机构实名反映情况。反映情况基本属实的，统筹地区医疗保障经办机构组织复评。

第二十九条 参保人失能状态发生变化、与评估结论不匹配，评估结论出具满6个月的，可向统筹地区医疗保障经办机构申请重新评估。统筹地区医疗保障行政部门、经办机构通过抽查监督等途径，发现参保人当前失能状态发生变化、可能影响待遇享受的，统筹地区医疗保障经办机构应当组织重新评估。

第三十条 评估有效期届满前，统筹地区医疗保障经办机构应组织对需继续享受长期护理保险待遇的参保人进行重新评估。经评估符合待遇享受条件的，有效期届满后重新计算。

第七章 监督管理

第三十一条 医疗保障行政部门对定点管理、协议履行、评估实施等进行监督，完善智能审核和监控规则，强化智能监管。医疗保障经办机构加强对定点评估机构评估服务协议履行情况的日常核查，定期对定点评估机构作出的评估结论进行抽查。

第三十二条 定点评估机构及其工作人员、参保人发生违法违规行为造成基金损失的，属于法律、法规和规章规定范畴的，依法给予行政处罚。构成犯罪的，由医疗保障行政部门移送司法机关依法追究刑事责任。定点评估机构违反评估服务协议的，由医疗保障经办机构按协议约定处理。

第三十三条 医疗保障经办机构对协议履行、工作质量等情况定期开展考核评价，考核结果与评估服务协议续签、服务费用支付等挂钩。

第八章 附 则

第三十四条 加快全国统一的长期护理保险信息系统实施应用，推动评估全过程信息化。鼓励应用信息化、智能化手段，推动评估工作规范化、标准化。

第三十五条 推动加强行业自律，规范评估行为，促进行业规范和自我约束，引导评估行业健康有序发展。

第三十六条 本办法由国家医疗保障局负责解释，自印发之日起施行。

南通市关于实施国家长期护理失能等级评估标准完善长期照护保险有关政策的通知

通医保办发〔2022〕42号

各县（市、区）医疗保障局，各有关单位和参保人员：

为落实《国家医保局办公室民政部办公厅关于印发〈长期护理失能等级评估标准（试行）〉的通知》（医保办〔2021〕37号，以下简称《评估标准》）、《国家医保局办公室关于印发〈长期护理保险失能等级评估操作指南（试行）〉的通知》（医保办〔2022〕1号，以下简称《操作指南》）要求，根据《关于建立基本照护保险制度的意见（试行）》（通政发〔2015〕73号），经研究决定，现就实施应用《评估标准》和《操作指南》，完善我市长期照护保险工作等有关事项通知如下：

一、关于失能等级评估

从2022年7月1日起，我市在全市范围内全面实施应用《评估标准》和《操作指南》，执行国家统一的失能等级评估维度、评估指标、评估分值及失能等级确定办法，并出具失能等级评估结论。《评估标准》、《操作指南》另行下发。

参保人员申请享受长期照护保险待遇，应经失能等级评估，符合待遇享受条件的，方可享受相应待遇。原"申请人已取得一、二级智力残疾证书的，无需重新评定"的规定，不再执行。

原则上自受理申请之日起，定点评估机构应在20个工作日内出具失能等级评估结论。特殊情况下，评估时限可延长至25个工作日。

二、关于待遇政策完善

执行国家统一标准后，我市长期照护保险参保人员中的失能人员，按《评估标准》评估确定为长期护理失能等级 2 级（中度失能）、3 级（重度失能Ⅰ级）、4 级（重度失能Ⅱ级）、5 级（重度失能Ⅲ级）的，可按规定享受长期照护保险待遇。具体待遇规定为：

（一）机构照护服务待遇

以接受专业医疗护理为主（入住医疗机构照护床位）照护服务，失能等级为 5 级、4 级、3 级、2 级的，照护保险基金分别按每人每天 70 元、50 元、50 元、40 元标准支付；以接受生活照料为主（入住养老机构照护床位）照护服务，失能等级为 5 级、4 级、3 级、2 级的，照护保险基金分别按每人每天 50 元、40 元、40 元、30 元标准支付。

（二）家庭照护服务待遇

符合待遇享受条件的人员居家的，照护保险基金按失能等级 5 级、4 级、3 级、2 级，每人每天分别支付 15 元、11 元、11 元、8 元标准支付。

（三）辅具服务待遇

居家失能人员辅助器具服务费用年度限额标准，失能等级为 3 级及以上（包括 3 级、4 级、5 级）的 8000 元、2 级的 6000 元。基金支付和个人负担比例不变。

（四）居家上门服务待遇

暂按原居家上门服务待遇规定和服务要求执行。

三、关于待遇衔接

按照"老人老等级老待遇、新人新等级新待遇"原则，做好待遇衔接过渡，即：

（一）老人老等级老待遇

本通知实施前，已按原标准评估、取得原等级评定结论的，执行原待遇享受条件。符合原待遇享受条件的，机构照护服务待遇、家庭照护服务费待遇、辅具服务待遇按原待遇标准享受相应待遇。

（二）新人新等级新待遇

本通知实施以后（含 2022 年 7 月 1 日前已申请、尚未出具失能等级评估结论的），定点评估机构应按《评估标准》评估，执行新分级标准，出具失能等级评估结论。符合本通知第二条待遇享受条件的，按本通知第二条中待遇规定享受待遇。

（三）复评待遇衔接

本通知实施前，已经评定且原已享受待遇的人员，每2年须复评的，按《评估标准》进行复评、确定失能等级，评估后符合本通知第二条待遇享受条件的，按本通知第二条中待遇规定享受待遇。

四、相关工作要求

（一）各地医保部门要统一思想、高度重视国家标准的实施应用，要加强评估业务培训，强化管理监督，加强政策宣传，正确引导舆论，做好政策衔接，做到平稳过渡。

（二）各级医保经办机构（照护服务中心）要提高评估工作规范化、信息化、智能化水平；要加大定点评估机构协议管理力度，加强评估标准、操作指南等执行情况的管理考核，不断增强失能等级评估的权威性和公信力。

（三）各定点评估机构要提前主动培训，实施新标准前，要新老标准并轨评估，并轨时间不少于20天；实施新标准后，要依据《操作指南》，准确把握标准，强化质量控制，确保评估过程规范、透明，评估结果客观、准确，不断提升评估结论准确率。

本通知从2022年7月1日起执行。以前有关规定与本通知不一致的，按本通知规定执行。

南通市医疗保障局
2022年6月23日

关于印发苏州市长期护理保险失能等级评估管理办法的通知（试行）

苏医保待医〔2023〕7号

各市、区医疗保障局、各级医保经办机构，有关商业保险机构和各有关单位：

根据国家医保局、民政部办公厅《关于印发〈国家长期护理失能等级评估标准（试行）的通知〉》（医保办发〔2021〕37号）、《关于开展长期护理保险试点的实施意见的通知》（苏府〔2017〕77号）、《关于开展长期护理保险试点第二阶段工作的实施意见》（苏府〔2020〕10号）、《关于进一步推进长期护理保险试点工作的实施意见》（苏府〔2022〕78号）的要求，为规范长期护理保险失能等级评估工作，保障参保人员的合法权益，我们制定了《苏州市长期护理保险失能等级评估管理办法（试行）》，现印发给你们，请遵照执行。

苏州市医疗保障局
2023年2月3日

苏州市长期护理保险失能等级评估管理办法
（试行）

第一章 总 则

第一条 为加强长期护理保险评估管理，规范长期护理保险失能等级评估程序，根据国家医保局、民政部办公厅《关于印发〈国家长期护理失能等级评估标准（试行）〉的通知》（医保办发〔2021〕37号）、《关于开展长期护理保险试点的实施意见的通知》（苏府〔2017〕77号）、《关于开展长期护理保险试点第二阶段工作的实施意见》（苏府〔2020〕10号）、《关于进一步推进长期护理保险试点工作的实施意见》（苏府〔2022〕78号）文件精神，制定本办法。

第二条 本办法适用于全市范围内的长期护理保险（以下简称"长护险"）评估管理活动。参保人员享受长护险待遇，应当进行失能评估。

第三条 失能评估是指依申请对长护险参保人员日常生活活动、认知、感知觉与沟通等方面的能力丧失程度的分级评估，评估结论作为享受长护险待遇的依据。

第四条 医疗保障行政部门负责组织实施本办法，各级医保经办机构具体负责辖区范围评估事务，承办长护险的商业保险机构（以下简称"商保机构"）经办失能等级评估业务，依准入条件选定符合要求的专业评估机构实施。

第二章 评估机构和评估人员准入条件

第五条 评估机构准入条件：

（一）依法独立登记的民办非企业单位或企事业单位。卫生健康部门批准的综合医院、中医医院、老年专科医院、康复医院、乡镇卫生院、社区卫生服务机构及专业评估机构等；

（二）评估人员总数不少于6人，其中50%为专职评估人员，且必须具备临床医学、护理、康复、精神、心理、健康管理等专业资格，具有1年以上相关专业工作经历；专职评估人员须依规参加本市基本医疗保险；

（三）评估机构负责长护险业务负责人应为专职评估人员，具备临床医学、护理、康复、精神、心理、健康管理等专业3年以上工作经验；

（四）负责人和评估人员均没有相关违法违规等不良记录且经培训、考核合格；

（五）具有稳定的办公场所和良好的财务资金状况；

（六）具有组织、管理和监督评估人员的能力；

（七）配备符合本市长护险信息系统联网要求的计算机管理系统，并有相应的管理和操作人员；

（八）其他失能等级评估相关要求。

第六条 评估机构根据自身服务能力，自愿向各地商保机构提出申请。商保机构经遴选后，与符合准入条件的评估机构签订评估服务协议，向医保经办机构备案、向社会公布评估机构名单。通过协议约定双方在履行失能等级评估过程中各自的权利义务。

第七条 评估机构根据自身服务能力，自愿向商保机构提出申请，具体程序如下：

1. 提出申请的评估机构将书面材料递交至商保机构。如提交的书面材料不符合要求的，商保机构应通知其在10个工作日内补正。逾期不补正的视为撤回申请。

2. 商保机构应自收到评估机构提交的全部书面材料之日起15个工作日内组织工作小组进行实地评估，作出是否同意纳入协议管理的决定，并报市、区医保经办机构备案。

3. 商保机构经遴选后，与符合条件的评估机构签订评估服务协议，约定双方在履行失能等级评估过程中各自的权利义务，并将遴选结果向社会公布。

评估不通过的，自结果告知送达之日起的3个月后，评估机构整改后可再次申请评估，评估仍不合格的，1年内不得再次申请。公示通过后商保机构和评估机构签订"服务协议"。

第八条 评估人员由评估机构聘用，受评估机构委派，专职或兼职从事长护险失能等级评估工作。

第九条 评估机构将符合条件且培训考核合格的评估人员信息上报商保机构审

核后，商保机构录入失能等级评估信息系统，未纳入信息化管理的人员不得从事长护险失能等级评估工作。

第十条 评估机构和评估人员应当客观、公正地进行评估工作，与评估对象有亲属或利害关系的，或与评估对象所在定点护理机构有利害关系的，应当回避。

第十一条 评估机构应按规定对本机构提供长护险评估服务的评估员进行管理。评估员违反长护险管理相关规定的，商保机构应要求其限期整改并可根据考核规定暂停长期护理保险评估服务。

第十二条 评估机构如有拆分、合并或机构性质变化等情形，经有关部门批准同意变更的，评估机构应自批准之日起10个工作日内携带有关材料，到商保机构重新提出申请，通过后与商保机构签订协议。

经有关部门批准同意评估机构变更单位名称、单位地址、法定代表人等信息的，评估机构应自批准之日起10个工作日内携带有关批准文件及有关材料到商保机构提出评估机构变更申请。涉及"单位地址"变更的，商保机构应于10个工作日内组织工作小组进行现场核查，作出受理意见，同意受理的报市、区医保经办机构备案确认；涉及其它信息变更的，商保机构应在受理当日做出受理意见，完成变更登记。

评估机构不按时办理以上手续的，商保机构可停止结算其评估费用。

第十三条 评估机构主动申请中止协议、中止后恢复或解除协议的，需提交书面申请材料至商保机构。

评估机构在解除协议后再申请长护险失能等级评估业务的，需重新参加苏州市长护险评估机构的遴选。

第三章 评估流程

第十四条 参保人员因年老、疾病、伤残等原因导致长期失能，拟申请享受长护险待遇的，参保人员本人（监护人）可直接申请或自主选择长护险定点护理服务机构（以下简称"定点护理机构"）代为申请。

长护险失能等级评估，申请方式有以下三种：

（一）向参保关系所在地商保机构的受理窗口书面申请；

（二）通过长护险信息管理系统平台（或微信、网站等线上平台）在线申请；

（三）通过定点护理机构代办申请。通过定点护理机构代办申请的，定点护理机构应对申请人进行预评估，预评估符合条件的才可提交评估申请。

第十五条 参保人员申请失能等级评估应当如实填写《苏州市长期护理保险

失能等级评估申请表》，并提交下列材料：

（一）本人、监护人有效身份证（或户口本）原件和复印件、本人社会保障卡（或医保电子凭证）原件和复印件；

（二）有效的病情诊断证明、按照医疗机构病历管理规定复印或复制的医学检查检验报告、入出院记录等完整病历材料的原件和复印件；

（三）商保机构规定的其他材料。

第十六条 商保机构收到失能等级评估申请后，应当及时对参保人员提交的申请材料进行审核。经过初筛后材料完整并符合条件的，商保机构予以受理；材料不完整或不符合要求的，商保机构应书面一次性告知需补正的全部材料。

有下列情形之一的，商保机构不予受理失能评估申请：

（一）未参加本市长护险的；

（二）丧失生活自理能力持续不足6个月的；

（三）提供虚假材料的；

（四）未发生新情况，距上次评估结论作出或上次评估终止未满6个月的。

按《关于开展长期护理保险试点的实施意见的通知》（苏府〔2017〕77号）规定的不纳入长护险基金支付范围的情形也不予受理失能评估申请。

第十七条 参保人员符合失能等级评估条件的，商保机构应在15个工作日内进行现场信息采集工作。信息采集工作由商保机构随机派单给评估机构，评估机构指派2名评估人员，经预约后上门评估。

评估人员在上门评估前应详细查看参保人员病历等材料，应对参保人员的身体情况、失能状况进行初步了解。评估人员上门评估时应主动出示工作证件，确保参保人员、监护人员（或受托人员）在场，且参保人员身体状况可以配合完成评估的，方可进行评估。评估人员当场将采集的评估信息录入信息系统，做好评估情况记录、相关视频影像和问询记录保管工作。

第十八条 参保人员应当遵守评估机构的相关规定，按照要求配合评估人员开展失能等级评估工作。参保人员有下列情形之一的，当次评估终止：

（一）拒不进行失能等级评估医学检查和诊断的；

（二）无正当理由不配合失能等级评估的；

（三）在评估过程中弄虚作假或干扰评估的。

第十九条 评估人员将本次评估的采集信息同参保人员本人或监护人进行核对，由双方签字确认。依据现场采集的评估信息和失能等级评估标准，结合参保人员的伤病情医疗诊断情况，信息系统自动生成初步评估结果。

第二十条　商保机构应在收到完整的评估采集信息后的 10 个工作日内采取实地走访、评估信息采集复核等方式，对初步评估结果进行复核，复核核实无误后，作出失能等级评估结论。

第二十一条　失能等级评估结论，应在受理申请后 25 个工作日内作出。对达到中度、重度失能等级的，自评估结论作出 5 个工作日内在各级医疗保障局网站、商保机构服务点及定点护理机构公示，公示期 5 天。

第二十二条　经公示无异议的，评估机构和商保机构盖章确认、作出失能等级评估结论书，并及时送达申请人。

第二十三条　有下列情形的，可按规定申请复评：

（一）经公示有异议的，异议人应在公示期内向相应医保经办机构实名举报。商保机构进行审核，符合复评要求的，在公示期满后 10 个工作日内组织复评；

（二）参保人员或监护人对评估结论有异议的，在收到评估结论书 5 个工作日内可以向原渠道申请评估的商保机构提出复评申请，并按要求携带相关资料到商保机构进行审核；

（三）经商保机构、医保经办机构抽查、监督发现参保人员不符合评估结论的，可要求组织复评。

参保人员若不按要求配合做好复评工作，则暂缓或取消其享受待遇。

第二十四条　复评工作由各级医保经办机构委托司法鉴定机构负责开展。复评结论为最终结论，不再进行公示。

复评与初评结果一致的，复评费用原则上由商保机构承担（其中参保人员提出的复评费用由本人承担）；复评与初评结果不一致的，复评费用由初评机构承担。

第二十五条　失能等级评估达到中度或重度的参保人员，其长护险待遇自失能等级评估结论书作出次日起享受。

按规定提出复评的，复评与初评结果一致的，长护险待遇享受等级和时间维持不变；复评与初评结果不一致的，停止享受原长护险待遇，自复评结论书作出次日起享受新长护险待遇。

第二十六条　已享受长护险待遇的参保人员存在下列失能状况发生变化或不符合长护险支付条件等情形的，定点护理机构及时向商保机构提出重新评估申请，商保机构审核后及时组织失能等级评估，调整或终止其长护险待遇。在现行评估办法运行平稳基础上，逐步探索建立定期复审机制。

（1）长护险初次评估后，因病情发生变化等原因可能影响失能等级的，参保人员可携带相关资料申请重新评估；

（2）距上次评估结论作出或终止评估超过6个月的，参保人员可携带相关资料申请重新评估；

（3）经商保机构抽查、监督发现参保人员不符合评估结论的，可由商保机构申请重新评估。

第二十七条 重新评估工作由商保机构派单给评估机构负责开展。参保人员申请重新评估的费用由参保人员承担，由参保人员个人在评估时直接支付给评估机构；商保机构申请重新评估的费用由商保机构承担，在按时结算评估费用时一并结算。重新评估费用标准同首次评估费用。

重新评估的信息采集、评估标准、复核标准、结论公示等与初次评估的流程与标准一致。

按规定提出重新评估的，重新评估与初评结果一致的，长护险待遇享受等级和时间维持不变；重新评估与初评结果不一致的，停止享受原长护险待遇，自重新评估结论书作出次日起享受新长护险待遇。

第四章 监督管理

第二十八条 商保机构应当规范评估申请，对定点护理机构提出的失能等级评估申请的评估通过率（评估符合中、重度失能人数/申请评估人数）等列入考核内容，履行对定点护理机构的协议管理。

第二十九条 商保机构应当严格评估流程，及时妥善处理各类投诉咨询，将参保人员满意度调查、复评一致率等列入考核内容，履行对评估机构的监督管理。

第三十条 商保机构通过预留考核款等方式对定点护理机构、评估机构进行考核，考核内容在商保机构和评估机构、定点护理机构签订的双方协议中明确。

第三十一条 医保经办机构对失能等级评估工作建立完善的监督考核机制，不定期对评估机构的评估工作进行抽查，抽查结果列入对商保机构考核内容。

第三十二条 任何组织和个人有权对失能等级评估中的违法行为向医疗保障行政部门进行举报投诉。

第五章 法律责任

第三十三条 评估机构、定点护理机构、商保机构、参保人员或监护人以欺诈、伪造证明材料或者其他手段骗取长护险基金支出的，由医保经办机构和商保机构责令退回骗取的费用；涉及行政处罚的，移交医疗保障行政部门；涉及其他部门职责的，移交相关部门；构成犯罪的，依法移送司法机关追究刑事责任。

评估机构、定点护理机构、商保机构有前款违规行为的，按照服务协议追究责任，根据情节严重程度，中止协议或者解除协议。

第六章 附 则

第三十四条 本办法自发布之日起试行。此前有关规定与本办法不一致的，按本办法执行。

参考文献

[1] 曹信邦，陈强．中国长期护理保险费率测算［J］．社会保障研究，2014（2）：111-122．

[2] 曹信邦，张小凤．中国长期护理保险制度的目标定位与实现路径［J］．社会政策研究，2018（3）：46-56．

[3] 陈诚诚．老年人长期照护等级评估工具发展综述［J］．中国医疗保险，2017（4）：8-11．

[4] 陈璐，王璐．长期护理保险与养老服务供给：基于新增市场主体视角的检验［J］．经济学动态，2024（3）：96-111．

[5] 陈奕男．长期护理保险高质量发展的依据、框架与路径［J］．卫生经济研究，2022，39（4）：37-41，45．

[6] 陈奕男．中国长期护理保险筹资现状、局限与优化路径：基于27份试点政策文本的实证分析［J］．北京航空航天大学学报（社会科学版），2023，36（2）：90-99．

[7] 程杰．美、德、日长期护理保险的发展及对中国的启示［J］．对外经贸，2012（11）：111-113．

[8] 戴卫东，汪倩格，朱儒城，等．长期护理保险试点政策的特征、问题与路径优化：基于两批29个国家试点城市政策的比较分析［J］．中国软科学，2022（10）：41-50．

[9] 戴卫东．中国长期护理保险的理论依据、制度框架与关键机制［J］．社会保障评论，2023（1）：95-106．

[10] 党俊武，王莉莉．中国老龄产业发展报告（2021~2022）［M］．北京：社会科学文献出版社，2023．

[11] 杜朝运．社商长期护理保险协同发展模式思考［J］．安顺学院学报，2023（6）：107-112．

[12] 冯婉桢，袁一清，伍津．低出生率背景下省域学前教育资源供需关系与动态调配：基于对中部J省人口预测的分析［J］．学前教育研究，2024（5）：45-57．

[13] 付思佳,张良文. 长期护理保险经办管理模式及风险防控研究 [J]. 卫生经济研究,2022 (1): 23-26.

[14] 高春兰,果硕. 老年长期护理保险给付对象的等级评定体系研究: 以日本和韩国经验为例 [J]. 社会建设,2016 (4): 25-33.

[15] 郭梅珍,陈静敏,郑绮. 老人老化衰弱指标临床效度之初步测试 [J]. 台湾老人保健学刊,2013,9 (2): 71-93.

[16] 郭瑜,谢雨凝. 精算公平还是制度公平?:长期护理保险试点推广的财政负担研究 [J]. 保险研究,2024 (3): 87-99.

[17] 韩金,王净净. 透视长期护理保险经办: 试点比较与政策优化 [J]. 东北财经大学学报,2023 (2): 85-97.

[18] 韩丽,陈艳. 长期护理保险利益相关者主体行为规范研究 [J]. 卫生经济研究,2023 (4): 66-69.

[19] 胡宏伟,李佳怿,汤爱学. 日本长期护理保险制度: 背景、框架、评价与启示 [J]. 人口与社会,2016,32 (1): 94-103.

[20] 胡宏伟,史健群. 民生政策的产业效应与就业增长: 来自青岛市长期护理保险推广的证据 [J]. 保险研究,2024 (10): 111-127.

[21] 华颖. 国际视野下的中国长期护理保险政策选择 [J]. 学术研究,2021 (7): 91-97,188.

[22] 江瑞平,李军. 日本的社会保险制度: 运营、功能与问题 [J]. 现代日本经济,1997 (2): 21-25.

[23] 焦开山. 健康不平等影响因素研究 [J]. 社会学研究,2014,29 (5): 24-46,241-242.

[24] 荆涛,刑慧霞,万里虹,等. 扩大长期护理保险试点对我国城镇职工医保基金可持续性的影响 [J]. 保险研究,2020 (11): 47-62.

[25] 荆涛. 长期护理保险: 中国未来极富竞争力的险种 [M]. 北京: 对外经济贸易大学出版社,2006.

[26] 荆涛. 长期护理保险研究 [D]. 北京: 对外经济贸易大学,2005.

[27] 景跃军,孟石,李元. 德美日长期护理保险资金筹集模式的特点及启示 [J]. 延边大学学报 (社会科学版),2018,51 (2): 101-107,143.

[28] 雷晓康,冯雅茹. 社会长期护理保险筹资渠道: 经验借鉴、面临困境及未来选择 [J]. 西北大学学报 (哲学社会科学版),2016,46 (5): 108-115.

[29] 李长远,张会萍. 发达国家长期护理保险典型筹资模式比较及经验借鉴

[J]. 求实, 2018 (3): 69-78, 111.

[30] 李伟群, 马绿伟. 日本介护保险财源建构模式的最新研究及启示 [J]. 现代日本经济, 2024 (2): 26-40.

[31] 梁鸽, 谢晖. 老年人长期照护需求评估工具的研究进展 [J]. 蚌埠医学院学报, 2015 (6): 838-839.

[32] 廖少宏, 王广州. 中国老年人口失能状况与变动趋势 [J]. 中国人口科学, 2021 (1): 38-49.

[33] 林宝. 中国长期护理保险筹资水平的初步估计 [J]. 财经问题研究, 2016 (10): 66-70.

[34] 林岱衡, 张宝莹, 谭清立, 等. 我国长期护理保险社区服务需求研究: 基于生成-内化逻辑 [J]. 卫生经济研究, 2024 (6).

[35] 林丽敏. 日本介护保险制度相关问题分析 [J]. 现代日本经济, 2018, 37 (2): 87-94.

[36] 刘德浩. 商业保险机构参与长期护理保险经办的实践与思考 [J]. 中国人力资源社会保障, 2023 (1): 38-40.

[37] 刘方涛, 费清. 中国长期护理保险需求规模预测和保障路径研究: 基于第七次人口普查数据的测算 [J]. 保险研究, 2023 (3): 59-69.

[38] 刘芳. 德国社会长期护理保险制度的起源、动因及其启示 [J]. 社会建设, 2022, 9 (5): 52-65.

[39] 刘涛. 德国长期护理保险制度的缘起、运行、调整与改革 [J]. 安徽师范大学学报 (人文社会科学版), 2021, 49 (1): 74-86.

[40] 罗丽娅. 德国长期护理保险制度的风险定位、发展演变与政策启示 [J]. 社会保障研究, 2023 (6): 92-100.

[41] 彭雅君, 李文燕, 陈瑞华, 等. 急诊病房分级护理服务项目成本研究 [J]. 护理学杂志, 2010 (2): 68-70.

[42] 盛政, 何蓓, 朱蕾艳. 苏州长期护理保险制度试点探析 [J]. 中国医疗保险, 2020 (2): 37-40.

[43] 施巍巍. 发达国家老年人长期照护制度研究 [M]. 北京: 知识产权出版社, 2012.

[44] 史承明, 陈玉红, 熊小燕. 住院病人等级护理收费现状调查与分析 [J]. 全科护理, 2011 (11): 1025.

[45] 苏会, 王琳, 刘华. 长期护理保险政策: 本质特征、实施效果与溢出效

应：基于试点城市南通市 Z 区的考察［J］. 江西财经大学学报，2024（3）：64－77.

［46］苏炜杰. 日本居家养老服务政府责任：立法保障、运行逻辑与经验启示［J］. 现代日本经济，2023，42（4）：80－94.

［47］孙洁，蒋悦竹. 社会长期护理保险筹资机制理论分析框架［J］. 江西财经大学学报，2018（1）：59－68.

［48］孙进，付惠. 科学系统地应对人口危机：德国人口发展问题、挑战与教育政策回应［J］. 比较教育研究，2023，45（11）：14－23.

［49］孙志萍. 长期护理保险与基本医疗保险的混同与分割：以德国为镜鉴［J］. 大连理工大学学报（社会科学版），2023（3）：93－103.

［50］汤薇，虞幸然，粟芳. 长期护理保险对城乡居民医疗保险财政负担的影响：基于地区视角和替代效应［J］. 江西财经大学学报，2023（6）：40－55.

［51］田然，屈海龙. 浅析长护险经办管理中政府与承办机构的职责：基于国际经验比较视角［J］. 中国医疗保险，2024（5）：122－128.

［52］田香兰. 日本人口减少及老龄化对综合国力的影响：兼论日本的人口政策及效果［J］. 日本学刊，2011（5）：107－121.

［53］田勇，殷俊."依托医保"长期护理保险模式可持续性研究：基于城乡居民与城镇职工的比较［J］. 贵州财经大学学报，2019（2）：91－101.

［54］田勇. 中国长期护理保险财政负担能力研究：兼论依托医保的长期护理保险制度的合理性［J］. 社会保障研究，2020（1）：33－47.

［55］万谊娜. 长期护理保险独立筹资机制的构建逻辑与方案测算［J］. 江西社会科学，2023，43（6）：170－179.

［56］王佳林. 长期护理保险制度构建：国际经验及对我国的启示［J］. 南方金融，2019（11）：3－10.

［57］王可心. 距离建立全国统一的长期护理保险制度还有多远？：兼论 49 个试点城市的实践探索［J］. 老龄科学研究，2024，12（9）：50－63.

［58］王黎黎. 长期护理保险居家护理项目的伦理基础与制度保障［J］. 医学与哲学，2024，45（1）：42－45.

［59］王彦军. 日本公共养老保障体系困境及改革方案评价［J］. 现代日本经济，2016（2）：77－86.

［60］肖文惠，宋燕，卞鹰. 商业保险机构参与长期护理保险经办服务研究［J］. 卫生经济研究，2024（10）：28－31.

［61］肖艳琳，陈肖彬，张燕，等. 长期护理保险社商合作实践：青岛与海淀

的比较 [J]. 中国农村卫生事业管理, 2023 (6): 414-418.

[62] 许纪霖. 两个美国与政治自由主义的困境 [J]. 读书, 2005 (6): 89-97.

[63] 许敏敏, 段娜. 德国长期护理保险及其筹资机制经验对我国的启示 [J]. 价格理论与实践, 2019 (7): 99-103.

[64] 闫彩旭. 健康中国背景下日韩国家长期护理保险制度经验镜鉴: 基于福利多元主义理论的分析 [J]. 卫生软科学, 2023, 37 (2): 90-94.

[65] 杨翠迎, 程煜. 不同福利国家模式下长期护理保险制度及其费率结构比较 [J]. 经济体制改革, 2019 (4): 151-159.

[66] 殷立春. 日本护理保险制度制定的原因分析及启示 [J]. 东北亚论坛, 2009 (5): 34-36.

[67] 尹海燕. 可持续的公共长期护理保险筹资机制: 国外经验与中国方案 [J]. 宏观经济研究, 2020 (5): 166-175.

[68] 余央央, 翟颖. 老年照料服务人员供给及长期护理保险的作用: 基于工资报酬视角的文献评述 [J]. 社会保障研究, 2023 (3): 103-111.

[69] 余央央, 张毅, 封进. 长期护理保险与老年照护机构供给: 基于S市试点的证据 [J]. 社会科学, 2023 (8): 140-152.

[70] 袁泉, 罗雪燕, 姚文兵. 失能老年人机构长期照护需求及影响因素 [J]. 中国老年学杂志, 2017, 24: 2614-2616.

[71] 原新, 于佳豪, 金牛. 经济适老化: 形态变迁、战略前提与进路建构 [J]. 江西社会科学, 2024 (7): 158-166.

[72] 岳福岚. 我国长期护理保险试点运行的实践、问题及建议: 以德国长期护理保险法改革为镜鉴 [J]. 保险研究, 2024 (8): 113-127.

[73] 曾益, 叶琪茂. 延迟退休年龄背景下的适度最低缴费年限研究 [J]. 保险研究, 2024 (7): 75-86.

[74] 翟绍果, 贺晓迎, 张星. 长期护理保险经办服务与监督管理的国内外实践与启示 [J]. 中国医疗保险, 2024 (4): 118-125.

[75] 张宁. 公私合作视角下我国长期护理保险运行机制研究 [J]. 农村经济与科技, 2021 (2): 146-147, 151.

[76] 张瑞雪, 夏滢, 张梓悦, 等. 长期护理保险经办服务标准体系构建与实施 [J]. 标准科学, 2024 (9): 113-117.

[77] 张薇, 刘锦丹, 王志红. 上海市家庭护理服务项目成本核算研究 [J].

护理研究, 2010 (24): 2650-2652.

[78] 张卫. 人口老龄化与技术进步: 日本的经验与启示 [J]. 当代经济管理, 2021 (7): 77-85.

[79] 张文娟, 梅真. 长期护理保险与社会养老服务体系的协同发展策略: 基于对长期护理保险试点经验的分析 [J]. 北京行政学院学报, 2024 (6): 118-125.

[80] 张盈华. 长期护理保险制度的保障适度、财务平衡与筹资率 [J]. 保险研究, 2023 (9): 71-81.

[81] 张盈华. 老年长期照护: 制度选择与国际比较 [M]. 北京: 经济管理出版社, 2015.

[82] 赵斌, 陈曼莉. 社会长期护理保险制度: 国际经验和中国模式 [J]. 四川理工学院学报 (社会科学版), 2017, 32 (5): 1-22.

[83] 赵琨, 王子苏, 苏昕. 商业保险公司经办长期护理保险的主体间关系与困境研究: 基于公共服务链理论 [J]. 中国农村卫生事业管理, 2021 (11): 782-788.

[84] 钟琳煜. 社区照顾模式下城市社区中度失能老人的介入策略 [D]. 福州: 福建师范大学, 2016.

[85] 周博, 赵绍阳. 供需平衡视角下长期护理保险的实施效果 [J]. 经济学动态, 2024 (5): 109-126.

[86] 周四娟, 原彰. 我国长期护理保险失能评估标准量表的比较研究: 以15个试点城市为例 [J]. 卫生经济研究, 2021, 38 (8): 59-62.

[87] 朱大伟, 于保荣. 基于蒙特卡洛模拟的我国老年人长期照护需求测算 [J]. 山东大学学报 (医学版), 2019, 57 (8): 82-88.

[88] 朱铭来, 康琢. 长期护理保险嵌入养老服务体系的经济增长效应: 理论与经验证据 [J]. 财经理论与实践, 2024, 45 (5): 18-24.

[89] 朱铭来. 我国长期护理保险制度全面推行的难点与重点 [J]. 人民论坛, 2024 (20): 60-63.

[90] Becke R U, Reinha R D H J. Long-Term Care in Europe: A Juridical Approach [M]. Springer International Publishing AG, 2018: 141-145.

[91] Boyd B. Long-Term Care: Knowing the Risk, Paying the Price [M]. Washington DC: America's Health Insurance Plans, 1997: 49.

[92] Büscher A, Wingenfeld K, Schaeffer D. Determining Eligibility for Long-term

Care—Lessons from Germany [J]. International Journal of Integrated Care, 2011, 11 (2): 19-21.

[93] Fries J F. Aging, Natural Death, and the Compression of Morbidity [J]. The New England Journal of Medicine, 1980, 303 (3): 130-135.

[94] Gruenberg E M. The Failure of Success [J]. The Milbank Memorial Quarterly, 1977, 55: 3-24.

[95] Götting U, Haug K, Hinrichs K. The Long Road to Long-term Care Insurance in Germany [J]. Journal of Public Policy, 1994, 14 (3): 285-309.

[96] Luo Y N, Su B B, Zheng X T. Trends and Challenges for Population and Health During Population Aging—China, 2015-2050 [J]. China CDC Weekly, 2021, 3 (28): 593-598.

[97] Morris J N, Hawes C, Fries B E, et al. Designing the National Resident Assessment Instrument for Nursing Homes [J]. Gerontologist, 1990, 30: 293-307.

[98] Nagi S Z. Some Conceptual Issue in Disability and Rehabilitation [M]//Sociology and Rehabilitation. Washington DC: American Sociological Association, 1965.

[99] Rothgang H. Ziele und Wirkungen der Pflegeversicherung: eine ökonomische Analyse [R]. Campus Verlag, 1997: 21-43.

[100] The Health Insurance Association of America, Long-Term Care: Knowing the Risk, Paying the Price [R]. Washington D C: Health insurance Association of America, 1997: 22.

[101] United Nations, Department of Economic and Social Affairs. World population prospects 2022: summary of results [EB/OL]. https://www.un.org/development/desa/pd/content/World-Population-Prospects-2022.

[102] Wiener J M. Financing Reform for Long-term Care: Strategies for Public and Private Long-term Care Insurance [J]. Journal of Aging & Social Policy, 1996, 7 (3-4): 109-127.

后　　记

　　自2015年江苏省南通市决定开展长期护理保险制度试点以来，江苏省长期护理保险事业发展已经经历了10年的风风雨雨。为了总结江苏省长期护理保险制度发展的经验，提升长期护理保险制度的可持续性，有必要对江苏省长期护理保险事业发展进行评估总结。南通市医疗保障局原副局长顾忠贤先生，对长期护理保险事业情有独钟，主持设计了国内第一个独立社会保险属性制度——南通市基本照护保险制度，多次与我团队沟通，希望能对长期护理保险制度做一个全面、系统的评估，其想法与我不谋而合，促成了《江苏省长期护理保险发展报告（2024）》研究成果。

　　成果是团队集体的劳动结晶。在项目调研中，徐州市、宿迁市、扬州市和南通市等地医疗保障局领导和业务处工作人员给予了很多政策建议和研究数据，为项目的研究提供了丰富的素材。多位老师和研究生参与了调研和项目的写作，曹信邦撰写了第一章、第二章，张澜撰写了第三章，王世婧撰写了第四章，高凯博士撰写了第五章、第七章，田勇博士撰写了第六章，李晓鹤副教授撰写了第八章。在此，表示衷心感谢。

　　长期护理保险制度作为"第六险"，由于制度理念、目标定位和制度功能等存在着认知差异，使得人们对长期护理保险制度并没有形成一个共同的认知。因此要科学评估江苏省长期护理保险事业发展，对项目组成员而言还存在着理论上不足，研究成果还有瑕疵，请各位专家、实际工作者给予批评指正。

曹信邦
2025年3月5日于金陵